東亞《近思錄》文獻叢書

近思錄備考

[日]貝原篤信 輯　鄭春汛 校點

近思錄訓蒙輯疏

[日]安褧 著　鄭春汛 校點

上海古籍出版社

國家古籍整理出版專項經費資助項目
國家社科基金一般項目《仿編〈近思録〉文獻整理与研究》（編號20BZX059）

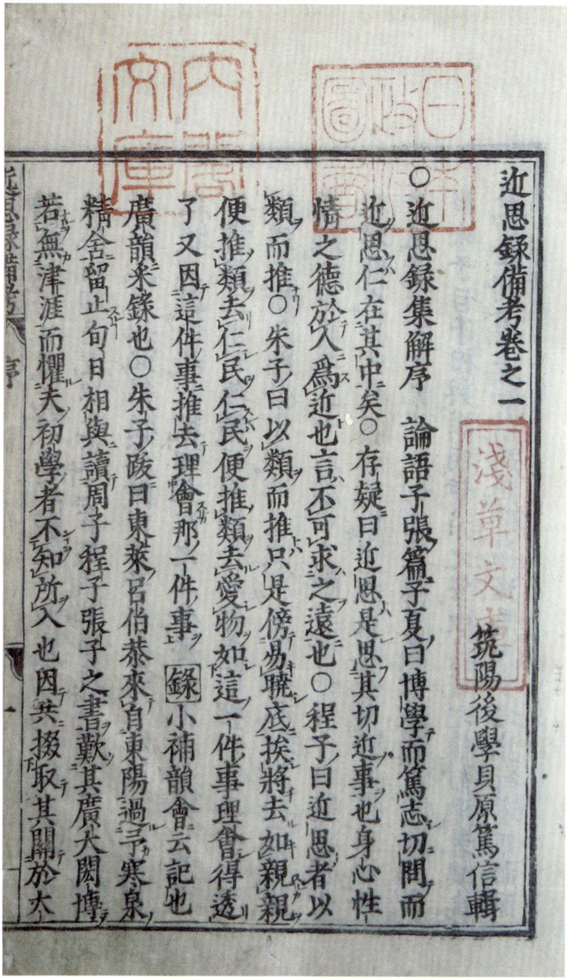
近思録備考卷之一
筑陽後學貝原篤信輯
○近思録集解序　論語子張篇子夏曰博學而篤志切問而
近思仁在其中矣○存疑曰近思是思其切近事也身心性
情之德於人爲近也言不可求之遠也○程子曰近思者以
類而推○朱子曰以類而推只是傍易曉底挨將去如親親
便推類去仁民仁民便推類去愛物如這一件事理會得透
了又因這件事推去理會那一件事　録小補韻會云記也
廣韻采録也○朱子跋曰東萊呂伯恭來自東陽過予寒泉
精舍留止旬日相與讀周子程子張子之書歎其廣大閎博
若無津涯而懼夫初學者不知所入也因共掇取其關於大

日本國立公文書館藏日本寬文八年刊本《近思録備考》

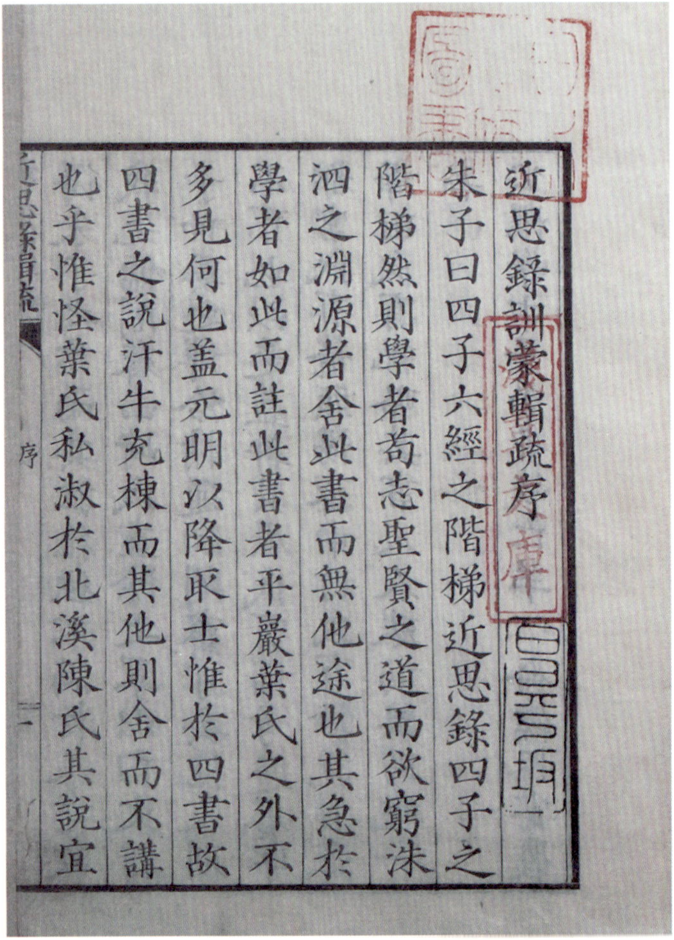

近思錄訓蒙輯疏序

朱子曰四子六經之階梯近思錄四子之階梯然則學者苟志聖賢之道而欲窮洙泗之淵源者舍此書而無他途也其急於學者如此而註此書者平巖葉氏之外不多見何也蓋元明以降取士惟於四書故四書之說汗牛充棟而其他則舍而不講也乎惟怪葉氏私淑於北溪陳氏其說宜

近思錄輯疏　序　一

日本國立公文書館藏日本弘化四年刊本《近思録訓蒙輯疏》

東亞近思録文獻叢書序

朱熹（一一三〇—一二〇〇），字元晦，號晦庵。祖籍徽州婺源（今江西婺源），出生於福建南劍尤溪，爲二程三傳弟子。謚號文，世稱朱文公。朱熹爲南宋閩學之傑出代表，其哲學思想後世稱爲朱子學。他吸收了程顥、程頤、周敦頤、邵雍、張載等人的學術思想，揚棄了佛道的哲學，建立了自己的理學體系，成爲宋代理學的集大成者。故全祖望認爲朱子「致廣大，盡精微，綜羅百代」，錢穆説「前古有孔子，近古有朱子」，視爲中國近古最偉大的思想家。其著述宏富，在其一生編撰的二三十種著述中，除四書章句集注之外，與吕祖謙共同編撰的近思録是後世傳刻最多、流播最廣的一種。

南宋淳熙二年，朱熹與吕祖謙「相與讀周子、程子、張子之書，歎其廣大閎博，若無津涯，而懼夫初學者不知所入也，因共掇取其關於大體而切於日用者」，編成近思録十四卷。關於此書，朱熹自己認爲：「近思録好看。四子，六經之階梯；近思録，四子之階梯。」朝鮮半島李朝初年金宗瑞説：「是書所載，皆正心修身之要。」隨即李朝大儒李滉等倡行「洛閩近思之學」，以爲不讀近思録則難以「窮理盡性以至於命」。朝鮮朱子學者一直將此書作爲國民進入聖學的津梁。

由於此書在東亞尊崇程朱之學者心中地位甚高，故朝鮮半島不斷有人或注解、或續編、或札録、或宣講此書。

同樣身處東亞漢字文化圈中的日本，也把此書視作經典，將其定性爲僅次於五經、四書的讀本，是青少年入道的階梯。日本江户時代中村惕齋説：「天下古今之書，莫貴於六經、四子，而次焉者獨有此篇。」江户會津藩學校奉行山内俊温認爲「此書之爲聖學之階梯、大道之標表」。自江户時代至二十世紀四十年代，日本在受容中國近思録及其注本的同時，通過重刻、注釋、翻譯、講讀、仿編等途徑整理産生了大量「近思録文獻」。

所以，近思録作爲理學經典是毋庸置疑的，梁啓超、錢穆都尊奉此書爲宋代理學的首選經典，以爲「後人治宋代理學，無不首讀近思録」，錢穆還將近思録視作「復興中華文化人人必讀的九部書」之一。當代學者束景南説：「在朱熹以後直到近代，程朱理學在很大程度上是借助於近思録的注釋刊刻流布得到廣泛傳播的，宋、明、清儒者們也多以近思録爲『階梯』，從近思録切入到對程朱理學的認識與接受，因而一部近思録的注釋傳刻流布史，也就是一部宋明到近代的理學接受史。」

在東亞理學發展史上，作爲承傳北宋四子思想兼而體現朱子理學構建理念的近思録，備受尚儒者推崇，於是近思録不斷被各國注釋、續編、傳抄、刊印，形成多種整理形式的「近思録文獻」。目前存世的東亞近思録文獻版本達六百種之多。其版本形態多姿多彩，文本内容或尊崇中國程朱之學，或將中土與本邦性理之學相融合，或有意體現本邦儒者之思想，因而形成了漢文化圈中獨特、系統的近思録文獻建構與傳播景觀。

朱子學在近現代經過洗禮之後，依然是學者、政治家推崇的優秀文化思想。被提升到理學經典地位的近思録，至今仍煥發出無限生機。近二十年來以近思録整理、注釋、研究爲對象的著述在國内外出版機構陸續面世，差不多形成一股研究「近思録文獻」的熱潮。其中特別值得肯定的是嚴佐之先生主編的近思録專輯，獲得了海内外學術界的好評。但是此編僅收傳世的部分中國近思録文獻，尚不能全面反映東亞史上宏富的近思録文獻全貌，讀者也難以更多地認知近思録在東亞悠久而廣泛的影響。

考察歷史上東亞區域的「近思録文獻」，我們便會明確認知到近思録所蘊藏的理學思想在東方古典學視野中所擁有的歷史影響與不朽魅力。近思録及其後續著述不僅在本土具有强大的生命力、影響力，而且歷史上朝鮮半島、日本的相關文獻也與之存在深厚的淵源關係。從存世的相關文獻稍作探究，不難發現東亞區域的「近思録文獻」存在明顯的共通之處，其中的修身之要、爲學之方、齊家治政之術、入聖之道等有着永恒的生命，其不朽的思想價值是值得世代相傳的。

在上海古籍出版社的積極努力下，以「東亞近思録文獻」爲整理對象，申請了「國家古籍整理出版資助項目」，並獲得立項。該項目的設立，極益於东亞儒學思想，特別是程朱理學學術思想史之研究，亦利於當今社會的文化建設與人生修爲。新時期，我國正把文化建設放在全局工作的突出位置，要求堅守中華文化立場，强調不斷提高國家文化軟實力，增强中華文化影響力，發揮文化引領風尚的作用，那麽作爲中華思想文化經典之一的近思録，作爲史上東亞區域的先進文化，曾經惠及了無數讀者，蘊含着無限生機與活力，其中之精華依然值得我們繼承與發展。

在該項目立項前後，確定由蘇州大學教授程水龍負責組稿，約請了華東師範大學、上海大學、蘇州大學、温州大學等高校的專家和青年才俊對近思録文獻進行搜集、校點、整理。定名爲東亞近思録文獻叢書。

雖説東亞各國有不同數量的近思録整理文本，但仍有許多工作有待開展，而將我國的近思録各類文本與朝鮮半島、日本相關經典文本匯集一處進行校點整理，史上從未有過，故編校本叢書也是一次有意義的嘗試。考慮到盡量不與已出版的近思録文獻重複，本叢書校點整理的對象會避開華東師範大學出版社出版的近思録專輯，凡專輯已校點出版的中國學者關於近思録的著述不再收録，而是在南宋至二十世紀中期的東亞近思録文獻中選取。

最終我們在前人和當代學者整理近思録文獻的基礎上，剔除重複，精選國内尚存的近思録原文本、注本、續編本之代表，以及現存韓國、日本的具有代表性的「近思録文獻」典籍約三十部，依據古籍整理的規範校點整理。這些校點整理對象的選取，既是力求反映朱、吕編輯近思録之初心，也要展示近思録東亞傳播史上注釋、仿編、講論此書的代表作品。朱熹當初主編近思録，是爲了便利於初學者閲讀周敦頤、張載、程顥、程頤四子的宏富著述，使之近思切問，掌握入道門徑。因而近思録也成爲南宋後期、元、明、清各朝崇儒者家弦户誦之經典，尤爲塾師童蒙所親睞，故朱子再傳弟子熊剛大對近思録、續録、别録逐句進行句解，注文淺近易懂，旨在方便童蒙閲讀理解；南宋佚名所撰文場資用分門近思録，則將近思録按内容分成若干小類進行重新編輯，既滿足童蒙求學之需，又便宜科考之用；清初吕留良的「吕氏家塾讀本」近思録，在原文六百二十二條語録的基礎上稍增注文，以便本族子弟通曉該書；周公恕整理改造葉采近思録集解而成分類經進近思録集解，每卷各立細目，反映了元明之際頗具特色的近思録注本改編類次現象；清代李振裕、高裔重鐫近思録集解則反映出清初對葉采集解的改組類次特色；清末張紹价在前人注解的基礎上，吸納近思録多家注本之精華，亦兼顧晚清時事，對近思録進行了簡明流暢的注解，反映出時代大變革之際的儒者對朱子學的審視與經世致用的情懷。

朝鮮李朝學者的近思録釋義、近思録增解、近思録附注，是注釋近思録之代表，近思録釋疑、星湖先生近思録疾書、近思録集解或問又反映出朝鮮朱子學者對南宋代表性注本葉采近思

尊崇。

佑五子近思録而成的本邦文獻，反映出在那個「望道唯憑性理書」的時代李朝社會對朱子學的録集解的推崇與質疑。續近思録、近思續録、海東七子近思録等則是朝鮮學者仿編近思録或汪

日本江户、明治時期學術界在推崇近思録之餘，以日本學者特有的方式進行注釋、訓點，近思録備考、近思録欄外書、鼇頭近思録等便是其中的代表。日本學者還有意揭示朱子學、陽明學的異同。他們既注重在童蒙中傳播近思録近思切問之精髓，又不斷講論自己的主張，近思録訓蒙輯疏、近思録説略、近思録鈔説等乃其代表。另外，崇敬程朱之學者不斷仿照近思録體例編撰續編性質的文本，如近思録集説，融中國、朝鮮、日本諸多學者的論述於一書。

這些不同時期的近思録代表注本、續編文本，爲童蒙架設的通向聖賢階梯的「近思録文獻」，反映出史上東亞文化思想深厚的歷史淵源，也是現今我們認知東亞史上程朱理學思想的重要文獻，是程朱理學思想研究中頗爲倚重的一手文獻資料。它們不僅是研究東亞儒學的基礎文獻，社會大衆讀之亦可發揮調攝身心之功用。

對於上述入選本叢書的各書，主編都盡量提供時代較早、内容完整、校刻或抄寫精審的底本給校點整理者，並負責最終統稿。各校點整理者對其整理編校對象，自負其責，比較各種版本，辨其源流，選取校本或相關文獻，在「校點説明」中簡要概述所選底本的内容、版訊、價值等。

在編校整理中，對於有價值的序跋、傳記資料，也盡量收集附於書後。最終完成編校的每一部文獻，大體由校點説明、基本文獻、相關附録資料構成。

本叢書從策劃到申請資助，都是上海古籍出版社領導和編輯牽頭完成的，尤其是得到劉海濱先生、徐卓聰先生等的大力支持與幫助。正是因爲有了他們的辛勤付出，本叢書的編撰方能有條不紊地按計劃順利實施。因主編和諸位編校者不能遍觀聖賢之書，故而本叢書中難免會有不足之處，敬請賢達指正！

主編　程水龍

二〇二一年三月

目録

近思録備考

近思録訓蒙輯疏

近思録備考

（日本）貝原篤信　輯
鄭春汛　校點

校點説明

一、貝原益軒的生平與著述

貝原益軒(一六三〇—一七一四),名篤信,字子誠,通名久兵衛,早年號損軒,晚號益軒,筑前藩(今福岡縣)侍醫貝原寬齋第五子,日本江户時代前期具有代表性的儒學家、教育思想家、博物學家。據貝原好古益軒先生年譜記載,益軒先祖爲吉備津神社的神職人員,益軒幼年受母親、祖母影響信奉佛教。十四歲在仲兄存齋影響下悟「浮屠之非」,始習「四書」,并隨其父習醫藥。十八歲成爲筑前藩二代藩主黑田忠之的侍從,二十一歲因過錯被免職成爲浪人,來往於長崎、江户等地,以醫謀生。二十七歲被第三代藩主黑田光之召回,成爲藩醫。二十八歲得藩費資助遊學京都,三十六歲學成歸藩,被聘爲儒臣。七十歲辭去藩職專心著書立説,卒年八十五歲。貝原益軒學問廣博,一生著述宏富,從儒學至樹藝、文學、神祇、醫學、衛生、製造之類,無不包羅,逾百餘種。板倉勝明評價他:「博學强記,和漢之書無不窮綜,其著述之富,與羅山、白石相頡頏,裨益天下後世,匪淺鮮也。」(朱謙之日本的朱子學,人民出版社二〇〇〇年版)

作爲儒學家的貝原益軒，成年後其儒學思想發生過兩次轉變。早期的貝原益軒遊學京都，與松永尺五、山崎闇齋、木下順庵等儒學大師及醫學者向井元升、稻生若水、黑川道祐等有學術交往。此時的貝原益軒既修朱子學，又習陸王學。據益軒自著玩古目録記載，他在讀書初期好讀陽明學書籍，曾讀過十二遍王陽明的傳習録，在三十六歲讀了明朝陳建學蔀通辨後，始棄陽明學，成爲純粹的朱子學者。益軒先生年譜云：「先生嘗好陸王，且玩讀王陽明之書數歲，有朱、陸兼用之意，今年始讀學蔀通辨，遂悟陸氏之非，盡棄其舊學，純如也。」（朱謙之日本的朱子學）此後的益軒將朱子奉若神明。他在自娱集中說：「後世之學者知經義者，皆朱子之力也。吾輩不逮之質，雖不能窺其藩籬，然心竊嚮往之，故於其遺書也，尊之如神明，信之如蓍龜。」（朱謙之日本的朱子學）帶着對朱子的崇敬，這一時期的貝原益軒致力於講讀和注解、傳播朱子學文獻，三十九歲左右創作了近思録備考、小學備考、朱子文範、大學集要等朱子學入門注解著作。

但是隨着益軒對朱子學研究的深入，知識體系逐步完善，四十六歲時益軒開始反思、質疑朱子，但只向谷一齋、木下順庵等學友私下表達過。他在大疑録中說：「予幼年誦朱子之書，尊其道，師其法，服其教，然於其所不解，則致疑思而審擇，未嘗阿所好，是欲僕他日之開明耳。」（朱謙之日本的朱子學）益軒在懷疑中摸索深思，八十四歲創作大疑録、慎思録，系統表述了自己與朱子不同的觀點。他不同意朱子「理先氣後」的説法，提出了「氣一元論」的觀點。即否認朱子的理氣二元論，主張理氣不可分，理是氣之理，不能離開氣而獨立存在，天地間都是一氣，萬物皆由氣生成，太極、陰陽、道都只不過是氣的不同表現形式。并在此認知基礎上將朱子「格物窮理」進一步延伸發展爲「博學之功」，注重通過實際考察窮盡諸物之理，將朱子學「格物窮理」與經世致用的實證主義方法相結合。

他還在慎思録中説：「吾曹受昊天罔極之恩也，逾於他人，何以報其德之萬一乎？如解釋於經傳，發明於義理，古人作者既備矣，求之前修之書而足矣，况區區庸劣，豈能容喙於其間乎？别事又不能爲，唯欲作爲國字之小文字之有助於衆庶與童穉者，必待後輩而已，庶幾有小補於民生日用云爾。」「雖小道鄙陋之事，苟有裨於民用者，撰述之亦惟事也。」（朱謙之日本的朱子學）因此益軒晚年不再注經釋傳，將主要精力用於宣傳民生日用之學，用本國語言創作了「益軒十訓」（五常訓、大和俗訓、和俗童子訓、初學訓、文訓、武訓、家道訓、君子訓、養生訓、樂訓）、大和本草、筑前國續風土記等膾炙人口的佳作。由於當時的學問書籍多用漢文書寫，而益軒的著作用通俗易懂的日文書寫，一般大衆也容易理解。相比起同時代其他儒學家主要針對社會乃至統治階級層面的思考，益軒則將關注的眼光更多地投向下層平民，對江户時期平民教育的發展起到了很大的推動作用。

二、貝原益軒與近思録

據中日交流史料，近思録等朱子學文獻在南宋時就已經傳播到日本，鎌倉時代（一一九二—一三三三）和室町時代（一三三六—一五七三），朱子學文獻的研究和傳播主要局限於禪僧和上層貴族中。到了江户時代（一六〇三—一八六七），德川幕府完成國家統一，以武士爲統治階級建立了新的幕藩制度，選擇了强調忠君、孝親的朱子學作爲官方意識形態以維護社會關係穩定。德川幕府的歷代將軍及諸藩大名均崇信朱子學，聘請遊學於京都、江户的朱子學者作爲儒臣在藩内講學，成爲了當時的社會風尚，如幕府聘請林羅山、肥後藩聘請那波活所、尾張藩聘請堀杏庵、安藝藩聘請石川丈三、筑後藩聘請菊池耕齋等。在此背景下，貝原益軒京都遊學之後也被聘爲筑前藩儒臣，爲藩中子弟講授朱子學。而朱子學是以四書章句集注爲核心，以小學、近思録爲起點而構建的「四書學」體系。如清儒施璜所説：「欲升五經之堂室，必要四書階梯而上。欲升入四書之堂室，必由近思録階梯而上。欲升入近思録之堂室，必由小學階梯而上。」（清施璜小學發明安徽紫陽書院刊本）因此，近思録被視爲朱子學學術系統的入門關鍵文獻。在江户時代，社會從上到下形成了争相學習、研究、傳播近思録的風尚，因此産生了大量重刻、翻譯、注釋、講讀、仿編等本土近思録衍生文獻，多達數百種，遠超中國同時期。其中學術價值較高、占比較重的是朱子學者們或儒臣們因講學備課所創作的注釋、講讀文獻，如中村惕齋近思録鈔説、澤田希近思録説略、佐藤一齋近思録欄外書、中村習齋近思録講説等等。近思録備考也是這樣一部著作，貝原益軒在近思録備考跋中説：「學者之於經，未有不得於辭而能通其意者，是以敢私記，以備他日之考索云爾。」貝原益軒在同時期編撰的小學句讀備考跋中也説：「與諸生講此書，因訓詁之難解，旁搜傳記而摭有資於講説者爲編，以備他日之參考。」表明其編撰目的都是通過訓釋原文幫助初學者疏通文義，這兩部書亦因此得名「備考」。然與大部分學者僅著手稿不同，益軒則將所編之書全部刻印出版，因爲此時的益軒篤信朱子，受近思録影響，「體心行身」地奉行、傳播朱子學。他在小學句讀備考跋中説：「程朱之書，航海傳於我者，蓋三百餘年於此矣，然而小學、近思録之行於世也，未滿于二紀，真爲可恨焉。我曹幸生於今時，而得見此書而講習之，苟徒事空文而不能體心行身，則不幾於侮聖賢者乎！」他甚至模仿近思録，精選朱子語録纂集成書，仿編了一本朱子文範。據益軒先生年譜記載：「此頃信朱文公之學術愈篤，好讀其文集。乃窮鄉晚出，爲不能閲其全集之人，纂集精要而爲五卷，使久野正的加訓點，自補正之以行世。是爲朱子文範也。」與朱熹在近思録序中所言：「以爲窮鄉晚進，有志於學，而無明師良友以先後之者，誠得此而玩心焉，亦足以得其門而入矣。」編撰目的極其相似，足見益軒受近思録影響之深，因此近思録備考是研究益軒早期儒學思想的重要文獻。

三、近思録備考的内容及特點

近思録備考是江户時代近思録在日本傳播過程中誕生的第一本講述、注解類本土衍生文獻，名爲近思録備考，實際則是「近思録集解備考」，是以宋代葉采的近思録集解爲底本進行的二次注解。宋、元以來，如同四書章句集注代替四書傳播一樣，葉采的近思録集解在東亞儒學圈實際也是代替近思録來流傳的，江户時代日本近思録注解、講讀類本土衍生文獻大部分也是在葉采近思録集解的基礎上完成的二次創作。國際漢學家陳榮捷（一九〇一——一九九四）評價近思録備考：「引朱子及其他理學家甚長，亦附己見，爲日本研究近思録標準之作，其後學者多參考徵引之。」（陳榮捷朱學論集，華東師範大學出版社二〇〇七年版）提到了近思録備考在文獻引用上的特點。首先，近思録備考在訓釋上引用經史子集各類著作近二百種；在義理闡釋上徵引宋、元、明理學家八十餘人。其次，以「明代四書學」舶載本爲徵引主體文獻群。十六世紀後半期以來，通過海上貿易流通到日本的中國古籍被稱爲「舶載本」。因明代科舉與四書的深厚關係，産生了以四書大全、性理大全爲代表的大批明代四書學的注疏和學習用書，舶載本成爲了朱子學向日本傳播的途徑之一。江户時代，舶載本到達貿易港口長崎後，要先經長崎的幕府官員「書物審查」，選購一些必要的書籍，餘下的再由藩國、民間書店競相購買。幕府和藩國一般委派儒臣選購并爲之增加日文訓點，貝原益軒就曾擔任此項工作，接觸到大量「舶載本」。貝原益軒在編撰近思録備考時將所得舶載本明代四書學注疏書進行了篩選，他最重視的是四書蒙引和四書存疑，他在讀經總論中説：「蒙引、存疑，以朱子爲宗，初學之徒不能理會于朱注者，須以此等説爲階梯。」（讀經總論，井上忠編貝原益軒資料集（上），東京ぺりかん出版社一九八九年版）蒙引、存疑作爲科舉用書，排斥當時流行的陽明學，擁護正統朱子學，非常符合貝原益軒初棄陽明學、篤信朱子的學術立場，因此在近思録備考中引用四書蒙引高達五十七次，四書存疑三十一次。此外，他認爲性理大全、四書講述、四書説統等十餘種書對初學者也有一定幫助，因此每種引用也有數次到數十次不等。這成爲了近思録備考的鮮明特色。

四、近思録備考點校問題與説明

近思録備考雖然极具學術價值，但其注解和刊刻也存在一些注誤和刻誤。近思録備考初刻本爲寛文八年（一六六八）吉野屋權兵衛刻本。日本刻工的技術水平參差不齊，受困於文化背景，又對古籍理解有限，因此往往會出現刻誤。因而寛文八年刻本中的錯字、漏字、衍字隨處可見，也存在一定的錯頁現象，如卷三第十一條「問有人有志於學章」、第十二條「問觀物」錯入到卷二第三條的「誠之之道」節之後。而卷二第三條自「誠之之道」至「後人不達」部分條目則錯入到卷三第十條「思曰睿」之後。昭和四十八年（一九七三）益軒會編輯益軒全集時收録近思録備考，對寬文八年本進行了整理點校，重新排印，訂正了部分訛誤。比如漢字行草的「犭」旁與「亻」旁，「礻」旁與「木」旁，「心」旁與「口」旁，其字形十分相近，易生混淆。如第一卷序言中的「複」字，刻本訛作了「椱」；第一卷第一條中的「脗」字，刻本訛作了「⿰月悤」；第十二卷第七條「猜」字，刻本訛作「倩」。這些訛誤在益軒全集排印時作了修正，但仍繼承了刻本中的錯頁問題，并衍生出了其他訛誤，如第一卷第二十四條「滿」字，刻本無誤，益軒全集却誤作「蒲」。第三卷第七十一條益軒注文中的「畀」字，益軒全集訛作「卑」，使句義謬以千里。因此益軒全集對寬文八年初刻本的校訂有限，存在踵謬增訛的問題。第三，除了内容上的錯漏，寬文八年初刻本還存在前後體例混亂的問題。表示章節區分的「〇」號標誌，從第三卷開始時有時無，當加的章未加，不當加的節也加了。此外，刻本中貝原益軒爲葉采注所作的注釋一般會標上「注」字以示區別，但部分益軒注却漏掉了「注」字標記，與原文的注混在一起。這些體例上的訛誤，昭和四十八年益軒全集本也全部繼承了下來，未作校訂。

本次點校以寬文八年初刻本爲底本，參考昭和四十八年排印本，并對益軒全集本未修正的錯頁進行了整理復原。古人往往混用「太」、「大」，本次整理不做統一。明顯的形近而誤則徑改。本次整理時，還參考了葉采近思録集解（中華書局二〇一七年版）、宋元學案（國圖藏馮氏醉經閣清道光十七年刻本）、朱子語類（中華書局二〇二〇年版）、宋本韓文公文集（國家圖書館出版社二〇二〇年版）、四書章句集注（浙江大學出版社二〇一二年版）、前漢書（國圖藏明吴勉學刻本）、周禮注疏（中華書局影印十三經注疏本）、史記（國圖藏明嘉靖四年王延喆刻本）、易程傳（華東師範大學出版社二〇一七年版）、文獻通考（清乾隆十二年武英殿刻本）、琅邪代醉編（明萬曆二十五年陳性學刻本）、續文獻通考（萬曆三十年松江府刻本）、通鑑續編（元至正二十一年顧逖刻本）。

上海大學鄭春汛

近思録備考巻之一

筑陽後學貝原篤信輯

○近思録集解序

論語子張篇：子夏曰：「博學而篤志，切問而近思，仁在其中矣。」○存疑曰：近思是思其切近事也。身心性情之德，於人爲近也。言不可求之遠也。○程子曰：近思者，以類而推。○朱子曰：以類而推，只是傍易曉底挨將去，如親親便推類去仁民，仁民便推類去愛物，如這一件事理會得透了，又因這件事推去理會那一件事。**録** 小補韻會云：「記也。」廣韻：「采録也。」○朱子跋曰：「東萊呂伯恭來自東陽，過予寒泉精舍，留止旬日，相與讀周子、程子、張子之書，歎其廣大閎博，若無津涯，而懼夫初學者不知所入也。因共掇取其關於大體而切於日用者，以爲此編。」又曰：「以爲窮鄉晚進，有志於學，而無明師良友以先後之者，誠得此而玩心焉，亦足以得其門而入矣。如此然後求諸四君子之全書。云云。」○葉采序曰：然後以類而推，以觀四先生之大全，亦近思之意云。○東萊全書卷三十七年譜曰：淳熙乙未春，在明招，四月二十一日，如武夷，訪朱編修元晦、潘昌叔，從留月餘，同觀關、洛書，輯近思録。今年吕子三十八歲。○文獻通考一百十曰[二]：近思録十四卷。陳氏曰：「朱熹、吕祖謙取周、程氏之書，關於大體而切於日用者六百十九條，取切問近思之義，以教後學。」○趙氏跋曰：朱子、吕子相與講明伊、洛之學，取其言之簡而要者，集爲是書，要使學者知所趨向。譬如洛居天下之中，行者四面而至，苟不惑其塗路，則千里雖遠，行無不至矣。然其間亦有平居師友相問答之際，盡意傾吐，義已切至，而語不暇擇者，學者得其意，玩其辭，可也。不然，徒高遠其言，詭異其行，俾世之人咸共指目曰道學云云者，則甚非朱、吕所以爲書之意也。○語類百五卷：朱子曰：「修身之法，小學備矣。義理精微，近思録詳之。」○又曰：近思録好看。四子，六經之階梯；近思録，四子之階梯。○又曰：近思録一書，無不切人身救人病者。○又曰：如中庸、大學、論語、孟子，皆平易。近思録是近來人説話，便較切。○又曰：近思録逐篇綱目：一道體，二爲學大要，三格物窮理，四存養，五改過、遷善、克己、復禮，六齊家之道，七出處、進退、辭受之義，八治國平天下之道，九制度，十君子處事之方，十一教學之道，十二改過及人心疵病，十三異端之學，十四聖賢氣象。○或問近思録。朱子曰：「且熟看大學了，即讀語、孟，近思録又難看。」○又曰：看近思録，若於第一卷未曉得，且從第二、第三卷看起。久久後看第一卷，則漸曉得過。○因説近思續録曰：如今書已儘多了，更有却看不辨。○性理大全：李果齋曰：「學、庸、語、孟、小學、近思録此六者，學者飲食裘葛，準繩規矩，不可以須臾離也。」○胡敬齋曰：學者當以小學、近思録熟讀體驗，有所得，然後方可博觀群書。○朱子大全與吕伯恭書曰：近思録，近令抄作册子，亦自可觀，但向時嫌其太高，去却數段。如太極及明道論性之類。今看得似不可無。以顏子論爲首章，却非專論道體，自合入第二卷。作第一段。又事親居家事，直在第九卷，亦似太緩。今欲別作一卷，令在出處之前，乃得其序。卷中添却數段，草卷附呈，不知尊意如何。第五倫事，閫範中亦不載，不記曾講及否，不知去取之意如何，因來告論及也。此書若欲行之，須臾得老兄數字，繫於目録之後，致丁寧之意爲佳，千萬勿吝也。○經濟文衡卷十云：近思録本爲學者不能偏觀諸先生之書[二]，故掇其要切者，使有入道之漸。若已看得浹洽通曉，自當推類旁通以致其博。若看得未熟，只此數卷之書，尚不能曉得，何暇盡求頭邊所載之書，而悉觀之乎？○續文獻通考百七十八經籍考曰：近思録發揮，何基著。近思録補注，戴亨著。近思録廣輯，浦陽柳貫著。續近思録，蔡模著。模字元覺，元定之孫，輯文公之書爲之學者，號覺軒先生[三]。

集解 魏何晏作論語集解，是「集解」之權輿乎？

序 左傳正義曰：「序，與叙音義同。」爾雅釋詁云：「叙，緒也。然則舉其綱要，若繭之抽緒。」

皇宋 韻會曰：「皇，大也。」宋太祖，姓趙氏，名匡胤，受後周恭帝之讓，爲天子。

受命 中庸曰：「大德必受命。」章句曰：「受命者，受天命爲天子也。」

列聖 太祖、太宗、真宗、仁宗、英宗、神宗等也。**三代統紀** 指夏、殷、周，先王之道統。統，韻會：「紀也，緒也。」紀，説文：「絲別也。」又理也。**天禧** 宋真宗年號。**明道** 仁宗年號。**澤** 字彙：「潤也。」又恩澤也。**天相斯文** 論語子罕篇：「天之將喪斯文也。」注：「道之顯者謂之文。」**生濂溪** 程子曰：元氣會則生聖賢。○濂溪先生生于天禧元年，卒于熙寧六年，五十七歲。**抽** 廣韻：「披也。」增韻：「拔也。」**發矇** 禮記仲尼燕居曰：「昭然若發矇。」陳注：「方氏曰：『發矇者，若目不明，爲人所發而有所見也。』」**洛二程子關中張子** 一統志曰：河南府洛陽縣，本成周地，在洛水之北，故曰洛陽。程顥其世居中山，曾祖而下葬河南，遂爲洛人。○三輔黄圖曰：漢都長安，東有函谷關，南有嶢關、武關，西有散關，北有蕭關，居四關之中，故曰關中。**羽翼** 史記張良傳：羽翼已成。**湮** 小補韻會曰：塞也，沉也。**猗與盛哉中興再造** 詩周頌：「猗與漆沮。」注：「猗與，歎詞。」○宋之中興者，指高宗以降，自哲宗以來，國勢委靡。至高宗恭儉仁厚，德有餘，才不足也。况兵弱財匱，不能撥亂。得孝宗之賢，聰明英毅，卓然爲南渡諸帝之稱首。○唐郭子儀贊國家再造。**適** 以律切，自也，遵也。**祖武** 詩大雅下武云：昭兹來許，繩其祖武。朱傳：「武，迹也。」**鉅儒** 大儒也。指朱子、呂東萊、張南軒等。**輩** 廣韻：「類也，比也。」詩箋云：「輩作者千耦。」正義曰：

「輩作者，合家盡行，輩輩俱作。」一 **沿** 字彙曰：音延，從流而下也，又循也。**緒論** 四子之垂世之緒論也。**呂成公** 萬姓統譜：呂祖謙字伯恭，早擢高第，歷官著作郎、直秘閣，倡道於婺，爲一代宗師。號東萊，著書立言，並行于世，卒謚成。**四先生之書** 指周子之圖説、通書，二程文集、經説、易傳、遺書、外書，張子正蒙、經説、語録、文集、理屈等書[四]。**條分** 總六百二十條。**類別** 道體類，爲學類等凡十四。**規模** 蔡虛齋曰：規，所以爲圓者，是一個大圈子。模，鑄金之模，空廓也。皆以大綱言。又曰：**節目** 節，竹之節。目，綱之目。皆以衆而小者言。○規模之大，綱領之要，指首卷道體而言。進修有序，節目詳明，指二卷爲學、三卷致知、四卷存養而言。體、本指五卷克己、六卷家道、七卷出處而言。用、末指八卷治體、九卷治法、十卷政事、十一卷教學、十二卷警戒而言。闢邪説，辨異端也。明正宗，觀聖賢也。**精覈** 小補韻會：「覈，下革切。」字彙云：「考之使實也。」説文：「實也。」一 **我宋** 朱子曰：我，親之之辭。**四子** 四書也。**時有遠近言有詳約** 言六經比之四子，則遠而約也，四子近而詳也。四子比之近思録，則遠而約也，近思録近而詳也。**研** 韻會曰：究也，磨也。**朱子舊注** 謂太極圖説解、西銘解、通書解及語類九十四卷説於周子之書。又九十五六卷説於程子之書，九十八卷説於張子之書。其説於程子、張子之語，凡入近思録者，皆依次弟，類爲卷。**升堂紀聞**　未詳。文獻通考經籍考、明經籍志、事言要玄不載此書。疑葉氏指平日所聞于師之語歟？蓋非書名。**繁複**[五]　字彙：繁，多也。複，重也。**臆**　胸臆也。臆説指我説。**旁**　字彙：旁側也。**刱**　小補韻會曰：音瘡，初也。**以類而推**　程子曰：近思者，以類而推。○朱子曰：以類而推，只是傍易曉底挨將去。**淳祐**　宋理宗之年號。戊申，淳祐八年也。當于本朝人皇八十八代，後深草院寶治二年。**長至日**　月令：仲夏月，日長至。○陳注：至猶極也。夏至，日長之極也。○又郊特牲云：郊之祭也，迎長日之至也。○陳注：至，猶到也。冬至，日短極而漸舒，故云「迎長日之至」。○瑯琊代醉卷之二云[六]：月令：「仲夏之月，日長至。仲冬之月，日短至。」今世反稱冬至爲長至。云云。**建安**　一統志：建安，本漢會稽郡治縣地，東漢改治縣，孫吳始縣，置建安縣。以年號爲名，屬建安郡，自晉至元，俱仍舊。**葉采**　性理群書後集諸儒姓氏：平巖先生葉氏，名采，字仲圭，文公門婿也。登進士第，官終于常卿，知邵武郡。○萬姓統譜：葉采字仲圭，邵武人，初從蔡淵蔡沈之兄。受易學，已而往見陳淳。淳以其好躐高妙而少循序就實工夫，屢折而痛砭之。采自是屏斂鋒鋩，俛意信向，駸趨著實。淳深喜之。葉采傳詳于閩書百九十卷。○排韻：葉，音攝。

進近思録表

文選三十七李善注曰：表者，明也，標也，如物之標表。言標著事序，使之明白，以曉主上，得盡其忠，曰表。三王以前，謂之敷奏。故尚書云「敷奏以言」是也。至秦并天下改爲表，總有四品。云云。六國及秦漢兼謂之上書，至漢魏已來，都曰表。進之天子稱表，進諸侯稱上疏。魏以前，天子亦得上疏。○釋名曰：下言於上曰表。○文體明辨曰：表，漢晋多用散文，唐宋多用四六。

臣 小補韻會云：「男子賤稱。」又云：「事人之稱。」

先儒 指朱文公、呂成公。

鳴道 左傳曰：先二子鳴。○韓文送孟東野序：臧孫辰、孟軻、荀卿，以道鳴者也。

聖代之一經 指宋之一經近思録也。

元后 書泰誓曰：亶聰明作元后，元后作民父母。○案，元后謂天子也。

微臣 葉氏自稱。

揭 字彙：「巨列切，舉而竪之也。」説文：「高舉也。」

民彝 詩大雅烝民篇：民之秉彝。云云。

頓首 朱子大全六十八跪坐拜説曰：其爲頓首，則又以頭頓于手上也。其爲稽首，則又郤其手而以頭著地。○案，周禮太祝有九拜，頓首當其二。

竊惟 文選注云：竊，私也。惟，思也。

鄒軻既歿而理學不明 孟子，鄒人。故曰鄒軻。○伊川曰：孟軻死而聖人之學不傳。

秦斯所焚 秦李斯焚書事，見史記。

幾息 幾，

殆也。近于滅息也。雖秦火滅典籍，亦有存者，故曰「幾息」。**漢專門章句訓詁** 前漢書夏侯勝傳云：「建卒自顓門名經，爲議郎博士。」注：「顓，專也。」○後漢書儒林傳贊曰：「斯文未陵，亦各有承。塗分流別，專門亦興。」注：「説經者，各自是其一家，或精或疏，莫知是非。」專門者，若藝文志所謂易經十二篇，孟、施、梁丘三家；詩經二十八篇，魯、齊、韓三家也。皆以一經專其門，或分章句，或作訓詁是也。章句者，若杜撫定韓詩章句，伏恭改齊詩章句，夏侯分尚書章句是也。訓詁者，若賈逵爲左氏訓詁是也。○詩正義云：秦漢以來，衆儒各爲訓詁，乃有句稱，句必聯字而言。句者，局也。聯字分疆，所以局言者也。章者，明也，統義包體所以明情也。○字彙云：「訓，教誡也。又釋也，如某字釋作其義。」又曰：「詁訓通古今之言，而明其故也。」○爾雅疏曰：詁者，古也。古今異言，通之使人知也。訓者，道也，道物之貌以告人也。然則詁訓者，釋古今之異辭，辨物之形貌。**造士** 王制云：「樂正崇四術，立四教，順先王詩、書、禮、樂以造士。」注：「造，成也。」○胡敬齋曰：漢猶近古，用孝廉科、賢良方正科舉士，是尚德行。用茂才科、經義科舉士，是兼才學。此儘好，但不若周禮「賓興」之盡。言後世純用文詞取士[七]，空言無實。進士是隋煬帝做起，殿試是則天武后做起。**藻繪** 字彙曰：文詞曰藻。○詞華、藻繪，以巧文麗辭爲工也。**星聚文奎** 星者，金木水火土之五星也。奎者，西方七宿之一也。○通鑑續編：「宋太祖乾德五年三月，五星聚于奎。」注：「奎宿在降婁之次，聚奎如連珠，在降婁，主文章，蓋天下文明之象。」○通鑑又曰：竇儼善推步星曆，嘗曰：「丁卯歲，五星聚奎，自此天下始太平。」○孝經援神契：「奎畫主文章。」注：「西方之宿十六星。」宋均曰：「奎星屈曲相鈎，似文章之畫。」○吕氏中曰：國家將興，必有禎祥。然奎星固太平之象，而實重啓斯文之兆也。當是時，師魯、明復之經未出，安定湖學之説未行於西北，伊洛、關中之學未盛於天下，而文治精華已露於立國之初矣。○天原發微云：漢元年十月，五星聚于東井，爲高帝受命之符。○又宋乾德五年三月，五星如連珠，分在降婁，爲天下文明之象。程子所謂「天地真元之氣」，非游氣所能雜，故能湊合以生聖人。又如堯、舜、禹、湯、文、武、周公，亦是如此。

淳熙 孝宗年號。**圖書傳集** 太極圖説、通書及程子之書，張子之正蒙、易傳，二程、張子之文集。**粹** 字彙曰：不雜也。**濂洛關陝** 濂，周子之居。洛，二程之居。關陝，張子之居。陜，音閃。**摭其訓辭** 訓辭，四先生之書也。摭，掇也。四箴「欽哉訓辭」，注：教訓之辭。**彙** 小補韻會：類也。

「**凡求端**」止「**户庭**」 朱子跋云：凡學者所以求端卷首。用力、二卷、三卷、四卷。處己五卷、六卷、七卷。治人，八卷、九卷、十卷、十一卷、十二卷。與夫所以辨異端、十三卷。觀聖賢十四卷。之大略，皆粗見其梗概。**扃**　小補韻會曰：「涓熒切。」曲禮注：「關也。」説文：「外閉之關也。」**鐍**　莊子胠篋篇：「固扃鐍。」林注：「扃，管鑰也。鐍，鎖也。」**戸庭**　易節卦曰：「不出戸庭。」傳曰：「戸庭，戸外之庭。」**涵**　沉浸也，又涵泳。**會六藝之突奥**　前漢儒林傳序云：「古之儒者，博六藝文。」注：「六藝謂易、禮、樂、詩、書、春秋。」又藝文志師古注云：「六經而謂之六藝。藝，猶種也。學者用功於六經，猶農者用功於種藝。」○朱子曰：古人室在東南隅開門，東南隅爲突，西北隅爲屋漏，西南隅爲奥。○字彙：突，音要，深也。**四子**　謂孔、曾、思、孟之四書。**人文**　易賁卦彖傳曰：「文明以止，人文也。」程傳：「人文，人之道也。」又曰：「人文，人理之倫序也。」

臣昔在志學　自此謂編述集解之意也。**師友**　指蔡節齋、陳北溪、李果齋等也。

稍　韻會：小也，又漸也。**旁通**　易乾卦文言云：「六爻發揮，旁通情也。」本義曰：「旁通，猶言曲盡。」**補綴**　内則曰：「衣裳綻裂，紉箴請補綴。」注：「綴，連綴也。」**乙夜**　瑯耶代醉曰[八]：古人以更數爲甲乙丙丁之分。○案，唐文宗甲夜觀事，乙夜觀書。見唐語林。○顏氏家訓曰：或問：「一夜何故五更？」答曰：「漢魏以來，謂爲甲夜、乙夜、丙夜、丁夜、戊夜。又云鼓[九]，一鼓、二鼓、三鼓、四鼓、五鼓，亦云一更、二更、三更、四更、五更，皆以五爲節。」**陛下**　蔡邕獨斷曰：陛下者，陛，階也，所由升堂也。天子必有近臣執兵陳于陛側，以戒不虞。謂之陛下者，群臣與天子言，不敢指斥天子，故叫在階下者而告之，因卑達尊之意也。上書亦如之，群臣士庶相與言曰殿下、閣下、執事之屬，皆此類也。〇案，漢高祖五年，諸侯上疏，初稱陛下。**天錫聖智** 尚書仲虺之誥曰：天乃錫王勇智。**日就緝熙** 詩周頌敬之篇曰：「日就月將，學有緝熙于光明。」注：「日有所就，月有所進，續而明之，以至于光明。」〇詩文王篇：「穆穆文王，於緝熙敬止。」朱子曰：「緝，繼續也。熙，光明也。」**講誦不違於寒暑** 通鑑續編：「理宗端平元年十月，詔真德秀，進講大學衍義。嘉熙元年二月，詔經筵，兼進講朱熹通鑑綱目。淳祐元年正月，命蔡酒曹觱[一〇]，講禮記大學篇。」同十年一月，詔榮文恭王府講通鑑綱目，莊文府講朱熹論語集解。**列五臣於從祀** 通鑑續編：理宗淳祐元年春正月，詔加周敦頤、張載、程顥、程頤封爵，與朱熹並從祀孔子廟廷。黜出王安石從祀。封敦頤汝南伯，封載封郿伯[一一]，封顥河南伯，封熹徽國公。〇景定二年，追張栻爲華陽伯，呂祖謙爲開封伯，從祀孔子廟廷。寶慶二年，圖功臣像于昭勳崇德閣。咸淳二年，以邵雍、司馬光從祀。**闡** 齒善切，開也，顯也，明也。**就緒** 詩經蕩之什常武篇曰：「三事就緒。」疏曰：「緒，業也。」**繕寫** 小補韻會曰：編録文籍，謂之繕寫。**省閲** 字彙曰：閲，察也。**燕閒** 韻會曰：「燕，安也，居息也。閒，隙也，又暇也。」孟子：「國家閒暇。」通作閑。**範模** 韻瑞曰：範，法也，式也，本作笵。以木曰模，以竹曰範。**多士** 詩文王篇云：「思皇多士，生此王國。」朱注：「衆多之賢士。」**軌轍** 字彙曰：軌，車轍。又法也，則也。轍，車輪所輾迹。**粵** 小補韻會曰：凡言粵者，皆在事端句首，未便言之，駐其言，以審思之。周書曰「粵三日丁亥」是也。心中暗數其日數，然後言之。**中古** 前漢書藝文志，孟康注曰：「『易之興也，其於中古乎？』然則伏羲爲上古，文王爲中古，孔子爲下古。」○孟子公孫丑篇曰：「中古棺七寸。」注：「中古，周公制禮之時。」**懿** 爾雅：美也。**衷** 增韻：方寸所蘊也，又誠也。**螢爝** 唐書岑文本傳云：螢爝之末光，非日月之照。○莊子：「爝火。」注：「炬火也。」**五千文十萬説** 文選四十五楊雄解嘲曰：「顧默而作太玄五千文，枝葉扶疏，獨説數十餘萬言。」注：「向曰：『太玄經謂廣大於老子玄言，而文詞如枝葉四布，至於數十餘萬言。』」**法言** 孝經曰：非先王之法言不敢道。**四三王七六經** 何平叔景福殿賦云：「四三皇，而六五帝。云云。」困學紀聞曰：「燕丹子：荆軻曰：『高欲令四三王，下欲令六五霸。』」**部** 積卷成帙，積帙成部。韻會：「蒲口切，統也。」**册** 蔡邕獨斷曰：策簡也，測革切。**扆嚴** 賈逵曰：扆，室之奥者。後人指帝居曰扆。○韻會曰：「嚴，威也，莊也。」又云：「猶尊也。」**屏營** 惶恐不安之貌。後漢書：「夙夜屏營。」**十二年** 壬子歲也。當于戊申後五年。

正月日 增韻：歲之首月曰正月。○陳新安曰：不曰一月，而曰正月，取王者居正之義也。

朝奉郎 事物紀原曰：「宋改唐朝議郎爲朝奉郎。」又曰：「朝議，隋置散官，取諸大夫以上得奉朝議以爲名。」

登聞鼓院 事物紀原曰：昔堯置敢諫之鼓，即其始也。用下達上，而施於朝，故曰登聞。○事文類聚百八十八曰：登聞鼓院，宋曰鼓司，以内臣掌之，鼓在宣德門南街北廊。至道三年，命太子中舍王濟勾當鼓司，用朝臣勾當自此始。景德四年，詔改爲登聞鼓院，掌諸上封，而進之以達萬人之情。

○引用書目

厚陵藩邸名 宋鑑：英宗名宗實，濮安懿王允讓之子。仁宗嘉祐七年，立爲皇太子，賜名曙。○事文類聚：英宗陵曰厚陵。○案，英宗未爲皇太子時，諸侯王之子也，故稱藩邸。

道體類

○無極而太極 太極圖說。○朱子曰：「太極圖者，濂溪先生之所作也。先生姓周氏，名惇實，字茂叔，後避英宗舊名改惇頤。英宗名宗實。世家道州營道縣濂溪之上，博學力行，聞道甚早。」又曰：「家舂陵，而老於廬山之下，因取故里之號，以名其川，曰濂溪。」○張南軒曰：及寓於他郡，而不忘其所自，故亦以是名溪。○朱子曰：先生之學，其妙具於太極一圖，通書之言，亦皆此圖之蘊。○萬姓統譜曰：周子爲學，不由師傳，默契道體，二程子受學。所著有通書、太極圖說。○朱子曰：先生上接洙泗千載之統，下啓河洛百世之傳。○黄山谷曰：茂叔人品甚高，胸中灑落，如光風霽月。○周子全書五卷年譜曰：蘇文忠公追賦濂溪詩有曰：「先生豈吾輩，造物乃其徒。」○先生履歷，詳見于宋史及伊洛淵源録、周子全書等。

無極太極[二]

易繫詞傳曰：易有太極，是生兩儀，兩儀生四象，四象生八卦。○陳北溪曰：「老子說，有物混成，先天地生。此正是指太極。莊子謂道在太極之先，則道與太極分爲二矣，不知道即太極。」漢律歷志：「太極亟三爲一。」○柳宗元曰：無極之極。○邵子曰：無極之前，陰含陽也。○性理大全：萍鄉胡氏曰：「邵子道爲太極，以流行者言之，心爲太極，以統會者言之。」○宋謝方叔曰：「道之大原，出於天而具於人心，其大無外，其小無内。蓋混然一太極也。自伏犧繼天立極，因河圖以畫八卦。云云。八倍爲十六，十六倍爲三十二，三十二倍爲六十四，鬼神之奧，萬事萬物之理畢備。此伏犧先天之易，所以爲萬古斯文之鼻祖也。神農氏，云云。黄帝氏、舜，云云。夏連山、商歸藏亦以是，雖其作用不同，其實同一太極也。降及中古，文王繫卦，周公繫爻，易於

詞章之末，甚至薄蝕於虛無寂滅之教，其斲喪天理滋甚，更千五百年，至我國朝，始有濂溪周先生，獨傳千載不傳之秘，上祖先天之易，著太極一圖。所謂太極者，蓋本於易。」○問：「程子未嘗明以此圖示人，今乃遽爲之説以傳之，是豈先生之意耶？」朱子曰：「當時此書未行，故可隱。今日流布已廣，若不説破，却令後生枉生疑惑，故不得已而爲之説爾。」○朱子曰：「張敬夫曰『二先生至此圖，則未嘗一言及也，謂其必有微意』。熹竊謂，觀其手授之意，蓋以爲惟程子爲能當之。至程子而不言，則疑其未有能受之者爾。夫既未能默識於言意之表，則驅心空妙，入耳出口，其弊必有不可勝言者。」又曰：「此書詳於性命之原，而略於進爲之目，有不可以驟而語者也。孔子雅言詩、書、執禮，而於易則鮮及焉。其意亦猶此耳。」○謝方叔曰：「太極得朱子表章而益明。○性理大全：黄瑞節曰：「朱子將終之前五日，猶爲諸生講太極圖至夜分，則於是書蓋終身。」○或問太極、西銘。朱子曰：「自孟子已後，方見有此兩篇文章。」

古今全書曰：「易有太極。」又曰：「一陰一陽之謂道。道即太極。」○又曰：此一句即「易有太極」，此指道之本體言也。○朱子曰：「此一句，一圖之綱領。」又曰：「只是説無形而有理。」○薛敬軒曰：無極而太極，惟無形而有理。一言括盡。○朱子曰：「濂溪恐人道太極有形，故曰『無極而太極』，是無之中有個極至之理。」又曰：「此『而』字輕，無次序故也。」又曰：

「無極無形，太極者有理也。周子恐人把作一物看，故曰無極。」○朱子曰：無極二字，乃周子灼見道體，迥出常情，勇往直前，説出人不敢説底道理。令後之學者曉然見得太極之妙，不屬有無，不落方體，真得千聖以來不傳之秘。○又曰：太極非是別爲一物，即陰陽而在陰陽，即五行而在五行，即萬物在萬物，只是一個理而已，因其極至，故名曰太極。○問：「太極便是人心之至理？」朱子曰：「事事物物皆有個極。」或曰：「如君之仁、臣之敬，便是極？」朱子曰：「此是一事一物之極。」又曰：「太極只是天地萬物之理，在天地則天地中有太極，在萬物則萬物中有太極。」○又曰：「聖人謂之太極者，所以指夫天地萬物之根也。周子又謂之無極者，所以著夫無聲無臭之妙也。」又曰：「兩儀有象，太極無象。」又曰：「合而言之，萬物體統一太極也。分而言之，一物各具一太極也。」又曰：「以其究竟無極[一三]，無名可名，故特謂之太極。」又曰：「人人有一太極，物物有一太極。」○陳北溪曰：「「而」字只輕接過，不可就此句中間截作兩截看。太之爲言甚也。太極是極至之理，無可得而形容，故以太名之。○真西山曰：「窮天下之物可尊可貴，孰有加於此者，故曰太極也。」又曰：「即吾一心而觀之，方喜怒哀樂之未發也，渾然一性而已，無形無象之中，萬理畢具，非所謂無極而太極乎？」○饒雙峰曰：「太極者蓋天理之尊號。」又曰：「男女萬物生生不息，而此理爲生生之本，如木之有根柢。」又曰：「太者，大無以加之稱。」○胡敬齋曰：道理最大，無以復加，故曰太極。太是尊大之義，極是至當無以加也。○周子全書一游九言書太極圖解後曰：易有太極，濂溪夫子加無極何也？人肖天地，試即吾心驗之，方其寂然無思，萬善未發，是無極也。雖云未發，而此心昭然，靈源不昧，是太極也。欲知太極，先識吾心，澄神端慮，察而見焉。始知夫子發明造化之蘊，啓悟萬世，而羲易奥旨益著，或謂妄加無極，或以訓就文義名之[一四]，失夫子之意遠矣。

注上天之載云云　陳北溪曰：是解「無極」二字。**造化之樞紐**　是解「太極」二字。○鄒魯指南曰：「載」字，當「道」字。○聲臭有氣而無形，在物最爲微妙，而猶曰無之，故唯此可以形容不顯篤恭之妙。○字彙曰：樞，扉臼也。紐，女九切，結會也。柢音邸，木之根也。

蔡節齋　宋鑑：蔡淵字伯靜，元定長子，隱居不仕，所著有周易訓解。○萬姓統譜曰：既受學家廷，而又友黄榦、張浮諸賢，清修苦節有父風，與沉躬耕不仕[一五]，著周易訓解，發先儒所未發。

先有此理　讀書録曰：「或言未有天地之先，畢竟先有此理，有此理便有此氣，竊謂理氣不可分先後，蓋未有天地之先，天地之形雖未成，而所以爲天地之氣，則渾渾乎未嘗間斷止息。」又曰：「理氣二者，蓋無須臾之相離也。又安可分孰先孰後哉。」又曰：「理氣本不可分先後，但語其微顯，則若理在氣先，其實有則俱有，不可以先後論也。」

「**太極動而生陽**」云云　易古今全書曰：此一條即「太極生兩儀」。○朱子曰：「動極則自然静，静極則自然動。」又曰：「不是動後方生陽，蓋纔動便屬陽，静便屬陰。」又曰：「太極之動便是陽，太極之静便是陰。」又曰：「動静非太極，而所以動静者，乃太極也。故謂非動静外別有太極則可，謂動静便是太極之道則不可。」〇問：「動静是太極動静？是陰陽動静？」朱子曰：「是理動静。」〇問：「理如何動静？」曰：「若理無動静，則氣何自而有動静乎？」又曰：「有這動之理，便能動而生陽。有這静之理，便能静而生陰。」又曰：「動静是氣也，有此理爲氣之主，便能如此。」〇問：「理在先，氣在後？」朱子曰：「理與氣本無先後之可言，但推上去時，却如理在先相似。」又曰：「二者有則俱有。」又曰：「纔動便生陽，不是動了而後生。這個只得且從動上説起，其實此之所以動又生於静，上面之静又生於動。」又曰：「陰陽只是一氣，陰氣流行即爲陽，陽氣凝聚即爲陰。非真有二物相對也。」又曰：「易者，陰陽之變，太極者，其理也。」〇黄勉齋曰：生陰生陽，亦猶陽生陰生，陰陽則於動静而見其生，不是太極在這邊動，陽在那邊生。〇朱子曰：春夏是動屬陽，秋冬是静屬陰。就一日言之，晝陽而動，夜陰而静。〇薛文清曰：太極動而生陽，但就動之端説起，其實動之前又是静也。〇徐岩泉曰：纔動便是陽，纔静便是陰。生字太硬，觀者不必牽泥。

一動一静至**兩儀立焉**

朱子曰：一動一静以時言。〇又曰：「陰静之中自有陽之根，陽動之中自有陰之根。」又曰：「一動一静，互爲其根，動而静，静而動，闔闢往來，更無休息。兩儀是天地，與畫卦兩儀意思又別。」又曰：「一動一静以時言，分陰分陽以位言，方渾淪未判，陰陽之氣混合幽暗，及其既分，中間放得寬闊光朗，而兩儀始立。」○朱子曰：「陰陽做一個看亦得，做兩個看亦得。若論流行底，則只一個消長而已。如『一動一靜，互爲其根』是也。若對峙底，則有兩個，『分陰分陽，兩儀立焉』是也。」又曰：「程子所謂『無截然爲陰爲陽之理』，即周子所謂『互爲其根』也。程子所謂『升降生殺之大分』，即周子所謂『分陰分陽』也。二句相須，其義始備。」

注 **一陰一陽之謂道** 易上繫辭之文。○本義曰：「陰陽迭運者氣也，其理則所謂道也。」小注：「朱子曰：『今曰一陰一陽，則是所以循環者，乃道也。』」又曰：「這個陰陽孰使之然哉？乃道也。」○程子曰：「離了陰陽便無道，所以陰陽者，是道也。」又曰：「道非陰陽也，所以一陰一陽者道也。」○朱子曰：「易大傳曰『形而上者謂之道』矣，而又曰『一陰一陽之謂道』，正見一陰一陽雖屬形器，然其所以一陰而一陽者，是乃道體之所爲也。」又曰：「一陰一陽之謂道。陰陽，氣也。所以陰陽者，道也。道也者，陰陽之理也。」又曰：「語道體之至極，則曰之太極。語太極之流行，則謂之道。雖有二名，初無兩體。」

誠者聖人之本 通書首章之文。朱注：「誠者至實而無妄之謂，天所賦、物所受之正理也，人皆有之。而聖人之所以聖者無他焉，以其獨能全此而已。誠即太極也。」小注：「誠是實理，自然不假脩爲者也。」

物之終始 中庸曰：「誠者，物之終始。」注：「天下之物皆實理之所爲，故必得是理，然後有是物。」○朱子曰：天地之間，至實而無一息之妄，故自古至今無一物之不實，而一物之中，自始至終，皆實理之所爲也。**命之道也**　胡五峰曰：誠者，命之道乎？**誠之通也**　通書曰：「元亨，誠之通；利貞，誠之復。」朱注：「通者，方出而賦於物，善之繼也。復者，各得而藏於己，性之成也。」小注：「朱子曰：『誠之通，是造化流行未有成立之初。誠之復，是萬物已得此理，而皆有所歸藏之時。』」○吴臨川曰：「元亨誠之通」者，春生夏長之時，陽之動也。於此而見太極之用焉。「利貞誠之復」者，秋收冬藏之時，陰之静也。於此而見太極之體。**繼之者善也成之者性**　易繫辭曰：一陰一陽之謂道，繼之者善也，成之者性也。○本義曰：道具於陰而行乎陽。繼言其發也，善謂化育之功，陽之事也。成言其具也，性謂物之所受，言物生則有性，而各具是道也，陰之事也。○朱子曰：「繼者，静之後而動之端也。若静極之後，不繼之以動，造化便從此合殺了。」又曰：「『繼之者善』，如水之流行；『成之者性』，如水之止而爲潭。」又曰：「流行處是善，凝成處是性，繼是接續綿綿之意。言既有此道理，其接續此道理以生萬物。物之成形，即各具此理而爲性。『繼之者善』，是流行出來；『成之者性』，則各自成個物事。」**資以始**　易彖傳曰：大哉乾元，萬物資始。○本義曰：「乾元，天德之大始，故萬物之生，皆資之以爲始。」小注：「資始是得其氣。」**各正性命**　易彖曰：乾道變化，各正性命。○本義曰：「物所受爲性，天所賦爲命。」通書注：「朱子曰：『乾道變化，而萬物各得受其所賦之正。』」○朱子曰：「繼善成性，分屬陰陽，乃通書首章之意。但熟讀之自可見。蓋天地變化，不爲無陰，然物之未形，則屬乎陽。物正其性，不爲無陽，然形器已定，則屬乎陰。」

動靜所乘之機　朱子曰：「識者曰此語最精。蓋太極是理，陰陽是氣。理無形而氣有迹。氣既有動靜，則所載之理，亦安得無動靜。太極只是理，理不可以動靜言，理寓氣不能無動靜。」又曰：「氣行則理亦行，二者相依而未嘗相離也。」又曰：「理有動靜，理不可見，因陰陽而知，云云。如人之跨馬相似。」又曰：「機，氣機也。」○黃勉齋曰：太極不是會動靜底物，動靜，陰陽也。所以圖解曰：「動靜者，所乘之機也。」乘著動機便動，乘著靜機便靜，那太極却不自會動靜。○吳臨川曰：「太極無動靜。動靜，氣機也。氣機一動則太極亦動，氣機一靜則太極亦靜。機猶弩牙，弩弦乘此機，機動則弦發，機靜則弦不發，氣動則太極亦動，氣靜則太極亦靜。太極之乘此機，猶弩弦之乘機也。」又曰：「太極與此氣，非有兩物，只是主宰此氣者便是。」

太極形而上之道也云云　易繫辭曰：形而上者謂之道，形而下者謂之器。○朱子曰：可見底是器，不可見底是道。理是道，物是器。道非器不形，器非道不立。蓋陰陽亦器也，而所以陰陽者道也。器與理未嘗相離，所以一陰一陽之謂道。○陳北溪曰：君臣是器，有義是道，父子是器，有親是道。○真西山曰：人之形體是器，性情是道，道器初不相離，若舍器而求理，非吾儒之實學也。○黃勉齋曰：著是陰陽，微是太極。**沖漠** 澹静貌。**無朕** 字彙曰：朕，直忍切。幾微萌兆謂之朕。○莊子應帝王：「遊無朕。」林注曰：「朕，兆也，始也，無朕即無始也。」○性理字訓補注曰：朕者，目未開而有其縫也。**不見其始之合**云云 黃勉齋曰：若有縫，這太極也須漏出了。○老子經：「迎之不見其首，隨之不見其後。」注曰：「迎之不見其首，無始也。隨之不見其後，無終也。」**動静無端**云云 朱子曰：「動之前有静，静之前又有動，推而上之，其始無端。」又曰：「此理循環不窮，脗合無間。」**邵子曰**云云 邵子觀物詩曰：「體在天地後，用起天地先。」注云：「此用字，妙用之用。」如謂『沖漠無朕，萬象森然已具』也。」又曰：「體質雖見天地之後，用則起於天地之先。」

陽變陰合而生水火木金土 性理大全注曰：陽之變動，陰之凝合。○朱子曰：「五行陰陽七者袞合，便是生物底材料。」又曰：「水本是陽之濕氣，火本是陰之燥氣。」○語類曰：「陽變陰合，初生水火。水火氣也，流動閃鑠，其體尚虛，其成形猶未定。次生木金，則確然有定形矣。水火初是自生，木金則資於土。」又曰：「問：『太極圖兩儀中有地，五行中又有土，如何分別？』曰：『地言其大概，土是地之形質。』」○朱子曰：「天地生物，先輕清以及重濁。水火二物在五行最輕清，金木次之，土最重濁。」又曰：「物之初生，自是幼嫩，如陽之始生爲水尚柔弱，到生木已强盛，陰始生火尚微，到生金已成質。」又曰：「水陰根陽，火陽根陰，錯綜而生其端，是天一生水。到得運行處，便水生木，云云。循環相生。」○蘇東坡曰：水至陰也。必待天一加之而後生者，陰不得陽，則終不得而成也。火至陽也，必待地二加之而後生者，陽不得陰，則終不得而生也。陽加陰，則爲水、爲木、爲土。陰加陽，則爲火、爲金。苟不相加，則雖有陰陽之資，而無五行之用。○朱子曰：陰陽氣也，生此五行之質，天地生物，五行獨先。○古今全書曰：「始言陽變陰合，即陰變陽合可知。蓋互舉言之。陰陽氣也，聚成形，于是乎有水火木金土，是爲五行。」又曰：「此一條即兩儀生四象，四象生八卦。」○愚案，陽變動而交陰，陰凝合而交於陽，陰陽交和，而生五行之質。又案，無極而太極者，易所謂「易有太極」也。動生陽，靜生陰者，是生兩儀也。生水火木金土者，兩儀生四象也。

五氣順布四時行焉

朱子曰：「水而木，木而火，火而土，土而金，金而復水，如環無端。」又曰：「四時之行，即五氣之流通，五氣之流通，即一氣之妙用。非截然一彼一此也。」○性理大全注曰：木主春，火主夏，金主秋，水主冬，土則寄旺於四時。四時以行也。○朱子曰：土則寄旺四季，每季寄旺十八日，共七十二日，惟夏季十八日土氣爲最旺，故能生秋金也。

注　水木陽也火金陰也

朱子曰：天一生水，地二生火，天三生木，地四生金。一三陽也，二四陰也。

木火陽也金水陰也

朱子曰：此以四時

而言。春夏爲陽，秋冬爲陰。○案，注「陰陽生五行之序」，天一生水，地六成之云云。之序也。「五行相生之序」，木生火，火生土云云。也。

五行一陰陽也 性理大全注曰：其名則有金木水火土五者之殊。其本則不外乎陰陽二氣之實。○朱子曰：陰陽二氣截做這五個，不是陰陽外別有五行。○黃勉齋曰：「五行一陰陽也」至「本無極也」，此三言懼學者支離其說，故又舉而言之，前之言原始而要其終，今之言遡流而窮其源。○愚謂：「五行一陰陽也」至「五行之生也，各一其性」，朱子解爲一段，尤正當。蓋此一節總括上文，合而言之。

陰陽一太極也 所以一陰一陽者，乃太極也。

太極本無極也 朱子曰：以其具天地萬物之理，而無器與形，故曰「太極本無極也」。○愚謂：言太極本是無形之理也。○古今全書曰：「天地既立，太極行于其間，五行四時造化備矣，于是推其本而言，出于一而已。」又曰：「自『太極動而生陽』至此，即所謂未有天地先，以此生天地者也。」

注發育 中庸曰：大哉聖人之道，洋洋乎發育萬物。○翼注曰：萬物發生長育於陰陽五行之氣。

五殊二實 通書理性命第二十二曰：五殊二實，二本則一。○朱子注曰：五行之異，本二氣之實，二氣之實，又本一理也。

精粗本末 性理大全小注曰：太極爲精爲本，陰陽爲粗爲末，同是一理，無彼此之間。

易有太極云云 易繫辭上。○朱子曰：太極之判，始生一奇一偶，而爲一畫者二，是爲兩儀。其數則陽一而陰二，則奇偶是也。兩儀之上各生一奇一偶，而爲二畫者四，是謂四象。其位則太陽一，少陰二，少陽三，太陰四。

五行之生也 案，朱子所注之本，此二句連上文爲一節。○性理大全注曰：其性各一，如火燥、水濕、金剛、木柔、土實之類。○古今全書曰：洪範「水曰潤下，火曰炎上」是也。所謂氣質之性也。下文人之五性蓋出于此。○朱子曰：氣殊質異，各一其太極。○性理小注：言各具一太極。○朱子曰：「此性主理而言。」又曰：「纔生五行，便被氣質拘定，各爲一物，亦各有一性，而太極無不在也。」○問：「人具五行，物只得一行？」曰：「物亦具有五行，只是得五行之偏者耳。」又曰：「雖曰五行各一其性，然一物又各具五行之理，不可不知。」○案，注「爲仁義禮智之理」者，如木之性仁也之類是也。

無極之真 古今全書曰：自「五行之生」至此一段，即所謂既有天地後，天地以此生萬物者也。○朱子曰：「『無極之真云云。』，此數句甚妙，是氣與理合而成性也。」又曰：「氣之所聚，理亦聚。」○黄勉齋曰：氣虛而形實，虛者聚而後實者成，如人氣噓呵而後成水也。○問：「周子言無極之真，却又不言太極如何？」朱子曰：「無極之真，已該得太極在其中，真字便是太極。」又曰：「真者，理也。精者，氣也。理與氣合，故能成形。」又曰：「凝者只是此氣，凝聚自然生物。」又曰：「天以陰陽五行化生萬物，氣以成形，而理亦賦焉。」又曰：「生物之初，陰陽之精，自凝結成兩個，蓋是氣化而生。如生虱子，自然爆出來，既有此兩個，一牝一牡，後來却從種子漸漸生去，便是以形化。」

乾道成男云云　此二句繫辭之文。○朱子曰：通人物言之，在植物亦有男女，如牝麻及竹有雌雄，皆離陰陽剛柔不得。

二氣交感云云　朱子曰：乾男坤女，以氣化者言也。萬物化生，以形化者言也。○陳潛室曰：氣化謂未有種類之初，以陰陽之氣合而生。形化謂既有種類之後，以牝牡之形合而生。皆兼人物言之。○程子遺書六：萬物之始，皆氣化。既形，然後以形相禪，有形化。形化長，則氣化漸消。○朱子曰：氣化，是當初一個人無種，後自生出來底。形化，却是有一個人[一六]，後乃生生不窮底。

萬物生生云云　性理大全：黃氏嚴孫曰：「程子曰『隕石無種，種於氣。麟亦無種，亦氣化。厥初生民亦如是。至如海濱露出沙灘，便有百蟲禽獸草木，無種而生。此猶是人所見。若海中島嶼稍大，人不及者，安知其無種之人不生於其間。若已有人類，則必無氣化之人。』又云：『萬物之始，氣化而生。既形氣相禪，則形化長而氣化消。』」

注性爲之主　朱子曰：在無極之理便是性。

錯綜　繫辭曰：錯綜其數。○本義曰：錯者，交而互之，一左一右之謂也。綜者，總而挈之，一低一昂之謂也。

繫辭天地絪縕　本義曰：絪縕，交密之狀。醇，謂厚而凝也，言氣化者也。化生，形化者也。○吳臨川曰：絪縕者，氣之交也。構精者，形之交也。

惟人也得其秀而最靈 古今全書曰：此即八卦定吉凶者也。○性理注：人稟二氣五行之秀，而其心最靈。○朱子曰：「所謂人極者，於是乎在矣。」小注：「人心即太極。」○朱子曰：二氣五行，交感萬變，故人物之生，有精粗之不同。自一氣而言，則人物皆受其氣而生。自精粗而言，則人得其氣之正且通者，物得其氣之偏且塞者。惟人得其正，故是理通而無所塞。物得其偏，故是理塞而無所知。且如人頭圓象天，足方象地，平正端直，以其受天地之正氣，所以識道理。物受天地之偏氣，所以禽獸横生，草木頭生向下，尾反在上。

形既生矣神發知矣云云 神發知者，精神運用也。五性既是五常之性，五行之德也。○性理注曰：木神則仁，金神則義，水神則智，火神則禮，土神則信。○朱子曰：及其感動，則中節者爲善，不中節者爲不善。○朱子曰：「此天下之動，所以紛紜交錯，而吉凶悔吝所由以生也。」又曰：「陰陽之正皆善也。其沴皆惡也。以象類言之，則陽善而陰惡也。」又曰：「太極便是性，動静陰陽是心，金木水火土，是仁義禮智信，化生萬物是萬事。」○朱子曰：以氣質有蔽之心，接乎事物無窮之變，則其目之欲色，耳之欲聲，口之欲味，鼻之欲臭，四肢之欲安佚，所以害乎其德者，又豈可勝言哉。云云。是以此德之明，日益昏昧，而此心之靈，其所知者，不過情欲利害之私而已。是則雖曰有人之形，而實何以遠於禽獸。○問：「感物而動，或發於理義之公，或發於血氣之私，這裏便分善惡？」陳北溪曰：「非發於血氣之私便爲惡，乃發後流而爲惡耳。」**注**

失之於動 通書曰：「吉凶悔吝生乎動。」噫！吉一而已，動可不慎乎？

所謂天地之心 禮運曰：人者，天地之心。

形生於陰云云 性理大全小注曰：人之形質，凝合一定者，陰之所爲。人之精神，運用不息者，陽之發達也。○朱子曰：「陰主翕，凡斂聚成就者，陰爲之也。陽主闢，凡發暢揮散者，皆陽爲之也。」「其在人者又如此也」之下，朱子元注曰：「自非聖人全體太極有以定之，則欲動情勝，利害相攻，人極不立，而違禽獸不遠矣。」

聖人定之以中正仁義 饒雙峰曰：四者，性之四德。○問「聖人定之」止「主静」。朱子曰：「此是『聖人修道之謂教』處。」○乾卦文言曰：「大哉乾乎？剛健中正。」本義曰：「中者，其行無過不及。正者，其立不偏。」○朱子曰：「正則當然之定理。○又曰：「不説仁義禮智，却説仁義中正，中正即禮智，中正尤親切。中是禮之得宜處，正是智之正當處，且謂之禮，尚有不中節處。若謂之中，則無過不及。謂之智，則尚有正不正。若謂之正，則是非端的分明。」又曰：「真見得是非便是正，不正便不喚做智了。」○問：「是聖人自定，是定天下之人？」朱子曰：「此承上文『惟人也，得其秀而最靈』言之[一七]，形生神發，五性感動，而善惡分。故定之。云云。以立人極。」○真西山曰：陰陽分而五行具，男女交而萬物生。而太極之理，無乎不在。及乎形神感而五性動，善惡分而萬事出。非聖人定之以中正仁義，則太極有所不立矣。○語類曰：「中正仁義」，言生之序，以配水火木金土也。「仁義中正而已」，以聖人之心言之，猶孟子言仁義禮智也。

而主静 古今全書曰：主静即主此太極也，所以立人之極。而天地、日月、四時、鬼神不能違。○朱子曰：非四者之外別有主静一段事也。○又曰：人雖不能不動，而立人極者必主静，惟主乎静，則其著於動也，無不中節，而不失其本然之體。○樂記曰：人生而静，天之性也。感乎物而動，情之欲也。○朱子曰：「若無夜，則做晝不分曉。無秋冬，則做得春夏不長茂。」又曰：「主静，看『夜氣』一章可見。」又曰：「纔動便有差，故聖人主静，以立人極。」○張南軒曰：今人終日紛擾，心不定疊也。須著片時去那裏静坐收這心，不專一則不能直遂。不翕聚則不能發散。但看天地之間，冬間纔温氣洩盡了，來歲生物必不十分暢茂也。○真西山曰：須是平居，湛然虚静，如秋冬之秘藏，皆不發露，渾然一理，無所偏倚，然後應事方不差錯，如春夏之發生，物物得所。若静時先已紛擾，則動時豈能中節。故周子以主静爲本，程子以主敬爲本，皆此理也。○朱子曰：「太極首言性命之源，用力處却在脩吉悖凶，其本則主於静。」又曰：「以事言之，則有動有静。以心言之，則周流貫徹。其工夫初無間斷也，但以静爲本耳。但言静則偏，故程子只説敬。若以虚静，則恐入釋。」○真西山曰：周子嘗謂「聖人定之云云」，要人静定其心，自作主宰。程子惟恐只管静去，與事物不相交涉，却説個敬。問：周先生説「静」，與程先生説

「敬」，義同而意異否？曰：程子是怕人不得他静字意，便似入禪坐定。周子之説，只是「無欲故静」，朱子發明二先生之意如此，至其爲論有云：「明道教人静坐，李先生亦教人静坐，始能收斂。」又曰：「始學工夫，須是静坐，則本原定。」○黄勉齋曰：正三綱、明五教、贊化育、參天地者聖人也。故繼之曰「聖人定之以中正仁義」。又引易之辭以明之曰「故聖人與天地云云。」，以此見聖人與太極爲一也。

「立人極焉」云云　**本注**　周子自注也。○朱子曰：欲動情勝，則不能静。

易乾文言曰：「夫大人者，與天地合其德。云云。」程傳曰：「大人與天地、日月、四時、鬼神合者，合乎道也。」○胡氏曰：天地、日月、四時、鬼神之所以爲德、爲明、爲序、爲吉凶者，同一道也。大人之與合，亦合其道而已。○薛文清曰：仁健義順，與天地合其德也。○性理群書注曰：與天地合德，是其德性純全，即太極之渾融。中庸所謂「如天地之無不持載，無不覆幬」是也。○易本義曰：人與天地鬼神本無二理，特蔽於有我之私，是以梏於形體，而不能相通。大人無私，以道爲體，曾何彼此先後之可言哉。

日月合其明　吴臨川曰：日月、四時、鬼神，皆天地之氣所爲。氣之有象而照臨者，爲日月。氣之循序而運行者，爲四時。氣之往來屈伸而生成萬物者，爲鬼神。命名雖殊，其實一也。其所以明、所以序、所以能吉能凶，皆天地之理主宰之。天地以理言，故曰德。日月、鬼神以氣言，故曰明、曰序、曰吉凶。○群書注曰：是其智現昭融，即陰陽之昭著也。中庸所謂「如日月之代明」是也。○薛文清曰：知周萬物，與日月合其明也。**四時合其序** 群書注：是其「誠通」、「誠復」，即五行之順布。中庸所謂「如四時之錯行」是也。○薛文清曰：仕止久速，各當其可，與四時合其序也。

鬼神合其吉凶 群書注曰：是其存神過化，即四時、變化、五行、鬼神，中庸所謂「禍福將至，必先知之，故至誠如神」是也。聖人太極之全體，一動一靜，無適而非仁義中正之極，則闡此以定夫人，豈非斯民所賴以宗主於我耶？○薛文清曰：進退存亡，不失其正，與鬼神合其吉凶也。

注 **向之所謂** 朱子元注所謂也。葉氏此注略取朱子之注，故謂向之所謂者，向既無之。

君子修之吉 性理大全小注曰：吉以得福言，凶以得禍言。○朱子曰：君子之戒謹恐懼，所以修此而吉也。小人之放僻邪侈，所以悖此而凶也。○張南軒曰：順理之謂吉，逆理之謂凶。順理則率直坦易而無悔，非吉乎？逆理則艱難險阻而有礙，非凶乎？○程子曰：順理則裕，從欲惟危。○黃勉齋曰：又懼夫學者指爲聖人之事高遠微妙而不及，則又繼之曰「君子修之云云」，庶乎其不自暴自棄，改過遷善，而趨吉避凶。○案，修之，「之」字指中正仁義而言。○古今全書曰：自「惟人也」至此，即萬物既生，人以此太極生萬事者也。 **注**

寡之又寡以至於無 通書曰：孟子曰「養心莫善於寡欲」，予謂養心不止於寡而存耳，蓋寡焉以至於無。云云。

靜虛動直云云　通書二十章。或問：「聖可學乎？」曰：「可。」又曰：「無欲則靜虛動直。」○葉采曰：人欲消盡，故虛。天理流行，故直。

「故曰立天之道」至**「曰仁與義」**　易說卦之文也。陰陽以氣言，柔剛以質言，仁義以德言。○朱子曰：「天地人之道，各一太極也。」又曰：「三極之道立焉，實則一太極也。」又曰：「解者多以仁爲柔，義爲剛，非也。却是以仁爲剛，義爲柔。蓋仁是個發出來底，便硬而强。義是收斂向裏底，便是柔。看來當曰『義與仁』，而以仁對陽。」又曰：「仁體剛而用柔，義體柔而用剛。」○朱子曰：「仁義禮智四者之中，仁義是個對立底。」又曰：「禮則仁之著，知則義之藏，猶春夏秋冬雖爲四時，然春夏皆陽之屬也，秋冬皆陰之屬也。故曰『立人之道，曰仁與義』。是知天地之道不兩，則不能以立，故端雖有四，而立之者兩耳。」又曰：「陽主進而息，陰主退而消。進而息者，其氣强。消而退者，其氣弱。此陰陽之所以爲柔剛也。陽剛溫厚，主春夏，而以作長爲事。陰柔嚴凝，主秋冬，而以斂藏爲事。作長爲生，斂藏爲殺，此剛柔之所以爲仁義也。」又曰：「仁存諸心，性之體也。義制乎事，性之用也。」○黃勉齋曰：「又引繫辭以明三才之本，曰『立天之道，曰陰與陽云云』。於以見此理之所寓。雖有陰陽、剛柔、仁義之名，而其立處無以異也。」又曰：「仁者陽剛之理也，義者陰柔之理也。其實一而已。」○張南軒曰：天之陰陽，地之柔剛，人之仁義，皆太極之蘊也。人而居仁義，則人道立，而天道流行。○黃勉齋曰：人以藐然之身，乃與天地立爲三，其可不知所以自立哉？非陽剛陰柔，雖天地不能自立。不仁不義，則不可謂之人，由仁義則與天地並立而無間。

又曰原始反終故知死生之説

繫辭上文。

○朱子曰：「原」字、「反」字，皆就人説，始終一理也。知始則知終。○易本義曰：原者，推之於前。反者，要之於後。○問「原始反終」。朱子曰：「反只如折轉來，謂推原其始，摺轉來看其終。如回頭之義，是反回來觀其終也。」○朱子曰：如造化周流未成形質，屬陽。才麗於形質，爲人物，屬陰。如人之初生屬陽，只管有長，及至長成，便只有衰。此氣逐漸衰減，至於衰盡則死矣。只於衰盡處，可見反終之理。○程子曰：「但窮得則自知死生之説，不須將死生便做一個來。」又曰：「原始則足以知其終，反終則足以知其始。故以春爲始而原之，其必有冬；以冬爲終而反之，其必有春。死生其與此類。」○張南軒曰：非謂死生之説別爲一事也。只此理而已。○黄勉齋曰：「原始要終云云。」。使人知生死本非二事。而老氏所謂長生久視，佛氏所謂輪迴不息，脱是則無生滅者，皆誕也。○性理群書曰：原始則知生之説，反終則知死之説，可以觀變化不窮之妙。○丘氏曰：夫有死必有生，有生必有死，晝夜之常耳。人能推原其始于未生之之前，而反觀其終于已死之後。則始何爲而生，終何爲而死，死生之理，可得而見矣。○易説統曰：始以未生之前言，終以既死之後言。○易嫏嬛曰：推原人物何爲而始，反觀人物何爲而終。則知始之生者，氣化之凝，陰變陽也；終之死者，氣化之盡，陽變陰也。○孔子曰：未知生，焉知死。○程子曰：晝夜者，死生之道也。知生之道，則知死之道。○朱子曰：人之生死，亦只陰陽之氣，屈伸往來耳。○愚謂：「原始反終」，始、終當做兩平看，不可專主知死一邊說。故下曰「知死生之說」，與論語「子路問死」章，其旨不同。朱子注「天地間綱紀造化流行」，及葉采注：「太極之體所以立也。云云。知死生之說，則盡二氣流行之妙矣。此太極之用，所以行也。云云。」尤可玩味。

注 **天地之間綱紀** 指本文三才之道。**造化流行** 指「原始反終故知死生之說」。

大哉易也斯其至矣 朱子曰：「太極圖，明易中太概綱領意思而已。」又曰：「濂溪太極圖首尾相因，脉絡貫通，首言陰陽變化之源，其後即以人所稟受明之。自『惟人也，得其秀而最靈』，純粹至善之性也，是所謂太極也。形生神發，則陽動陰靜之爲也。『五性感動』，則陽變陰合，而生水火木金土之性也。『善惡分』，則成男女之象也。『萬事出』，則萬物化生之象也。至『聖人定之以中正仁義而主靜，立人極焉』，則又有得乎太極之全體，而與天地混合無間矣。故下文又言天地、日月、四時、鬼神，四者無不合也。」○朱子曰：太極圖若無通書，却教人如何曉得，故太極圖得通書而始明。

注 **夫子所謂無體之易也** 繫辭曰：神無方而易無體。

篤信看葉氏近思録太極圖説注解，不載於朱文公注解之全文，只任意截略去取之耳。故證于後者，不應于前。且分節段，亦與朱子之所定異，不能使學者莫迷，識者憾之。夫朱子之注解，固既爲明備，不知葉氏因何改解如此。愚謂太極圖説者，近思録開卷第一義也。全書之中尤當歸重於此，故今採朱子注解附乎此，欲使觀太極圖説者知有朱子之明解可據也。

太極圖説

無極而太極。上天之載，無聲無臭，而實造化之樞紐，品彙之根柢也。故曰「無極而太極」，非太極之外復有無極也。

太極動而生陽，動極而静。静而生陰，静極復動。一動一静，互爲其根。分陰分陽，兩儀立焉。

太極之有動静，是天命之流行也，所謂一陰陽之謂道。誠者，聖人之本，物之終始，而命之道也。其動也，誠之通也，繼之者善，萬物之所資以始也。其静也，誠之復也，成之者性，萬物各正其性命也。「動極而静」「静極復動」「一動一静，互爲其根」，命之所以流行而不已也。「動而生陽」「静而生陰」「分陰分陽，兩儀立焉」，分之所以一定而不移也。蓋太極者，本然之妙也；動静者，所乘之機也。太極，形而上之道也；陰陽，形而下之器也。是以自其著者而觀之，則動静不同時，陰陽不同位，而太極無不在焉。自其微者而觀之，則冲漠無朕，而動静陰陽之理，已悉具於其中矣。雖然，推之於前，而不見其始之合；引之於後，而不見其終之離也。故程子曰：「動靜無端，陰陽無始。非知道者，孰能識之？」陽變陰合，而生水火木金土。五氣順布，四時行焉。有太極，則一動一靜而兩儀分。有陰陽，則一變一合而五行具。然五行者，質具於地，而氣行於天者也。以質而語其生之序，則曰「水火木金土」，而水木陽也，火金陰也。以氣而語其行之序，則曰「木火土金水」，而木火陽也，金水陰也。又統而言之，則氣陽而質陰也。又錯而言之，則動陽而靜陰也。蓋五行之變，至於不可窮，然無適而非陰陽之道。至其所以爲陰陽者，則又無適而非太極之本然也。夫豈有所虧欠間隔哉？五行一陰陽也，陰陽一太極也，太極本無極也。五行之生也，各一其性。五行具，則造化發育之具無不備矣。故又即此而推本之，以明其渾然一體，莫非無極之妙，而無極之妙亦未嘗不各具於一物之中也。蓋五行異質，四時異氣，而皆不能外乎陰陽。陰陽異位，動靜異時，而皆不能離乎太極。至於所以爲太極者，又初無聲臭之可言，是性之本體然也。天下豈有性外之物哉？然五行之生，隨其氣質而所禀不同，所謂「各一其性」也。各一其性，則渾然太極之全體，無不各具於一物之中，而性之無所不在，又可見矣。無極之真，二五之精，妙合而凝。乾道成男，坤道成女，二氣交感，化生萬物，萬物生生，而變化無窮焉。夫天下無性外之物，而性無不在。此無極二五，所以混融而無間者也，所謂妙合者也。真以理言，無妄之謂也。精以氣言，不二之名也。凝者，聚也。氣聚而成形也。蓋性爲之主，而陰陽五行爲之經緯錯綜，又各以類凝聚而成形焉。陽而健者成男，則父之道也。陰而順者成女，則母之道也。是人物之始，以氣化而生者也。氣聚成形，則形交氣感，遂以形化。而人物生生，變化無窮矣。自男女而觀之，則男女各一其性，而男女一太極也。自萬物而觀之，則萬物各一其性，而萬物一太極也。蓋合而言之，萬物統體一太極也。分而言之，一物各具一太極也。所謂「天下無性外之物，而性無不在」者，於此尤可以見其全矣。子思子曰：「君子語大，天下莫能載焉。語小，天下莫能破焉。」此之謂也。惟人也，得其秀而最靈。形既生矣，神發知矣，五性感動，而善惡分，萬事出矣。此言衆人具動静之理，而常失之於動也。蓋人物之生，莫不有太極之道焉。然陰陽五行，氣質交運，而人之所稟，獨得其秀。故其心爲最靈，而有以不失其性之全。所謂天地之心而人之極也。然形生於陰，神發於陽，五常之性，感物而動。而陽善陰惡，又以類分。而五性之殊，散爲萬事。蓋二氣五行，化生萬物，其在人者又如此。自非聖人全體太極有以定之，則欲動情勝，利害相攻，人極不立，而違禽獸不遠矣。聖人定之以中正仁義聖人之道，仁義中正而已矣。而主静，無欲故静。立人極焉。故聖人與天地合其德，日月合其明，四時合其序，鬼神合其吉凶。此言聖人全動静之德，而常本之於静也。蓋人稟陰陽五行之秀氣以生，而聖人之生，又得其秀之秀者。是以其行之也中，其處之也正，其發之也仁，其裁之也義。蓋一動一静，莫不有以全夫太極之道，而無所虧焉。則向之所謂「欲動情勝，利害相攻」者，於此乎定矣。然静者，誠之復而性之真也。苟非此心寂然無欲而静，則又何以酬酢事物之變，而一天下之動哉？故聖人中正仁義，動静周流。而其動也，必主乎静。此其所以成位乎中，而天地、日月、四時、鬼神，有所不能違也。蓋必體立，而後用有以行。若程子論乾坤動静而曰：「不專一則不能直遂，不翕聚則不能發散。」亦此意爾。君子修之吉，小人悖之凶。聖人，太極之全體，一動一静，無適而非中正仁義之極，蓋不假修爲而自然也。未至此而修之，君子之所以吉也；不知此而悖之，小人之所以凶也。修之、悖之亦在乎敬、肆之間而已矣。敬則欲寡而理明，寡之又寡，以至於無，則静虚動直，而聖可學矣。故曰：「立天之道曰陰與陽，立地之道曰柔與剛，立人之道曰仁與義。」又曰：「原始反終，故知死生之説。」陰陽成象，天道之所以立也。剛柔成質，地道之所以立也。仁義成德，人道之所以立也。道一而已，隨事著見，故有三才之别。而於其中，又各有體用之分焉。其實則一太極也。陽也、剛也、仁也，物之始也。陰也、柔也、義也，物之終也。能原其始而知所以生，則及其終而知所以死矣。此天地之間，綱紀造化，流行古今，不言之妙。聖人作易，其大意蓋出此。故引之以證其

知也。

於周子也，周子手是圖以授之。程子之言性與天道，多出於此。然卒未嘗明以此圖示人，是則必有微意焉。學者亦不可以不

説。大哉易也，斯其至矣。易之爲書，廣大悉備。然語其至極，則此圖盡之。其指豈不深哉？抑嘗聞之，程子昆弟之學

論曰：愚既爲此説，讀者病其分裂已甚，辯詰紛然，苦於酬應之不給也，故總而論之。大抵難者，或謂不當以繼善成性分陰陽，或謂不當以太極陰陽分道器，或謂不當以仁義中正分體用，或謂不當言一物各具一太極。又有謂體用一源，不可言體立而後用行者；又有謂仁爲統體，不可偏指爲陽動者；又有謂仁義中正之分，不當反其類者。是數者之説，亦皆有理。然惜其於聖賢之意皆得其一，而遺其二也。夫道體之全，渾然一致。而精粗本末、内外賓主之分，粲然於其中，有不可以毫釐差者。此聖賢之言，所以或離或合，或異或同，而乃所以爲道體之全也。今徒知所謂渾然者之大而樂言之，而不知夫所謂粲然者之未始相離也。是以信同疑異，喜合惡離。其論每陷於一偏，卒爲無星之稱，無寸之尺而已，豈不誤哉。夫善之與性不可謂有二物明矣，然繼之者善，自其陰陽變化而言也；成之者性，自夫人物稟受而言也。陰陽變化流行，而未始有窮陽之動也。人物稟受一定，而不可復易陰之静也。以此辨之，則亦安得無二者之分哉。然性善形而上者也，陰陽形而下者也。周子之意，亦豈直指善爲陽，而性爲陰哉！但論其分，則爲當屬之此耳。陰陽太極，不可謂有二理必矣。然太極無象，而陰陽有氣，則亦安得而無上下之殊

哉！此其所以爲道器之别也。故程子曰：「形而上爲道，形而下爲器，須著如此説。然器亦道也，道亦器也。」得此意而推之，則庶乎其不偏矣。仁義中正同乎一理者也，析爲體用，誠若有未安者。然仁者善之長也，中者嘉之會也，義者利之宜也，正者貞之體也。而元亨者誠之通也，利貞者誠之復也。是則安得爲無體用之分哉。萬物之生同一太極者也，而謂其各具，則亦可疑者。然一物之中，天理完具，不相假借，不相陵奪，此統之所以有宗，會之所以有元也。是則安得不曰各具一理哉。若夫所謂體用一源者，程子之言蓋已密矣。其曰「體用一源」者，以至微之理言之，則冲漠無朕，而萬象昭然已具也。其曰「顯微無間」者，以至著之象言之，則即事即物，而此理無乎不在也。言理則先體而後用，蓋舉體而用之理已具，是所以爲一源也。言事則先顯而後微，蓋即事而理之體可見，是所以爲無間也。然則所謂一源者，是豈漫無精粗先後之可言哉？況既曰「體立而後用行」，則亦不嫌於先有此而後有彼矣。所謂仁爲統體者，則程子所謂「專言之而包四者」是也。然其言蓋曰：「四德之元，猶五常之仁，偏言則一事，專言則包四者。」則是仁之所以包夫四者，固未嘗離夫偏言之一事，亦未有不識夫偏言之一事，而可以驟語夫專言之統體者也。況此圖以仁配義，而復以中正參焉。又與陰陽剛柔爲類，則亦不得爲專言之矣，安得遽以夫統體者言之，而昧夫陰陽動静之别哉？至於中之爲用，則以無過不及者言之，而非指所謂未發之中也。仁不爲體，則亦以偏言一事者言之，而非指所謂專言之仁也。對此而言，則正者所以爲中之幹，而義者所以爲仁之質，又可知矣。其爲體用，亦豈爲無説哉？大抵周子之爲是書，語意峻潔而混成，條理精密而疏暢。讀者誠能虚心一意，反復潛玩，而毋以先入之説亂焉，則庶幾其有得乎周子之心，而無疑於紛紛之説矣。

熹既爲此説，嘗録之寄廣漢張敬夫。敬夫以書來曰：「二先生所與門人講論問答之言，見於書者詳矣。其於西銘蓋屢言之，至此圖則未嘗一言及也。謂其必有微意，是則固然。所謂微意者，果何謂耶？」熹竊謂，以爲此圖，立象盡意，剖析幽微，周子蓋不得已而作也。觀其手授之意，蓋以爲惟程子爲能當之。至程子而不言，則疑其未有能受之者爾。夫既未能默識於言意之表，則馳心空妙，入耳出口，其弊必有不勝言者。近年已覺頗有此弊矣。觀其答張閎中論易傳成書，深患無受之者，及東見録中，論横渠「清虚一大」之説，使人向别處走，不若且只道敬，則其意亦可見矣。若西銘則推人以之天，即近以明遠，於學者日用最爲親切。非若此書詳於性命之原，而略於進爲之目，有不可以驟而語者也。孔子雅言詩、書、執禮，而於易則鮮及焉。其意亦猶此耳。韓子曰：「堯、舜之利民也大，禹之慮民也深。」熹於周子、程子亦云。既以復於敬夫，因記其説於此。乾道癸巳四月既望，熹謹書。

太極圖

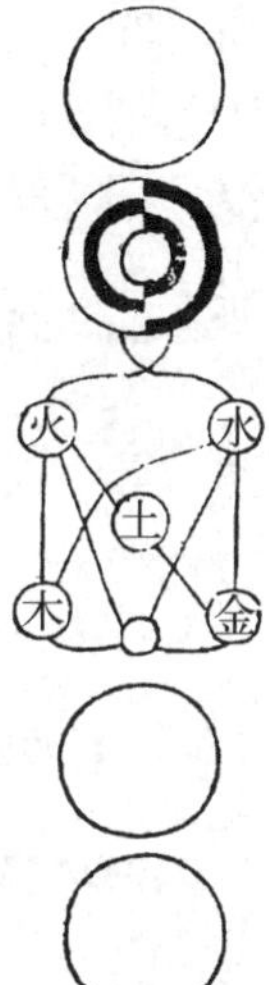

○，此所謂無極而大極也，所以動而陽，靜而陰之本體也。然非有以離乎陰陽也，即陰陽而指其本體，不雜乎陰陽而爲言耳。，此○之動而陽、靜而陰也。中○者其本體也。者陽之動也，○之用所以行也。者陰之靜也，○之體所以立也。者之根也，者之根也。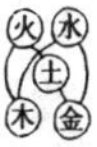此陽變陰合而生水火木金土也。者陽之變也，者陰之合也。㊌陰盛，故居右；㊋陽盛，故居左；㊍陽穉，故次火；㊎陰穉，故次水；㊏沖氣，故居中。而水火之交系乎上，陰根陽，陽根陰也。水而木，木而火，火而土，土而金，金而復水，如環無端，五氣布而四時行也。○，五行一陰陽，五殊二實無餘欠也；陰陽一太極，精粗本末無彼此也；太極

本無極，上天之載，無聲臭也。五行之生，各一其性，氣殊質異，各一其○，無假借也。○，此無極、二五所以妙合而無間也。○，乾男坤女以氣化者言也，各一其性，而男女一太極也。○，萬物化生以形化者言也，各一其性，而萬物一太極也。此以上引説解剥圖體，此以下據圖推盡説意。惟人也得其秀而最靈，則所謂人○者於是乎在矣。然形，◑之爲也；神，◐之發也；五性，之德也，善惡男女之分也，萬事萬物之象也。此天下之動，所以紛綸交錯，而吉凶悔吝，所由以生也。惟聖人者，又得夫秀之精一，而有以全乎○之體用者也。是以一動一靜，各臻其極，而天下之故，常感通乎寂然不動之中。蓋中也、仁也、感也，所謂◐也，○之用；所以行也、正也、義也、寂也，所謂◑也，○之體所以立也。中正仁義渾然全體，而靜者常爲主焉，則人○於是乎立而○◎天地、日月、四時、鬼神有所不能違矣。君子之戒謹恐懼，所以脩此而吉也；小人之放僻邪侈，所以悖此而凶也。天地人之道，各一○也。陽也、剛也、仁也，所謂◐也，物之始也；陰也、柔也、義也，所謂◑也，物之終也。此所謂易也，而三極之道立焉，實則一○也，故曰「易有太極」，◎之謂也。

○**誠無爲**　通書誠幾德第三。○朱子曰：「『誠無爲』，誠，實理也。無爲，猶寂然不動也。實理該貫動靜，而其本體則無爲也。」又曰：「誠是實理，無所作爲，便是天命之謂性，喜怒哀樂未發謂之中。」又曰：「誠無爲，則善而已；動而有爲，則有善有惡。」又曰：「此明人心未發之體，而指其未發之端。蓋欲學者致察於萌動之微，知所決擇而去取之，以不失乎本心之體而已。」○黄勉齋曰：誠者，實然之理，仁義禮智信五者皆實理也，自然至善無惡。

幾善惡　黄勉齋曰：誠是體，幾是用。○易曰：幾者動之微。○朱子曰：「幾便是動了，或向善或向惡。」又曰：「幾者動之微，微動之初，是非善惡於此可見。一念之生，不是善便是惡。」又曰：「幾有善惡之分，於此之時，宜常窮察，識得是非。」又曰：「周子説個『幾』字儘有警發人處，近則公私邪正，遠則廢興存亡，只於此處看破，便斡轉了[一八]。此是日用事，爲親切第一功夫，精粗隱顯一時穿透。堯舜所謂『惟精惟一』，孔子所爲克己復禮，便是此事。」

德愛曰仁　朱子曰：「仁義禮智者[一九]，德之體。愛宜理通守者，德之用。理謂有條理，通謂通達，守謂確實。」又曰：「大凡人性不能不動，但要頓放得是，於其所動處，頓放得是時，便是『德愛曰仁，宜曰義』；頓放得不是時，便一切反是。人性豈有不動，但須於中分得天理人欲時方是。」○愛曰仁，宜曰義，因用明體也。孟子曰：「惻隱之心，仁之端也。云云。」○黄勉齋曰：「誠幾德」此一段文理粲然，只把體用二個字來讀他，便見誠是體，幾是用；仁義禮智信是體，愛宜理通守是用。○案，仁義禮智信，誠也。愛宜理通守，幾之善者也。○勉齋曰：「誠，性也，未發也。幾，情也，已發也。仁義禮智信，性也。愛宜理通守，情也。四者因情以明性。性也，復也，發微也，主性而言。安也，執也，充周也，主情而言。」又曰：「周子言『愛曰仁』者，愛，情也；仁，性也；情，用也；性，體也。此書解所謂『因用以名其體』也。」

性焉安　孟子曰：堯、舜性之，湯、武反之。○朱子曰：「『安』字對了『執』字說，執是執持，安是自然。」又曰：「性此理而安焉者聖也，復此理而執焉者賢也。」　**注研幾**　繫辭云：極深而研幾。

發微不可見　朱子曰：發，動也。微，幽也。言其不疾而速，一念方萌而至理已具，所以微而不可見也。充，廣也。周，徧也。言其不行而至，蓋隨其所寓而理無不到，所以周而不可窮也。「性焉安焉之謂聖」，是就聖人性分上說。「發微不可見，充周不可窮之謂神」，是他人見其不可測耳。　**注通書次章**云云　周子曰：寂然不動者誠也，感而遂通者神也，動而未形、有無之間者幾也。

○「**伊川先生曰**」章　**寂然不動**　繫辭上曰：易無思無爲也，寂然不動，感而遂通天下之故。○本義曰：無思無爲，言其無心也。寂然者，感之體。感通者，寂之用。人心之妙，其動静亦如此。○呂與叔曰：寂然之中，天機常動；感應之際，本原常静。○語類卷九十五曰：寂然不動，衆人皆有是心，至感而遂通，惟聖人能之，衆人却不然。蓋衆人雖具此心，未發時已自汩亂了。

○「**心一也**」章　伊川答呂與叔書之文也。○朱子語類云：「心一也。云云。」伊川此語與横渠「心統性情」相似。

本注　文集伊川自注。

○「**乾天也**」章　乾卦傳。

天者乾之形體　案，一大曰之天。天者高大無窮。

乾者天之性情　朱子曰：「乾坤是性情，天地是皮殼。」又曰：「乾者天之性情，指理而言也。謂之性情，該體用動静而言。」

健而無息　易乾卦象曰：天行健，君子以自彊不息。

「**夫天**」節

天且弗違　乾卦文言曰：夫大人者，與天地合其德，與日月合其明。云云。先天而天弗違，後天而奉天時。天且弗違，而况於人乎？况於鬼神乎？○語類曰：問：「以主宰謂之帝，孰爲主宰？」朱子曰：「自有主宰。蓋天是個至剛至陽之物，自然如此運轉不息，所以如此必有爲之宰者。這樣處要人自見得[二〇]，非言語所能到也。」○朱子曰：「惟皇上帝，降衷于下民」〔二二〕，是説帝。**謂之鬼神**　四書鄒魯指南曰：陰陽氣機之能屈伸往來者，鬼神也。**注** **造化**　蒙引曰：造化指天地作爲處言。○陳北溪云：造化之迹，以陰陽流行著見於天地間者言之。**良能**　蒙引曰：良能者，往來屈伸，自然能如此處。

○「**四德之元**」章　朱子曰：正如春之生氣貫徹四時，春則生之生也，夏則生之長也，秋則生之斂也，冬則生之藏也。**偏言則一事**　朱子曰：「偏言則曰『愛之理』，專言則曰『心之德』。」又曰：「偏言是指一端，專言則兼舉而言之。」

○「**天所賦**」章　中庸曰：天命之謂性。○邵子曰：天使我有是之謂命，命之在我之謂之性〔二三〕。

○「**鬼神者**」章　蒙引曰：言造者，自無而有。化者，自有而無。○朱子曰：「造化之妙，不可得而見，於其氣之往來屈伸者，足以見之。微鬼神，則造化無迹。」陳北溪曰：「造化之迹，以陰陽流行著見於天地之間者言之。」○許謙曰：造化之理妙不可見，惟見其成敗之迹耳。

○「**剥之爲卦**」章　剥䷖，艮上坤下。剥上九：「碩果不食。云云。」正義曰：「碩果不食者，處卦之終，獨得完全，不被剥落，猶如碩大之果不爲人食也。」○本義曰：剥，落也。五陰在下而方生，一陽在上而將盡。陰盛長而陽消落，九月之卦也。○吴臨川曰：下五陽皆已剥，獨存一陽在上，如木之果實皆已落，獨一碩大之果不爲人所食，而猶在木末。○娜嬛曰：碩果不爲人食，可種而復生之象。○説統云：「天運絶而復續之際，其所以回生意於如綫者。云云。」○胡雲峰曰：「果中有仁，天地生生之心，存此一陽也。」○朱子曰：復之一陽，不是頓然便生，乃是自坤卦中積來。且一月三十日，以復之一陽分作三十分，從小雪後便一日生一分，上面趲得一分，下面便生一分，到十一月中，一陽始成也。**無間可容息**　淮南子曰：「時之反側，間不容息。」高誘注云：「不容氣息，促之甚也。」

十月謂之陽月　出于爾雅。

○「**一陽復於下**」章　程子曰：復其見天地之心。一言以蔽之，曰：天地以生物爲心。**先儒皆以静**云云　復卦正義：天地養萬物以静，寂然不動，此天地之心也。○朱子曰：今人乍見孺子將入井，因發動而見其惻隱之心。云云。及其復也，然後本然之善心可見。○又曰：

「凡發生萬物，都從這裏起，豈不是天地之心？」又曰：「天地流行之初，造化發育之始，天地生生不已之心，于是而可見。」

〇**仁者天下之公**〔二三〕　易小注：李氏曰：「『天下之公』，是無一毫私心；『善之本』，是萬善從此出。」

〇「**有感**」章　易程傳曰：「『屈伸相感而利生焉』，此以往來屈伸，明感應之理。屈而有伸，伸則有屈，所謂感應也。故日月相推而明生，寒暑相推而歲成。功用由是而成。故曰：『屈伸相感而利生焉。』」又曰：「尺蠖之屈，以求信也；龍蛇之蟄，以存身也。」又曰：「不屈則無信，信而後有屈，觀尺蠖，則知感應之理矣。」〇程子曰：天地之間，只有一個感與應而已，更甚事？〇問感通之理。朱子曰：「感是事來感我，通是自家受他感處之意。」〇朱子曰：屈則感伸，伸則感屈，自然之理也。今以鼻息觀之，出則必入，出感入也；入則必出，入感出也。〇又曰：凡在天地之間，無非感應之理。造化與人事，皆是感應。且如雨暘，雨不成只管雨，便感得個暘來；暘不成只管暘，暘已是應處，又感得雨來。〇問：「如日往則感得那月來，月往則感得那日來。寒往則感得那暑來，暑往則感得那寒來。一感一應，一往一來，其理無窮，感應之理是如此。」朱子曰：「此以感應之理言之，非有情者。云『有動皆爲感』，似以有情者言。父慈則感得那子愈孝，子孝感得那父愈慈，其理亦只一般。」

○「**天下之理**」章　朱子曰：「不易者亦須有變通，乃能不窮。」又曰：「論其體終是常。」又曰：「恒非一定之謂，故晝則必夜，夜而復晝。寒則必暑，暑而復寒。若一定，則不能常也。」○楊誠齋曰：由變而恒，恒而變也。○性理字義曰：天道流行，自古及今，無一毫之妄。暑往則寒來，日往則月來，春生了便夏長，秋殺了便冬藏。元亨利貞，終始循環，萬古常如此。皆是真實道理，爲之主宰，如天行一日一夜一周，而又過一度，與日月星辰之運行躔度，萬古不差，皆是誠實道理如此。又就果木觀之：甜者萬古甜，苦者萬古苦，青者萬古常青，白者萬古常白，紅者萬古常紅，紫者萬古常紫，圓者萬古常圓，缺者萬古常缺，一華一葉，文縷相等對，萬古常然，無一毫差錯。

○「**人性本善**」章　程傳云：革者，變其故也。○程子曰：性出於天，才出於氣。

下愚之不移　論語曰：唯上智與下愚不移。

自暴自棄　孟子離婁篇曰：「言非禮義，謂之自暴也。吾身不能居仁由義，謂之自棄也。」注：「暴猶害也，非猶毀也。」　往往　文選李善注：往往，言非一也。　注史記稱　出乎殷本紀。至「言足以飾非」者，皆史記之文。○正義曰：帝王世紀云：「紂倒曳九牛。」　資給也。

革面　程傳云：「小人昏愚難遷者，雖未能心化，亦革其面，以從上之教令也。」又曰：「不敢肆其惡，革易其外，以順從君上之教令，是革面也。」

○「在物爲理」章　朱子曰：理此物上[二四]，便有此理。義是於此物上，自家處置合如此。○語類曰：如這卓子是物，於理可以安頓物事，我把他如此用便是義。○愚謂：如扇固有可鼓扇之理，是在物之理也。操之動之，則處物之義也。　注義外　孟子告子篇曰：告子曰：「義，外也。非内也。」

○「動静」章　注異時論剥復云云　既見乎前。

〇「**仁者**」章　**無序而不和**　饒氏曰：程子「序」字、「和」字是就理上説。〇程子曰：禮只是個序，樂只是個和。**注子曰人**云云　論語八佾篇文。〇饒氏曰：不仁之人，無以爲行禮作樂之本。雖有禮之儀文，而儀文不足觀。雖有樂之音節，不足聽。〇語類云：禮者，天理之節文。樂者，天理之和樂。仁者，人心之天理。〇陳氏曰：禮樂無所不在，如兩人同行，纔長先少後，便和順無爭。云云。於此見禮先而樂後，無序則必不和。　**舛**　韻會曰：尺兗切，錯亂也。

〇「**忠信所以進德**」章　乾文言曰：九三曰「君子終日乾乾」。云云。忠信，所以進德也。〇程子曰：爲基本，所以進德也。〇朱子曰：進德是日日新不已。〇本義曰：忠信主於心者，無一念之不誠也。云云。所以終日乾乾而夕猶惕若者，以此故也。〇正義曰：「終日乾乾」，言竟此日健健自强不息。〇周頌清廟詩曰：「對於在天[二五]。」朱傳曰：「對越其在天之神。」〇程子曰：毋不敬可以對於上帝。〇朱子曰：「忠信所以進德」至「君子當終日對越在天」，只是解一個「終日乾乾」。

「**蓋上天**」云云　**其體**　朱子曰：體是形體也。〇語類曰：非體用之謂。〇朱子曰：

體是體質，猶言骨子也。○語類卷九十五：程子解「逝者如斯不舍晝夜」曰〔二六〕：此道體也。天運而不已，日往則月來，寒往則暑來，水流而不息，物生而不窮，皆與道爲體。○語類又曰：其體則謂之易，在人則心也。其理則謂之道，在人則性也。其用則謂之神，在人則情也。所謂易者，變化錯綜，如陰陽、晝夜、雷風、水火，反復流轉，縱横經緯而不已也。人心則語默、動静、變化不測者是也。言體則亦是形而下者，其理則形而上者也。○朱子曰：雖是無聲臭，其闔闢變化之體，則謂之易。然所以闔闢變化之理，則謂之道。**其用則謂之神** 語類曰：造化功用不可測，則謂之神。○朱子曰：此皆就天上説。**修道則謂之教** 朱子曰：是就人身上説。**孟子去其中** 孟子説浩然之氣，見乎公孫丑篇。**發揮** 出易乾卦文言。○韻會曰：揮，奮也。**故説神如在其上** 中庸曰：使天下之人，齊明盛服，以承祭祀。洋洋乎如在其上，如在其左右。○章句曰：發見昭著如此，乃其體物而不可遺之驗也。○語類曰：故説神「如在其上，如在其左右」，又皆是此理顯著之迹，大事小事，都離這個物事不得。上而天地鬼神，離這個不得。下而萬事萬物，都不出此。夫曰〔二七〕：「徹上徹下，不過如此。」

形而上爲道　朱子曰：「此言最的當。設若以有形無形言之，便是物與理相間斷了。」又曰：「可見底是器，不可見底是道。」又曰：「有此器則有此理，有此理則有此器，未嘗相離。」○蔡節齋曰：形謂動而可見之時，自此而上無體，故以道名之；自此而下有體，故以器名之。○陳氏曰：道只是人事之理，只是器之理。○朱子曰：形而上者指理言，形而下者，指事物而言。事事物物皆有其理，事物可見，而其理難知，即事即物，便見得此理。○陳北溪曰：道非是外事物有個空虛底，其實道不離乎物，若離物則無所謂道。且如君臣有義，義底是道，君臣是器。父子有親，親底是道，父子是器。○真西山曰：凡天地之物，有形有象者皆器也，其理便在其中。大而天地亦形而下者，乾坤乃形而上者。日月星辰、風雨霜露亦形而下者，其理即形而上者。以身言之，身之形體皆形而下者。曰性曰心之理乃形而上者。至於一物一器，莫不皆然。且如燈燭者，器也，其所以能照物，形而上之理也。且如椅卓，器也，而其用，理也。天下未嘗有無理之器，無器之理，即器以求之，則有性情之理，精粗本末，初不相離。若舍器而求理，未有不蹈於空虛之境，非吾儒之實學也。

以天地萬物爲一體　○「醫書」章　素問風論曰：衛氣有所凝而不行，其肉有不仁也。陳新安曰：仁者之心，觀人物即己身也，體認得人物皆爲己，則此心之仁，周流貫通，何所往而不至乎？

氣已不貫云云　陳新安曰：雖是己身，然其氣不周流貫通，則手足亦自不屬己矣。○齊氏曰：手足不屬己，氣之不貫也。天地萬物不屬己，心之不貫也。○語類曰：雖其爲天地、爲人物，各有不同，然其實則有一條脉絡相貫，故體認得此心，而有以存養之，則心理無所不到，而自然無不愛矣。才少有私欲蔽之，則便間斷，發出來愛，便有不到處，故世之忍心無恩者，只是私欲蔽錮，不曾認得我與天地萬物心相貫通之理。

注痾　字彙曰：病也。

故博施濟衆　論語雍也篇：子貢曰：「如有博施於民而能濟衆，何如？可謂仁乎？」子曰：「云云。夫仁者己欲立。云云。能近取譬。云云。」○講述曰：子貢求仁於遠，以事功言。夫子示以求仁於近，以心體言。○圖解曰：立達之欲，自己而萌，故曰近，能取吾之欲譬之人，而得其同然之欲。

可以得仁之體　講述曰：人己無間，所謂仁之體也。

○**生之謂性**　朱子大全曰：天命流行，必二氣五行，交感凝聚，然後能生物也。性命形而上者也，氣則形而下者也。形而上者，一理渾然，無有不善；形而下者，則紛紜雜揉，善惡有所分矣。故人物既生，則即此所禀以生之氣，而天命之性存焉。此程子所以發明告子「生之謂性」之說，而以「性即氣，氣即性」者言之也。○語類：問：「此蓋告子之言，若果如程先生之說，亦無害。而渠意直是指氣爲性，與程先生之意不同？」曰：「程先生之言，亦是認告子語脉不著，果如此説，則孟子何必排之？則知其發端固非矣。」

人生氣禀理有善惡 語類曰：「此理字不是説實理，猶云理當如此。」又曰：「『理』只作『合』字看。」○朱子大全曰：所禀之氣，所以必有善惡之殊者，亦性之理也。蓋氣之流行，性爲之主，以其氣之或純或駁，而善惡分焉，故非性中本有二物相對也。

「**有自幼而善**」云云　注：「后稷之克岐。云云。」詩大雅生民篇：「誕實匍匐，克岐克嶷。」注：「岐嶷，峻茂之狀。」○詩經嫏嬛曰：誕實匍匐之時，已有岐嶷之狀，而觀此狀貌之不類，亦足知禀性之非凡矣。○生民之篇言后稷初生之事。

子越椒云云　左傳宣公四年：楚司馬子良生子越椒，子文曰：必殺之。是子也，熊虎之狀，而豺狼之聲，不殺，必滅若敖氏。杜注：「子文，子良之兄。」○林堯叟曰：「異日必以禍敗而滅其族也。子文、子良皆楚若敖之子孫。」左傳又曰：子良不可，子文以爲大慼。堯叟曰：「子越將攻莊王，越椒戰敗而死，莊王遂滅其族。」

是氣禀有然也　語類曰：是本來之性與氣質之性兼説，劈頭只指個「生」字説，是兼二者了。○朱子曰：「既是氣禀惡，便牽引那性不好。蓋性只是搭付在氣禀上。」又曰：「不言是氣禀之性，蓋言性本善，今乃惡，亦是此性爲氣所汩。正如水爲泥沙所混，不成不喚作水。」又曰：「惡亦不可不謂之性，此是氣質之性。」又曰：「氣之惡者，其性亦有不善，故惡亦不可不謂之性也。」**注程子又曰**云云　語類曰：「惻隱是善，於不當惻隱處惻隱，即是惡。剛斷是善，於不當剛斷處剛斷，即是惡。雖是惡，然原頭若無這物事，却如何做得。本皆天理，只是被人欲反乎了，故用之不善而爲惡耳。」又曰：「此只是指其過處言，如惻隱之心，仁之端，本是善，纔過便至於姑息。云云。」○或問：「善惡皆天理也，若是過與不及，些少惡事，固可說天理，如世間大罪惡，如何亦是天理？」曰：「初來本心，都自好，少間多被利害遮蔽，如殘賊之事，自反了惻隱之心，是自反其天理。」

蓋生之謂性　語類曰：「性自稟賦而言。『人生而靜』以上，未有形氣，理未有所受，安得謂之性。」又曰：「性渾然天理而已，纔說性時，則已帶氣。」又曰：「大抵人有此形氣，則是此理始具於形氣之中，而謂之性。纔是說性，便已涉乎有生，而兼乎氣質，不得爲性之本體也。」又曰：「才說性時，便是兼氣稟而言矣。」又曰：「有本性，又有氣質之性，此大害理。」**注不全是性之本體**　朱子又曰：然其本體又未嘗外此，要人即此而見得其不雜於此者耳。

凡人說性只是說繼之者善也　朱子曰：「言性不可形容，而善言性者，不過即其發見之端而言之，而性之理，固可默識矣。如孟子言性善與四端是也。」又曰：「繼字主於人之發用處言之。」又曰：「易中所言，蓋是説天命流行處，明道却將來就人發處説。孟子言性善，亦是就發處説。故其言曰『乃若其情，則可以爲善矣』。蓋因其發處之善，是以知其本無不善，猶循流而知其源也。易中以天命言，程子就人言，蓋人便是一個小天地耳。」又曰：「性之在人，猶水之在山，其清不可得而見也，流出而見其清，然後知其本清也，所以孟子只就見孺子入井，皆有怵惕惻隱之心處，指以示人，使知性之本善者也。易所謂『繼之者善也』，在性之先。此所引『繼之者善也』，在性之後。蓋易以天道之流行者言，此以人性之發見者言。」又曰：「明道則假彼以明此耳。」

猶水流而就下 朱子曰：天理方流出，亦不可謂之性，因流以知其源。

有流而至海云云 朱子曰：此又以水之清濁譬之，水之清者，性之善也。流至海而不污者，氣禀清明，自幼而善，聖人性之全其天者也。

有流而未遠云云 朱子曰：氣禀偏駁之甚，自幼而惡者也。

甚遠方有所濁 朱子曰：長而見異物而遷焉，失其赤子之心者也。

有濁之多者云云 朱子曰：濁有多少，氣之昏明純駁有淺深也。

不可以濁者不爲水 朱子曰：然則人雖爲氣所昏，流於不善，而性未嘗不在其中。特謂之性，則非其本然。謂之非性，則初不離是。

「**如此則人不可以不加**」云云 朱子曰：「是説求以變化氣質，然變了氣質，復還本然之性，亦不是在外面添得。」又曰：「惟能學以勝氣，則知此性渾然初未嘗壞，所謂元初水也。」

不是將清來云云　朱子曰：「雖濁而清者存，故非將清來换濁。」又曰：「既清則本無濁，故非取濁置一隅也。如此則其本善而已矣。」

此理天命也　朱子曰：該終始本末而言。

此舜有天下云云　論語泰伯篇：「子曰：『巍巍乎，舜、禹之有天下也而不與焉。』」注：「不與，言其不以位爲樂也。」

○「**萬物之生意**」章　朱子曰：萬物之生，天命流行，自始至終，無非此理。但初生之際，淳粹未散，尤易見爾，只如元亨利貞，皆是善。而元則爲善之長，亨利貞皆是那裏來。仁義禮智亦皆善也。而仁則爲萬善之首，義禮智皆從這裏出爾。○易乾卦文言曰：「元者，善之長也。」本義曰：「元者，生物之始，天地之德，莫先於此。故於時爲春，於人爲仁。」又曰：「元是善端初發之處也。」○愚謂：程子曰「切脉最可觀仁」，又曰「觀雞雛可以觀仁」，亦此章之意。

○「**滿腔子**」章　朱子曰：腔子，身裏也。言滿身皆惻隱之心，纔觸著，便是這個物事出來。大感則大應，小感則小應。○小學章句曰：腔子裏，胸中也。

○「**天地萬物之理無獨**」章　問：「對是物也，理安有對？」朱子曰：「有高必有下，有大必有小，皆是理必當如此。如天之生物，不能獨陰必有陽，不能獨陽必有陰，皆是對。這對處，不是理對，其所以有對，皆理合當恁地。」又曰：「然又却只是一個道理，如人行，出去是這脚行，歸亦是這脚。」又曰：「一便對二，就一言之，一中又自有對。且如眼前一物，便有背有面，有上有下，有内有外。」　**不知手之舞**云云　孟子離婁上。　**注**　**兀**　字彙曰：五忽切，高貌。

○「**中者天下之大本**」章　朱子曰：「『亭亭當當』，皆是形容中之在我，其體段如此。『出則不是』者，出便是已發，發而中節，只可謂之和，不可謂之中，故曰出便不是。」問「亭亭當當」之説。朱子曰：「此俗語也。蓋不偏不倚，直上直下之意也。」

○「**伊川先生曰公則**」章　朱子曰：公則通天下，只是一個道理，不仁則是私意，故變詐百出而不一也。○左傳襄公三十一年：子産曰：「人心之不同，如其面。」　**注**　**公則**云云　愚謂：此注與本文及朱子之説似有異，宜詳之。

○「**凡物有本末**」章　程子曰：從灑掃應對，與精義入神，貫通只一理。雖灑掃應對，只看所以然如何。○四書存疑曰：灑掃應對之所以然即理也，所以貫通只一理。○黄勉齋曰：然，猶云如此也。其如此者，灑掃應對之節文，所以如此者，謂有此理，而後其節文之著見者如此也。

○「**楊子拔一毛**」章　孟子盡心篇曰：楊子取爲我，拔一毛而利天下，不爲也。墨子兼愛，摩頂放踵利天下爲之。子莫執中，執中爲近之，執中無權，猶執一也。○狐白解曰：拔一毛是喻其費之甚少。○張南軒曰：一身之間，凡可以利天下者，皆不惜也。○程子曰：中無定體，推達權[二八]，然後能執之。

○「**問時中**」章　**廳**　治事之處。　**三過其門不入**　孟子離婁下曰：禹、稷當平世，三過其門而不入。○狐白曰：禹急於平水土，稷急於教稼穡。○孟子又曰：「顔子當亂世，居陋巷。」又曰：「禹、稷、顔回同道。」

○**無妄之謂誠**　朱子曰：真實無妄謂之誠。○語類：問：「無妄，誠之道，不欺則所以求誠否？」曰：「無妄者，聖人也。」又問：「此正所謂『誠者天之道，思誠者人之道』否？」曰：「然。」　注徐仲車　萬姓統譜：宋徐積字仲車，事母至孝，以父名石，終身不用石器。母亡，廬墓三年，雪夜伏墓側。云云。

○沖漠無朕　性理字訓補注曰：沖，深。漠，曠遠也。一説：沖漠，澹静貌。朕者，目未開而有其縫也。　森　韻會曰：木衆貌。

「如百尺木」云云　語類曰：「塗轍者，只是以人所當行者言之。凡所當行之事，皆是先有此理，却不是臨事時旋去尋討道理。」又曰：「未有此事，先有這理。如未有君臣，已先有君臣之理；未有父子，已先有父子之理。不成元無此理，直待君臣父子，却旋將道理入在裏面。」○朱子曰：「如既有君君臣臣底塗轍，却是元有君臣之理也。」又曰：「塗轍即是所由之路，如父之慈、子之孝。云云。」又曰：「塗轍是車行處，且如未有塗轍，而車行必有塗轍之理。」又曰：「既是塗轍，却又只是一個塗轍，恐是記者欠了字，亦曉不得。」

○「近取諸身」云云　朱子曰：人之一身，與天地相爲流通，無一之不相似。○語類：

問：「屈伸往來，氣也。程子曰『只是理』，何也？」曰：「其所以屈伸往來者，是理必如此。『一陰一陽之謂道』，陰陽，氣也，其所以一陰一陽循環而不已者，乃道也。」又曰：「天地之化，往者消而來者息，非以往者之消，復爲來者之息。」○程子曰：「凡物之散，其氣既盡，無復歸本原之理。」又曰：「既散之氣，豈有復在？天地造化又焉用此既散之氣？」

如復卦言七日來復　蔡節齋曰：不言月而言日者，猶詩所謂「一之日」、「二之日」也。○朱子曰：「『七日來復』者，不是已往之陽，重新將來復生，舊底已自過了[二九]，這裏自然生出來。○愚謂：此言生生之理，自然不息，非物死復生之謂。

○「**明道先生曰天地之間**」章　語類曰：「事事物物，皆有感應。寤寐、語默、動靜亦然。譬如氣聚則風起，風止則氣復聚。」又曰：「『感應』二字，有二義，以感對應而言，則彼感而此應，專於感而言，則感又兼應意，如感恩、感德之類。」

○「**問仁**」章　**惻隱之心**云云　公孫丑篇。　**博愛之謂仁**　韓文原道之文。○朱子曰：仁者，心之德，愛之理。　**注樊遲問仁**　論語顏淵篇。

○「**問仁與心**」章　**陽氣發處**　謂苗之初生也。

○「**性即理也**」章　程子曰：性即理也，理則自堯、舜至於塗人，一也。**而不善**　之下，孟子集注引程子言，有「發不中節，然後爲不善」之九字。**無往而不善**　蒙引曰：情之正也。**注擷**　語類曰：伊川「性即理也」、横渠「心統性情」二句，顛撲不破。○愚案，語類「擷」字作「顛」，或云伊川之言。萬世不可易之論，後人顛破不得也。

○「**問心有善惡**」章　語類曰：胡五峰云：「人有不仁，心無不仁。」朱子曰：「下句有病，若云心有不仁，心之本體無不仁，則意方足耳。」又曰：「既發則可謂之情，不可謂之心，此句亦未穩。」○愚謂：張子曰「心統性情」，故朱子云爾。發於思慮，則有善惡，蓋氣已用事故也。○李退溪自省録曰：程子「心本善」之説，朱子以爲微有未穩者。蓋既謂之心，已是兼理氣，氣便不能無夾雜在這裏，則人固有不待發於思慮動作，而不善之根株已在方寸中者，安得謂之善，故謂之未穩。然本於初而言，則心之未發，氣未用事，本體虚明之時，則固無不善，故他日論此，又謂指心之本體，以發明程子之意，則非終以爲未穩可知矣。

○「**性出於天**」章　程子曰：才禀於氣，氣有清濁，禀其清者爲賢，禀其濁者爲愚。**注** 告子篇。○孟子小注：真西山曰：「能爲善者，才也。」○大全：問孟子、程子論「才」字同異。朱子曰：「才只一般能爲之謂才，才之初亦無不善，緣他氣質有善惡，故其才亦有善惡。孟子自其同者言之，故以爲出於性。程子則自其異者言之，故以爲禀於氣。大抵孟子多是專以性言，故以爲性善才亦無不善，到周、程、張子，方説到氣上。要之，須是兼二者言之方備。」

孟子曰

○「**性者自然**」云云章　程子曰：四端不言信者，既有誠心爲四端，則信在其中。

○「**心生道也**」章　朱子曰：「天地生物之心是仁，人之禀賦，接得此天地之心，方能有生，故惻隱之心，在人亦爲生道也。」又曰：「惻隱之心，人之生道也。乃是得天之心以生，生物便是天之心。」又曰：「有是心，斯具是形以生。是心乃屬天地，未屬我。」又曰：「人有是心，便自具是理以生，又不可道有心了，却討一物來，安頓放裹面，似恁地處，難看，須自體認得。」

○「**横渠先生曰氣块然太虚**」章　朱子曰：「块然太虚，此張子所謂『虚空即氣』也。」

又曰：「升降飛揚，所以生人物者，未嘗止息，但人不見耳。」○張子曰：易所謂「絪緼」，莊子所謂「野馬」。○性理大全注：坱，霧昧貌，氣之充滿也，氣之上下曰升降，氣行四方曰飛揚。○朱子曰：「言機言始，此本只是説氣，理自在其中，一動一静，便是機處。」又曰：「始是如生物底母子，萬物都從這裏生出去。」又曰：「所以虚實、動静、陰陽、剛柔者，便是這升降飛揚者爲之。」

煨 字彙曰：烏魁切，煨燼。 **燼** 火餘，燭餘。 **無非教也** 朱子曰：「教便是説理，雖至粗底，無非是道理發見。」又曰：「無非上天因氣之發見，而示教以理也。」又曰：「萬品山川，許多糟粕煨燼，雖皆氣之所成，而理實又因是以見焉，無非教也。」又曰：「實與動便是陽，虚與静便是陰，但虚實動静是言其用，陰陽剛柔是言其體而已。」○性理小注曰：天道之流行，皆示人以至理。○孔子閒居曰：「天有四時，春秋冬夏，風雨霜露，無非教也。」又曰：「風霆流形，庶物露生，無非教。」○正義曰：流布其形。○陳注：形猶迹也，流形所以運造化之迹。○吕氏曰：皆可取法，無非教也。

注 **氤氲** 小補韻會曰：元氣盛也。易作「絪緼」，絪緼，合氣也。

○「**游氣紛擾**」章 朱子曰：「此一段專説氣，未及言理。」又曰：「游氣是發散生物底氣，游亦流行之意。」又曰：「指陰陽交會言之。」**其陰陽兩端**　朱子曰：「指分開底說。」又曰：「天位乎上，地位乎下，中間陰陽之氣，合而成質。」

○「**天體物**」章　朱子曰：「凡言體便是做他骨子，本是言物以天爲體，事以仁爲體，緣須著從上說，故如此下語。」又曰：「天體物，仁體事，以見物物各有天理，事事皆有仁。」又曰：「人之所以爲人者，皆天之所爲，故雖起居動作之頃，而所謂天者未嘗不在也。」又曰：「天與仁非有二也。」

「**禮儀三百**」云云　中庸二十七章曰：禮儀三百，威儀三千。○朱子曰：「禮儀三百，威儀三千」，非仁則不可得。**一物**　朱子詩傳作「一事」。○論語曰：人而不仁，如禮何？

昊天曰明　豐城朱氏曰：「昊天曰明，及爾出王」，言一出入之際，而天必與之俱也。「昊天曰旦，及爾游衍」，言一動息之頃，而天必與之同也。○朱子曰：「『出王』之『王』，音往，言往來游衍，無非是理。」又曰：「『無一物之不體』，猶言無一物不將這個做骨子。」○豐城朱氏曰：此君子之學，所以必戒懼慎獨之爲貴也。

○**鬼神者二氣之良能也**　蒙引曰：二氣之良能者，往來屈伸，自然如此處。○饒雙峰曰：造化之迹，指其屈伸者而言；二氣良能，指其能屈能伸者而言。○朱子曰：造化之迹，是日月星辰風雨之屬；二氣良能，是屈伸往來之理。

○「**物之初生**」章　**滋息**　朱子曰：此「息」，生息之息，非止息之息。孟子言「日夜之所息」。

○「**性者萬物之一源**」章　性理大全集釋曰：萬物，兼人物而言。一源者，皆出於此也。盡其道，盡其性也。○補注曰：性者，萬物之所同得，故非有我之得私也。○集解曰：立者，能樹立而不屈於物欲也。周，盡也，使人盡知，不獨知也，成全其性也。

○「**一故神**」章　朱子曰：一是一個道理。○性理大全注云：一，是萬物一體。神，是通徹無間。○愚謂：一故神，人心無私欲之間，則萬物一體，而無物而非我，故無物而不愛也。

故觸之而無不覺　愚謂：有物觸手足，而即心覺，一氣貫通故也。**不待心使至此**云云愚謂：此感應自然之妙，心與四體，本一貫故也。惟非心往而後覺，又非四體來入心。譬如懸鏡，有物必照，非鏡往照物，亦非物來入鏡也。**感而遂通不行而至不疾而速**　皆上繫辭之文。**注為物不貳**　中庸曰：「天地之道，可一言而盡也，其爲物不貳，則其生物不測。」注：「可一言而盡，不過曰誠而已，不貳所以誠也。」○蒙引曰：物，指天地。

○**心統性情者也**　朱子曰：「統，猶兼也。性，仁義禮智信是也。情，四端七情是也。」又曰：「一心之中，自有動靜，靜者性也，動者情也。」又曰：「伊川之言曰『心一也，有指體而言者云云。』」。季通云：『「心統性情」，不若云，心者，性情之總名。』」

○**「凡物」**章　物字，兼人物。**人物之別**　物字，指禽獸而言。○呂與叔曰：蔽有淺深，故爲昏明。蔽有開塞，故爲人物。

【校勘記】

［一］文獻通考一百十曰　「一百十」，文獻通考（武英殿刻本）該條記載在卷二百十。

［二］近思録本爲學者不能偏觀諸先生之書　「偏」，據文意，當作「徧」。

［三］號覺軒先生　「號」，續文獻通考作「稱」。

［四］語録文集理屈等書　按：「理屈」，當指張載所作經學理窟。

［五］繁複　「複」原作「椱」，據益軒全集、葉采近思録集解改。

［六］瑯琊代醉卷之二云　「瑯琊」，琅邪代醉編作「琅邪」。

［七］言後世純用文詞取士　「言」，居業録（四庫全書本）作「善」。

［八］瑯耶代醉曰　「瑯耶」，琅邪代醉編作「琅邪」。

［九］又云鼓　「鼓」，益軒全集無。

［一〇］命蔡酒曹嚳　「蔡」，通鑑續編卷四十九作「祭」。

［一一］封載封鄘伯　下一「封」字，通鑑續編卷二十三無。

［一二］無極太極　「無極太極」，據近思録備考體例，當作「無極太極」。

［一三］以其究竟無極　「無」，晦庵先生朱文公文集（四部叢刊本）卷三十六作「至」。

［一四］或以訓就文義名之　「就」，元公周先生濂溪集（國圖藏）作「詁」。

［一五］與沉躬耕不仕　「沉」，益軒全集、萬姓統譜（四庫全書本）作「沈」。

［一六］形化却是有一個人　「化」，朱子語類卷九十四作「生」；「有」下，朱子語類卷九十四有

「此」字。

［一七］此承上文惟人也得其秀而最靈言之　「承」原作「羕」，據益軒全集改。

［一八］便榦轉了　「榦」，晦庵先生朱文公文集卷三十五作「斡」。

［一九］仁義禮智者　「智」下，朱子語類卷九十四有「信」字。

［二〇］這樣處要人自見得　「様」，朱子語類卷六十八作「樣」。

［二一］降衷于下民　「于」原作「干」，據朱子語類卷六十八改。

［二二］命之在我之謂之性　最後一個「之」字，皇極經世書（四庫全書本）無。

［二三］○仁者天下之公　「○仁者天下之公」，據近思録備考體例，當作「○仁者天下之公章」。

［二四］理此物上　「理」下，朱子語類卷九十五有「是在」二字。

［二五］對於在天　「於」，詩經周頌清廟作「越」。

［二六］程子解適者如斯不舍晝夜曰　「適」，朱子語類卷九十五作「逝」。

［二七］夫曰　「夫」，朱子語類卷九十五作「故」。

［二八］推達權　「推」，二程粹言（四庫全書本）作「惟」。

［二九］舊底已自過了　「過」下，朱子語類卷五十九有「去」字。

近思録備考卷之二

爲學類　○語類百五卷云：近思録二，爲學大要。

○**聖希天**[一]　通書志學第十章。○性理大全集考曰：此篇，人之爲學當要立志，士當志於爲賢，賢當志於爲聖，聖當志於希天。○小學合璧曰：聖人以天爲法，賢人以聖爲法，士人以賢爲法。○小學衷旨曰：非止謂士止希賢，賢止希聖已也。

伊尹顏淵大賢也　説見書之説命、論語之雍也篇。○朱子曰：三月言其久，仁者心之德，心不違仁者，無私欲而有其德也。

「**志伊尹**」云云　許魯齋曰：志伊尹之所志，學顏子之所學，出則有爲，處則有守，丈夫當如此。○小學衷旨曰：須説君子立志爲學，斷不可安于凡庸，而必以聖賢自待。○小學合璧曰：伊尹之志，耻君不爲堯、舜之君，耻民不爲堯、舜之民。學者若能以伊尹之志爲志，則所志必不在於聲名利禄矣。顏淵之學，「不遷」、「不貳」心法，學者能學顏子之學，則所學必不在於世俗記誦詞章矣。○黄勉齋曰：顔子是明德，伊尹是新民，本非二事也。**注** **發策決科** 楊子法言學行篇曰：「須以發策決科。」注：「射以決科，經以策試。」○愚謂：此謂科舉之學也。「策」字，義見漢書音義，今不贅此。字書曰：「策，篇簡也。科，條也，品也。」

○「**聖人之道**」章　通書三十四章。○小學合璧曰：「聖人之道，仁義中正之道。」又曰：「蘊蓄于中，以之爲德行，乃道之體也。施之於外，以之爲事功，乃道之用也。」又曰：「陋矣，言其志趣卑陋矣。」○韓詩外傳云：君子之聞道，入之於耳，藏之於心。小人之聞道，入之於耳，出之於口，苟言而已。

○「**或問聖人之門**」章　伊川文集四顔子所好何學論注：先生始冠，遊大學，胡安定以是試諸生，得此論大驚，異之，即請相見，遂以先生爲學職。○語類曰：此是程子二十歲時做得，這文好。○程子年譜亦以此文爲二十歲作。○四書通考：伊川十八歲時，在大學作。○朱子又曰：伊川好學論十八時作。○案，本集載者，比是爲詳，朱子略取之耳。○朱子曰：此所以爲學之本，惟知所本，然後可以爲學。○案，本集「聖人之門」以下，伊川之文也。**注** **哀公問** 論語雍也篇。

「**伊川先生曰學以**」云云　愚謂：「學以至聖人之道也」，此一句，一章之骨子，「道」字以方法言，以下自問自答也。〇程子曰：人皆可以爲聖人。

學之道如何　朱子曰：「天地儲蓄得二氣之精聚，故能生出萬物。」又曰：「儲，儲蓄。精，精氣。」〇性理補注曰：儲者，積而凝之也。

「**其本**」云云　朱子曰：「本是本體，真是不雜人僞，静是未發。」又曰：「未發時便是静，五性便是真，只是定疊説。」〇性理補注：静者安而泰也。〇朱子大全七十五曰：程子真静之説，以真爲本體，静爲未感。下文所謂未發，即静之謂也；所謂五性，即真之謂也。

形既生矣　形者指耳目口體。〇輔氏曰：心是活物，故外物觸之而動。上言其本静，故於此言動。〇性理補注：欲者，嗜之也。〇案，七情出于禮運。五性者，心之體也；七情，心之用也。張子曰：「心統性情。」

情既熾　性理補注曰：熾如火之初燃，蕩如水之飄流，鑿者攻而破之。〇朱子曰：性固不可鑿，但人不循此理，任意妄作去傷了他耳。〇饒氏曰：緊要處，在約其情，使合於中。約是工夫，中是準則。「四勿」便是約的工夫，禮便是中的準則。〇朱子曰：養，謂順之而不害。〇楊升庵曰：性，猶水也。情，波也。波生于水，而害水者波也；情生于性，而害性者情也。

梏　手械也。○愚案，「縱其情」云云者，不正其心也。「梏其性」云云者，不養其性也。邪僻甚於縱其情，亡之者由梏之也。　**注桎**　足械也。　**拘攣**　字彙曰：繫也。　**殄**　音田，絶也，滅也，盡也。

然學之道　朱子曰：「這一段要緊處只在明於心上，蓋先明諸心了，方知得聖之可學，有下手處。」又曰：「知所往如識路，力行求至如行路。」又曰：「『覺者約其情，云云。正其心，養其性』，方是大綱説。『學之道，必先明諸心，知所往，然後云云。』，便是詳此意。」　**所謂自明而誠也**　中庸曰：「自誠明謂之性，自明誠謂之教。」注：「自，由也。云云。先明乎善，而後能實其善者。賢人之學，由教而入者也。」　**注養一作往**　伊川文集之注也。朱子曰：「往」字爲是，與「行」字相應。　**窮理之事**　語類曰：窮理非是專要在外之理。如何而爲孝弟，如何而爲忠信。推此類通之，求處至當，即窮理之事也。

誠之之道　中庸曰：「誠之者，人之道也。」注：「未能真實無妄，而欲其真實無妄之謂。」　**於是**　「是」字，指仁義忠信。　**動容云云**　孟子盡心篇曰：動容周旋中禮者，盛德之至也。○蒙引曰：「動容謂一動容貌之間，周旋謂動止員活之際，此皆其小處，皆能中禮，則其大者可知。」又曰：「動容以顏貌言，周旋以動履言。」

故顏子所事　論語顏淵篇。○愚謂：非禮勿視聽言動者，乃約其情，使合于中，正心養性之工夫也。

仲尼稱之　愚謂：此節引孔子稱顏子之言，以證顏子之學至聖人之道也。

又曰不遷怒云云　語雍也篇。　**有不善**云云　下繫辭曰：顏氏之子，其殆庶幾乎！有不善。云云。易曰：「不遠而復，無祇悔，元吉。」○程子曰：「如顏子地位，豈有不善，只是微有差失，纔差失便能知之，纔知之便不萌。」又曰：「顏子無形顯之過。」○朱子曰：顏子天資好，如至清之水，纖芥必見。○李氏曰：聖人無不善，賢人則有不善。○伊川曰：知之未嘗復行，不貳過也。○朱子曰：顏子克己如紅爐上一點雪。

「**然聖人**」云云　中庸曰：誠者不勉而中，不思而得，從容中道，聖人也。　**假之以年**　論語述而篇：「子曰：『加我數年。云云。』」注：「加作假。」史記曰：「假我數年。」○「不日而化矣」之下，伊川文集有「故仲尼曰『不幸短命死矣』，蓋傷其不得至於聖人也。所謂化之者，入於神而自然，不思而得，不勉而中之謂也云云。」之數十字。

後人不達　伊川文集。程子曰：「或曰：『聖人生而知之者也，今謂可學而至，其有稽乎？』曰：然。孟子曰：『堯、舜性之也，湯、武反之也。』性之者，生而知之者也。反之者，學而知之者也。」又曰：「孔子則生而知也，孟子則學而知也，後人不達。云云。」**注**【記問】學記曰[二]：「記問之學不足以爲人師。」陳注曰：「記問，記誦古書以待學者之問也。」

○**橫渠先生問於明道先生曰** 明道文集三載之。○朱子曰：明道定性書是二十三時作。○案，文集，此書首尾尚有數十字，朱子略之。今考張子全書，無橫渠問明道之書，此是明道答張子之書也。非面話。○朱子曰：「定性」之「性」字是個心字意。○勉齋曰：定性，字當作定心看。○朱子曰：「定性，是正心誠意以後事。」又曰：「定性者，存養之功至，而得性之本然也。性定則動靜如一，而內外無間矣。天地之所以爲天地，聖人之所以爲聖人，不以其定乎？君子之學，亦以求定而已。」【將迎】莊子知北遊曰：「無有所將，無有所迎。」林希逸曰：「即無心於物者也。」又莊子應帝王篇曰：「至人之用心若鏡，不將不迎，應而不藏。」○真西山曰：不隨物而往，不先物而動。故曰「無將迎」。○迎，小補韻會：疑京切。○愚案，定者，德性之立也。動靜者，所乘之時也。德性既立，則動靜常定，何動之有。無將迎者，不爲外物所累也。無內外者，靜而存于中，動而應乎外，動靜一理，無內外之間也。蓋靜時定者，寂然不動，性之本體也。動時定者，感遂通天下之故，性之妙用也。內外一貫，動靜無二理，時有動靜，性無内外。○胡敬齋曰：動静、體用非兩事，當隨處致功。

苟以外物 語類曰：此一章明道意，言不惡事物，亦不逐事物。今人惡則全絶之，逐則又爲物引將去，惟不拒不流，泛應曲當，則善矣。蓋横渠有意於絶外物而定其内。明道意以爲，須是内外合一，動亦定，静亦定，則應物之際自然不累於物。苟只静時能定，則動時恐却被物誘去矣。○案，且以性爲隨物於外，當是子厚來書如此。○真西山曰：事物未接，如鑑之本空者，性也。事物既接，如鑑之有形者，亦性也。内外曷嘗有二本哉？知此則知事物不能累吾性，雖酬酢萬變，未嘗不定也。

既以内外爲二本云云 愚案，静存動應者，内外一本。動而應者，乃所静而存者也。而今當動應時，以性爲隨物於外，則應接時，性在外而内無有。内無存主，則又烏可遽語定哉？

夫天地之常 愚案，天地之常者，陰陽晝夜之代序，日月星辰之運轉，四時寒暑之往來，生長收藏之推移，且萬世而不易者，皆天地之常也。○黄勉齋曰：「天地之常」至「而順應」，是第二段。○朱子曰：「定性一書，首尾只是『廓然而大公，物來而順應』，自後説話都只是此二句意。」又曰：「廓然大公者，仁之所以爲體也。物來而順應者，義之所以爲用也。」又曰：「廓然而大公，是寂然不動，物來而順應，是感而遂通。」又曰：「當應而應便是定，若不當應而應便是亂了，當應而不應則又是死了。」又曰：「廓然大公，只是除却私意，事物之來，順他道理應之。」○黄勉齋曰：廓然大公是不絶事物，物來順應是不累乎物。○袁氏曰：戒懼慎獨，而後則此心體廓然而大公，便是未發之中，物來而順應，便是中節之和。

易曰貞吉　咸卦，本義曰：心之感物，當正而固，乃得其理。云云。憧憧往來，不能正固，而累於私感，則但其朋類從之，不復能及遠矣。○黄勉齋曰：自「易曰貞吉云云。」至「不可得而除也」，是第三段。此乃引易以結上段之意。貞吉則虚中無我，不絶乎物，而亦不累乎物也。憧憧則累乎物也。○朱子曰：廓然大公，便不是憧憧；物來順應，便不是「朋從爾思」。○語類：問：「『憧憧往來』如霸者，以私心感人，便要人應。自然往來如王者，我感之已無心而感[三]，其應我也無心而應，周徧公溥，無所私係，如此是否？」曰：「是如此。」又問：「此以私而感，恐彼之應者，非以私而應，只是應之者有限量否？」曰：「也是以私而應，如自家以私惠及人，少間被我之惠者，則以我爲恩。不被我之惠者，則不以我爲恩矣。」○朱子曰：往來是感應合當底，憧憧是私，感應自是當有，只是不當私感應爾。○胡雲峰曰：貞者正而固也，如是則吉而悔亡，若憧憧於往來，則失其正而固者矣。寂然不動，心之體。感而遂通天下之故，心之用。憧憧往來，已失其寂然不動之體。所思者，朋類之從爾，安能感而遂通天下之故哉？○楊龜山曰：夫心猶鏡也，居其所而物自以形來，則所鑒者廣矣。若執鏡隨物，以度其形，其照幾何？○愚案，「貞吉」云云，篇内「咸象曰」章程説可參考。**規** 小補韻會曰：求計也。

「人之情」云云　黄勉齋曰：自「人之情」至「索照也」，是第四段，只是與前二段相反。自私便是求絶乎物，用智是反累乎物。不能以有爲爲應迹，故求絶乎物；不能以明覺爲自然，故反累乎物。○朱子曰：「『大率患有自私而用智，云云。爲自然。』此一書只此兩項。」又曰：「應迹，謂應事物之迹，若心則未嘗動也。」又曰：「自私以賊夫仁，用智以害夫義。」○愚謂：惡外物而自私，是本心蔽昧，猶反鑑也。求照無物之地而用智，是穿鑿妄意而索照也。故注云：「雖若二病，而實相因也，蓋惡事物而自私，故用智而反累於事物。」

易曰艮其背　艮卦彖辭也。○本義曰：身，動物也，唯背爲止。艮其背，則止於所當止也。止於所當止，則不隨身而動矣。是不有其身也。如是則雖行於庭除有人之地，而亦不見其人矣。○朱子曰：「『艮其背』，背只是言止也。人之四體皆能動，背不動，故取止之義，各止其所，則廓然而大公。」又曰：「『不獲其身』，如君止於仁，臣止於忠，但見得事之當止，不見此身之爲利爲害。」又曰：「『艮其背，不獲其身』，是只見個道理，不見自家。『行其庭，不見其人』，是只見個道理，不見個人也。」○黄勉齋曰：自易曰「艮其背」至「應物爲累哉」，是第五段，亦引易以結上文。○朱子曰：艮其背則不自私矣，行無事則不用智矣。○朱子曰：止其背[四]，渾只見得道理合當如此。入自家一分不得，著一些私意不得。「不獲其身」，不干自家事[五]。

孟氏亦曰云云　離婁下。○朱子注曰：小智之人，務爲穿鑿，所以失之。

「**與其非外**」云云　愚謂：動靜俱定，内外一貫，謂之内外兩忘，無動靜内外也。**澄**字彙：直貞切，水靜而清也。○朱子曰：不是内而非外，則大公而順應，尚何事之爲累哉？

聖人之喜　黄勉齋曰：自「聖人之喜」至「爲如何哉」，是第六段，以聖人喜怒明其廓然大公，物來順應也。○愚謂：喜怒、應物乃心事之大端，故以此明之。○朱子大全曰：聖人之喜怒，大公而順應，天理之極也。

「**夫人之情**」云云　七段。○朱子曰：「『遽忘其怒』，是應『廓然而大公』，『觀理之是非』，是應『物來而順應』。」又曰：「忘怒則公，觀理則順。二者所以爲自反而去蔽之方也。」又曰：「『遽忘其怒，而觀理之是非』，舊時謂觀理之是非，纔見己是而人非，則其爭愈力，後來看不如此。如孟子所謂『我必不仁也，其自反而仁矣。其横逆由是，則曰此亦妄人而已』。」又曰：「夫張子之於道，固非後學所敢議，然意其强探力取之意多，涵泳完養之功少，故不能無疑於此。程子以是發之，其旨深哉！」

〇**伊川先生答朱長文書曰** **朱長文** 萬姓統譜云：吴縣人，著書閲古，吴人化其賢，名動京師，元祐宋哲宗年號。中召爲大學博士，有文集三百卷，六經皆爲辨説。〇案，答朱長文書，見于二程全書六十三卷，此文之始云：「中前奉書，以足下心虚氣損，奉勸勿多作詩文。云云。向之云無多爲文與詩者，非止爲傷心氣也，直以不當輕作爾，聖賢之言。云云。」 **聖賢之言** 文章詞命皆是。 **天下之理有闕** 教不備也。〇全書此文之中亦曰：苟足下所作皆合於道，足以輔翼聖人爲教於後，乃聖賢事業。〇愚謂：平生所爲，以作爲文章言。 **贅** 字彙云：附贅，肬瘤也。

來書所謂 全書此文之始云見答之辭曰：使後人見之，猶庶幾曰不忘乎善也。苟不如是，誠懼没而無聞焉。 **夫子疾没世而名不稱** 論語衛靈公篇。 **汲汲** 字彙：不休息貌。

〇**内積忠信** 易乾卦九三文言曰：君子進德修業。忠信，所以進德也；修辭立其誠，所以居業也。知至至之，可與幾也；知終終之，可與存義也。〇朱子本義曰：忠信主於心者，無一念之不誠也。〇朱子曰：德是得之於心，業是見之於事。〇胡雲峰曰：進者日新而不已，居者一定而不易。○朱子曰：「大抵以忠信爲本，忠信只是實，若無實如何會進？如播種相似，須是實有種子，下在泥中，方會日日見發生。若把個空殼下在裏面，如何會發生。」又曰：「忠信所以爲實者，且如孝須實是孝，方始那孝之德，一日進一日。如弟須實是弟，方始那弟之德，一日進一日。若不實，却自無根了，如何會進。」又曰：「忠信便是意誠處，『如惡惡臭，如好好色』，直是事事物物皆見得如此。純是天理，則德日進，不成只如此了却。修辭立誠，就事上理會，修辭便是立誠。」○問：「立誠不就制行上説，而特指修辭，何也？」朱子曰：「人不誠處多在言語上。」又曰：「『進德』是日日新，『居業』是日日如此。」

「知至至之」云云　朱子曰：「『知至』是知得到至處，『至之』謂意思也隨他到那處，這便可與理會幾微處。」又曰：「『可與』是旁人説，與『可與立』、『可與權』之『可與』同。」又曰：「『知至』則知其道之所止，『至之』乃行矣，而驗其所知也。」又曰：「進德只管要進去，便是要至之，未做到那裏，先知得如此，所以説『可與幾』。」又曰：「先知爲幾，如人欲往長安，雖未到長安，然已知長安之所在，所謂『可與幾』也。若已到彼，則不爲之幾。幾者，先知之謂也。」

所謂始條理云云　孟子萬章下曰：「始條理者，智之事也。終條理者，聖之事也。」朱子注曰：「條理猶言脉絡，指衆音而言也。智，知之所及。聖者，德之所就也。」

「**知終**」云云　朱子曰：知終是終其到處，終之是定要守到那處。○胡雲峰曰：曰至曰幾，皆進字意，曰終曰存，皆居字意。○朱子曰：「『知終』則見其道之極致，『終之』乃力行，而期至於所歸宿之地也。知而行，行而知，二者交相警發。」又曰：「『知至至之』主知，『知終終之』主行，蓋上句則以『知』爲重，而『至之』二字爲輕。下句則以『知終』爲輕，而『終之』二字爲重。」又曰：「『知至』、『知終』，則又詳其始終工夫之序如此。忠信，心也。修業，事也，然蘊於心者，所以見於事；脩於事者，所以養其心。此聖人之學，所以爲内外兩進，而非判然二事也。」

○「**君子主敬**」云云　坤六二文言曰：君子敬以直内，義以方外。敬義立而德不孤。直方大，不習無不利，則不疑其所行也。○朱子曰：「敬立而内自直，義形而外自方。若欲以敬要去直内，以義要去方外，則非。」又曰：「敬以養其心，無一毫私念，可以言直矣。由此發，所施各得其當，是之謂義。」○朱子曰：「敬則本體之守也。」又曰：「義是心頭斷事底，心斷於内，而外便方正，萬物各得其宜。」○又曰：敬譬如鏡，義便是能照底。○程子曰：敬、義如何别？敬只是持己之道，義則知有是非，順理而行，是爲義。○居業録曰：敬，體也；義，用也。内直則外方，體立則用行也。

「敬義既立」節　朱子本義曰：不孤，言大也。○胡氏曰：敬，體也；義，用也。體用兼全，其德所以不孤也。○朱子曰：敬而無義，則做事出來必錯了。只義而無敬，則無本何以爲義，皆是孤也。

○**動以天**[六]　此章，無妄卦傳也。○程子曰：無妄者，至誠也。無妄者，天之道也。人能合無妄之道，則所謂「與天地合其德」也。○隆山李氏曰：人受天地之中以生，本自無妄，有生之後，人僞誘之，妄念乃起。○説統云：聖人不言誠，而言無妄，要人在念慮上，識取天命之本然耳。　**注**　**震動也乾天也**　易説卦文。

雖無邪心　朱子曰：有人自其心全無邪[七]，而却不合於正理，佛氏亦豈有邪心者。○愚謂：延平曰「當理而無私心」，乃仁也，乃無妄也。雖無邪心，苟不合正理，猶庸醫之殺人，可見其妄。

○**人之藴畜**　大畜象曰：天在山中，大畜。君子以多識前言往行，以畜其德。○程子曰：學術道德充積于内，乃所畜之大也。○易學蒙引曰：所畜之大，必自聞見而來。

○**咸之象曰君子以虛** 咸之象曰：山上有澤，咸。君子以。云云。○程傳曰：夫人中虛則能受，實則不能入矣。虛中者無我也，中無私主。云云。○胡氏曰：六十四卦皆著一「以」字，所以體易而用之也。即一「以」字示萬世學者用易之方。○朱子曰：以量者，乃是隨我量之大小以容之，便是不虛了。○張氏曰：心之中虛者，則於人何所不容，實則不能相入矣。○郭氏曰：君子法之以虛虛[八]，唯虛故受，受故能感，不能感者，以不能受故也。○丘氏曰：感而遂通者，虛故也。苟以私意實之，則先入者爲主，而感應之機窒。○胡氏曰：感取無心之義。

其九四曰 **貞吉悔亡**云云 說見定性書。**四當心位** 本義曰：九四居股之上，悔之下，又當三陽之中，心之象，咸之主也。心之感物，當正而固，乃得其理。云云。若憧憧往來，不能正固，而累於私感，則但其朋類從之，不復及遠矣。**害於感通** 爲感之道狹矣，必有所不通。

注 **拇** 程傳：足太指。**腓** 足肚。**脢** 背肉。**牝馬之貞** 坤卦辭。○程傳云：坤以柔順而貞，牝馬柔順而健行，故取其象曰「牝馬之貞」。**然此**「此」字指九四爻辭。**山澤通氣** 程傳云：澤性潤下，土性受潤，澤在山上，是二物之氣相感通也。

○**君子之遇艱阻** 蹇象曰：山上有水，蹇。君子以反身脩德。○程子曰：君子之遇艱阻，必求諸己，而益自修。　**注**沮[九]　字彙：遏也，抑也，隔也。○案，韓本亦作「沮」，非訛。

○**習重習也**　「習」字訓重。○蒙引：「習」字以知言。○朱子曰：「浹洽」二字有深意。如浸物於水，浸之久則透裏皆濕。習而熟，熟而説。○張氏曰：學者之於義理，當時紬繹其端緒，而涵泳之。○吴氏曰：重習者，更互、反覆之意。繹，抽絲也。思者如此。　**注**紬繹　字彙云：「紬繹，紬閲經書尋究之也。紬，引其端緒也。」説文：「抽絲曰繹。」

「**以善及人**」云云　蒙引：與人同歸善者，君子之本心也。故信從者衆，則有愜其素願，何不樂？　**注**與人爲善　孟子公孫丑上。注：與，猶許也，助也。云云。是我助其爲善也。

雖樂於及人　**不見是而無悶**　易文言文。○蒙引曰：不慍者，惟知學爲分内事，不以在外者爲欣戚。

○「**古之學者**」云云　四書講述曰：「古今人之學都一般，但其心則有誠僞。」又曰：「可以得名得利，故曰『爲人』。」○朱子曰：孔子曰：「古之學者爲己。云云。」又曰：「女爲君子儒，無爲小人儒。」此是古今學者君子小人之分，差之毫釐，繆以千里。○胡敬齋曰：學不爲己，讀萬卷書，與己無干，爲己則皆我事也。○朱子曰：爲學是己當然之事，譬如喫飯，乃是要自家飽，既飽何必問外。

○「**伊川先生謂方道輔曰**」章　朱子曰：學者之不進，由無入處，而不知其味之可嗜。

買櫝還珠　韓非子曰：楚人賣珠於鄭，爲木蘭之櫃，薰以桂椒，綴以珠玉，飾以瑰玉。云云。鄭人買其櫝，還其珠，可謂善賣櫝，不可謂善鬻珠也。

糟粕　見于莊子天道篇。希逸注云：「書載古人之言耳。其人不存，則其不可傳者，何從得之？糟粕之餔，豈知酒味乎？」

「**覬足下**」節　**卓爾**　語子罕篇：「如有所立卓爾。」注：「卓爾，立貌。」　**手之舞足之蹈**　孟子離婁上。

注帖　字彙：簡帖。○二程全書六十七卷有與方元寀手帖。注云：「見近思録。」

○「**明道先生曰脩辭**」云云　乾卦文言曰：君子進德脩業。忠信，所以進德也。脩辭立其誠，所以居業也。○本義曰：脩辭見於事者，無一言之不實也。雖有忠信之心，然非脩辭立誠，則無以居之。○問：「立誠不就制行上説，而特指修辭，何也？」朱子曰：「人不誠處多在言語上。」又曰：「脩辭立誠，便要立得這忠信。」又曰：「脩辭便是立誠。」又曰：「誠即是忠信。」○易蒙引：王應麟云：「修辭立誠，修其内則爲誠，修其外則爲巧言。」

「道之浩浩」云云　朱子曰：「業便是逐日底事業，恰似日課一般。」又曰：「忠信便是意誠處，如惡惡臭，如好好色，直是事事物物皆見得如此。純是天理，則德日進。」　**注** **至誠**　中庸曰：至誠無息。

○伊川先生曰志道　○孟子曰：必有事焉，而勿正心，勿忘，勿助長。○程子曰：勿忘、勿助長之間，正當之處也。　**注** **惻**　字彙云：痛也。

○孟子才高　語類曰：顏子才雖未嘗不高，然其學却細膩切實，所以學者用力處〔一〇〕，孟子終是粗。　**入聖人爲近**　學顏子者，當循序漸進聖人，故曰近。

又曰學者　朱子曰：孟子說得粗，只是他才高，自至那地位。若學他或會錯認了他意思。若顏子說話便可下手做。

○**明道先生曰且省外事** 語類曰：「其文章雖不中，不遠矣，便是應那外事。」又曰：「外事所可省者即省之，所不可省者强省不得。」又曰：「『所守不約，泛濫無功』，説得極切。」

○**學者識得仁體** 語類曰：識得與實有，須做兩句看。識得是知之也，實有是得之也。若只識得，只是知有此物，却須實有諸己，方是己物也。

要義理栽培 愚謂：要義理栽培者，便是講習討論之學，日熟經義則良心油然而生。

○**昔受學於周茂叔** 顔子樂。語雍也篇：「子曰：『賢哉回也。云云。』」仲尼樂。述而篇：「飯疏食飲水。云云。」○程子曰：人能克己，則仰不愧，俯不怍，心廣體胖，其樂可知。○林希元曰：顔子之樂，克己之功也。人所不樂，私欲爲累耳。私欲已去，天理流行，萬累俱無，心胸自適，無非天理，豈不可樂？○朱子曰：不要去孔、顔上問，只去自家身上討。如今説孔、顔之樂，亦是説夢耳。○居業録曰：朱子恐人只去望空尋樂，必流於異端，故又教以從事博文約禮之誨，以至欲罷不能，而竭其才。

○**朋友講習**　學記曰：相觀而善之謂摩。○朱子曰：謂觀人之能，而於己有益，如以兩物相摩，而各得其助也。○吴臨川曰：相觀謂甲觀乙，乙觀甲，此有未善，觀彼所善而效之，則此亦善矣。摩，如兩石相摩，互相資藉。

○**須是大其心**　孫思邈云：膽欲大，心欲小。○朱子曰：君子心大則天[一二]，心小則文王之翼翼，皆爲好也。小人心大則放肆，心小則是褊隘私吝，皆不好也。○鶴林玉露云：邵子曰：「心要能放，能放者開闊。」

○**「明道先生曰自舜發」**云云　孟子告子下。○朱子曰：「言只是要事事經歷過。」又曰：「『若要熟。云云。』人須貧困艱苦中做來，方堅牢。」又曰：「似一條路，須往來行得熟了，方認得許多險阻去處。若素不曾行，忽一旦行去，隨坑落塹也。」○蒙引：此數人者，雖皆上知之資，然得於世故之閱歷，世味之備嘗者至多。○孟子又曰：故天將降大任於是人也，云云。所以動心忍性，增益其所不能。○愚謂：「自舜發於畎畝之中」，是舉孟子語之本末，而略其中之詞而無異議。熟者，言義理浹洽，心術純熟也。這裏者，言處困苦而歷世變多也，如此數人之所履歷是也。

○「**參也竟**」云云　論語先進篇：「參也魯。」注：「魯，鈍也。」○存疑曰：魯，遲鈍不敏也。○李南黎曰：至聞一貫則魯化。○朱子曰：魯鈍之人，守其心專一。曾子遲鈍，直辛苦而後得之。○又曰：其誠篤而無始終作輟之殊，所以其造反深也。

○「**明道先生以記誦**」云云　旅獒曰：「玩物喪志。」注：「玩物即上文『不役耳目』之事。志者，心之所之。」**注胡安國**　伊洛淵源録：胡文定公諱安國，字康侯，作春秋傳，謚文定。**接引**　字彙：接，受也，承也，交也。○案，書旅獒曰：「言以道接。」朱子曰：「接者，酬應之謂。」

○**禮樂只在進反之間**　樂記注：「馬氏曰：『以體言之，禮減樂盈。以用言之，禮進樂反。』云云。禮主減，故勉而作之，而以進爲文。樂主盈，故反而抑之，而以反爲文。』」又曰：「減而不進，則幾於息矣，故銷。盈而不反，則至於流矣，故放。」○劉氏曰：「禮之儀動於外，必謙卑退謙以自牧，故主於減殺。樂之德動於中，必和順充積而後形，故主於盈盛。云云。」又曰：「禮必有和，以爲減之報。報者，相濟之意也。樂必有節，以爲盈之反。反者，知止之謂也。」又曰：「禮得其和而相濟，則從容欣愛而樂矣。此樂以和禮也，故曰『禮之報』。」○輔氏曰：減所以裁抑於外也，盈則充盛於内也。○朱子語類云：「進者力行之謂，反者退斂之謂。」又曰：「禮減而却進，樂盈而却反，所以爲得情性之正也。」問：「如此則禮樂相爲用矣？」曰：「然。」**注**

撙節　曲禮陳注云：裁抑也。　**越**　字彙：發揚也。

○**父子君臣天下之定理**　莊子人間世曰：「天下有大戒二，注：「大戒者，大法也。」臣之事君，義也，無適而非君也，無所逃於天地之間。」注：「義，人世之當爲者也。名曰君臣，則『率土之濱，莫非王臣』。」○語類云：天分即天理也。父安其父之分，子安其子之分，君安其君之分，臣安其臣之分，則安得私？故雖行一不義，殺一不辜而得天下，有所不爲。○孟子公孫丑上篇曰：「行一不義，殺一不辜，而得天下，皆不爲也。」注：「心之正也。」

○「**論性**」云云　**二之則不是**　王氏曰：性是心之生理，離了氣質，即無性可名。**注**

程子横渠之言　程子之言者，此章也。横渠之言曰：「形而後有氣質之性，善反之，則天地之性存焉。」

○「**論學**」云云　朱子曰：大事不嘗做得，却以小事爲當急，便害了那大體。

○「**曾點漆雕開**」云云　**大意**　朱子曰：「他見得這個大綱意思，於細密處未必便理會得。」又曰：「大意便是本初處，若不曾見得大意，如何下手做工夫。」　**注曾點言志**　論語先進篇。朱注曰：「曾點之學，蓋有以見夫人欲盡處，天理流行，隨處充滿，無少欠闕。云云。而其言志，則又不過即其所居之位，樂其日用之常。」○蒙引曰：「點之所言，皆就今日之樂而言。」又曰：「就眼前觸景一事而言，非專以此爲樂也。若以此爲樂，則不足爲樂。」○朱子注：浴，盥濯也。○蒙引：盥，洗手。濯，洗身。依語類只是手足。○講述云：暮春數句，俱是樂日用之常。暮春時之可樂者，是常得之時；童冠人之同樂者，是常接之人；浴風歸咏，隨時與人以爲樂者，是常爲之事。這所志即在目前。云云。暮春，其時猶寒，但地有温泉，故可浴。○圖解云：暮春是時候，亦非有擇於暮春。六七五六隨意見在，無揀擇也。浴，謂湔水沐髮盥手，取清潔，非裸浴也。

吾斯之未能信 論語公冶長篇。朱注云：「斯指此理。」○講述云：信是於義理見得十分透徹，絶無毫髪之疑。○朱子曰：未能如此，未可以治人，故夫子説其篤志。

○「**根本須是**」云云　朱子曰：「涵養持敬便是栽培。」又曰：「先只是從實上培壅一個根脚，却學文做工夫去。」　**注朱子曰收其放心**云云　明道曰：聖賢千言萬語，只是欲人將已放之心，約之使反復入身來，自能尋向上去，下學而上達也。

○**敬義夾持**　易坤六二文言：敬以直内，義以方外。○朱子曰：「最是他下得『夾持』兩字好。」又曰：「表裏夾持，更無東西走作去處，上面只更有個天德。」又曰：「直上者，無許多人欲牽惹也。」又曰：「直上者，不爲物欲所累，而倒東來西之謂也。」○朱子曰：敬以養其心，無一毫私欲。由此而發，所施各得其當，是之謂義。　**注霎**　韻會：小雨也。一曰雨聲。

○**懈意一生**　程子曰：「人皆可以爲聖人，而君子之學必至於聖人而後已，不至於聖人而已者，自棄也。」又曰：「纔姑待來日，斯自棄也。」○愚謂：懈意一生，因于不嗜義理，故與「言非禮義」者一般，所以爲自暴也。

〇「**不學便老**」云云　程子曰：如人少而勇，老而怯，少而廉，老而貪，此爲氣所使者也。若是志勝氣時，志既一定，更不可易，如曾子易簀之際。**注**　**閱**　字彙：覿也，歷也。

〇「**人之學**」云云　朱子曰：學者悠悠是大病。〇呂東萊曰：萬惡之原生于弱。

〇**董仲舒謂**　前漢列傳及史記列傳有此言。〇語類：「道、義如何分別？」朱子曰：「道、義是個體、用。道是大綱説，義是就一事上説，義是道中之細分別。」〇程子曰：「後世所以不如古人者，以道義功利關不透耳。」又曰：「此董子所以度越諸子也。」張南軒曰：「學者潛心於孔、孟，必求其門而入。愚以謂莫先於明義、利之辨。」〇朱子曰：南軒曰「義者無所爲而然」，此言廣前聖之所未發。

〇**孫思邈曰**〔一二〕　唐書方技傳：孫思邈通百家，兼通陰陽醫藥。〇語類曰：膽大是「千萬人吾往」處，天下萬物不足以動其心，貧賤不能移，威武不能屈。小心是畏敬之謂，文王小心翼翼，曾子戰戰兢兢、臨深履薄是也。○薛文清曰：膽大見義勇爲，智圓應物無滯。○陳選云：智圓謂通變，行方謂有守。○楊升菴云：此語出于淮南子，而孫思邈引之，然「膽大」之語有病，不若「志欲大」之善也。○案，淮南子作「志欲大」。

○**大抵學不言** 愚謂：言不能形容，而獨欣然默識心通者，乃真自得也。若雖如有得，而中心不悦豫，而著意强爲者，非自得也。**安排**　二字出莊子。

○「**視聽思慮**」云云　朱子曰：視聽、思慮、動作，皆是天理，其順發出來無非當然之理，即所謂真。其妄者，却是反乎天理者也。雖是妄，亦無非天理，恰如善固性也，惡亦不可不謂之性之意。○愚謂：皆天也，言皆是天理之發動，猶鳶飛魚躍亦皆天機也。真者，純于天理而無挾雜於人欲者也。

○**明道先生曰學只**　金仁山曰：辟，音闢。如「行辟人」之「辟」，謂猶前驅者以鞭攔約人，使開向一邊也。○朱子曰：「鞭辟近裏」，此洛中語，是要鞭督向裏去。今人皆就外面做工夫，只就身上理會，便是近裏著己也。○存疑曰：以鞭辟人也，凡爲學，多務外，不著己，故要鞭辟近裏著己也。**切問近思** 見語子張篇。○存疑云：切問，切於己者問也。近思，思其切近事也。身心性情之德於人爲近也。○朱子曰：心不外馳而所存自熟，故曰「仁在其中」。

○言忠信[一三] 衛靈公篇。○講述云：忠，言必由中出。信，言必可復。○狐白解：「篤，是待人接物不刻薄。敬，是戒謹恐懼不放肆。」又曰：「必言蠻貊者，見無處不可行。蠻，南蠻。貊，北狄。二千五百家爲州。」○節解云：忠信，言誠也。篤敬，行誠也。誠能動物，雖蠻貊之邦之遠行矣，況其近乎？**立則見其參**云云 圖解曰：「參對於吾前。倚，倚著于車之衡。」又曰：「輿是車。」○朱注曰：言其於忠信篤敬，念念不忘，隨其所在，常若有見，然後一言一行，自然不離於忠信篤敬，而蠻貊可行也。○存疑：曰立曰在輿，亦即兩事以示例耳。**只此是學** 存疑云：指「博學篤志」至「參前倚衡」，皆鞭辟近裏著己也，故曰「是學」，言此正當學問也。

質美者明得盡 存疑曰：言於博學篤志、切問近思、忠信篤敬等工夫，一時盡到也。明盡，是行了，不但知而已也。○胡氏曰：明得盡，查滓便渾化却，天資高，知之即能行之，而私意無所容也。○大全：胡氏曰：「内外交致其力，常常操守以涵養之，然後可使私意消釋。」**渾**小補韻會阮韻：渾，流也。○論語大全：「渾，上聲。」案：上聲，阮韻也。

○「**忠信所以**」云云　乾卦文言文也。**敬以直内**云云　坤文言文也。俱見前。

○**有人治園圃**　語類曰：役智力於農圃，内不足以成己，外不足以治人，是濟甚事。○吴臨川曰：振者，作興彼之善，新民之事也。育者，培養己之善，明德之事也。**園**説文：所以樹果也。**圃**字彙：種菜之處。

○「**博學而**」云云　語子張篇。○存疑云：「篤，專心致志也。只是就上面『學』上説。」又曰：「切問，切於己者問也。近思，思其切近事也。」**徹上徹下之道**朱子曰：於是四者也，見得個仁底道理，便是徹上徹下之道也。○胡氏曰：此章未及力行爲仁之事，學、問、思是徹下，「仁在其中」是徹上。○愚謂：「博學」，云云。「近思」，是至近之事，故曰「徹下」。仁之全體在其中，是何等至高至大，故曰「徹上」也。即至近處至理存焉，自初學至于聖人，亦只一貫事，故曰「徹上徹下」。○陳氏曰：「程子欲思而得之，乃引而不發。」朱子曰：「從事於此，則心不外馳，而所存自熟，盡發以示人。」

○**弘而不毅** 泰伯篇：曾子曰：「士不可以不弘毅，任重而道遠。」○講述：弘是量，謂心有寬容，不以一善自足。毅是守，謂堅執不以半途自廢。**居之** 大全云：此是「寬以居之」之「居」。○乾文言：寬以居之。○易大全：當且放頓，寬大田地。

○**伊川先生曰** **優柔厭飫** 左傳杜預序曰：優而柔之，使自求之。厭而飫之，使自趨之。若江海之浸，膏澤之潤，渙然冰釋，怡然理順，然後爲得也。**飫** 林氏注：「于顧反。」字彙：「音於。」○林堯叟云：「如汗海以水深之故[一四]，而所浸者遠。」又云：「如膏澤以雨多之故，所潤者博。」又云：「渙然解散，如春冰之釋。」

○「**修養**」云云 **祚** 小補韻會：「存故切，福也。」廣韻：「祚，福也。」○書召詔曰[一五]：「祈天永命。」書經大全：「呂氏曰：『祚永命無他術，惟敬德爲可耳。』」○程子外書曰：世間有三事，工夫一般。國家之祈天永命，道家長生久視，儒者之入于聖人，理皆一。○愚謂：如此者，以人力挽回天命者，可謂大功。非真積力久，不易得。

○仁之道　語類曰：「能公，仁便流行，譬如溝中水，被沙土壅塞了，故水不流。若能擔去沙土，水便流。」又云：「私譬如沙石，能壅却泉，公乃所以決去沙石者也。沙石去而水泉出，私去而仁復也。能去其私，則天理便流行。」又云：「公是克己工夫到處，公所以能仁。體，猶骨也。如『體物不可遺』之『體』，『貞者事之幹』之類。公是仁之方法，人是仁之材料，有此人方有此仁。」又云：「此公在人身上，以爲之體，則無所害其仁，而仁流行矣。公猶無塵也，人猶鏡也，仁則猶鏡之光明也。鏡無纖塵則光明，人能無私欲則仁。」又曰：「須公而有惻隱之心，此功夫却在人字上，蓋人體之以公，方是仁。」

只爲公　語類曰：「恕與愛本皆出於仁，仁之發處是愛，恕是推那愛底，愛是恕之所推者，若不是恕去推，那愛也不能及物。公在仁之前，恕與愛在仁之後。公則能仁，仁則能愛能恕故也。」問：「施與用如何分別？」曰：「恕之所施，施其愛爾，不恕，則雖有愛而不能及人也。愛是仁之用，恕所以施愛者。」

○**今之爲學** 遺書十八注：苟能遇難而益堅，何遠弗至也。**迤邐** 小補韻會：連接也，又因循也。

注

肋 字彙：筋或作肋。○張子理窟以此語爲張子之語，「闊步」之下有「大走」之二字。

○**人謂要力行** 朱子語類曰：或問：「力行如何是淺近語？」曰：「不明道理，只是硬行。」○程子曰：「勉强行者安能持久？」又曰：「知之不至，而但欲以力爲之，是以苦其難而不知其樂耳。知之至則循理爲樂，不循理爲不樂。」又曰：「學者須是真知，纔知得是，便泰然行將去也。」

○**知之** **終身事** 荀子曰：學至於死然後已。

○**古之學者** 「訓詁」之字解，見于進近思録表。**注** **釋訓釋詁** 爾雅之篇之名也。

釋訓第三，釋詁第一。○愚謂：三者所讀俱是六經也，而文章之學，學六經以做文章出也。訓詁之學，但知六經之訓詁而不知其理也。要二者皆無益于其身，只儒者之學，因訓詁以求義理，欲實得之己，其作文章者，亦攄發胸中之蘊以示人耳。古之學者一者，唯儒者之學而無他之學。後世文章之學，如漢相如、唐柳宗元、宋蘇軾等是也。訓詁之學，如漢馬融、鄭玄，宋之邢昺是也。儒者之學，如漢董子，隋文中子，宋周子、張子、邵子諸君子是也。

○問作文　遺書十九卷。

呂與叔有詩云　送劉户曹詩也。○詩格注云：晋杜預作春秋左氏傳集解，嘗對武帝曰：「臣有左傳癖。」癖，嗜好之病。○莊子人間世云：「顏回曰：『敢問心齋？』仲尼曰：『云云。道集虛。虛者，心齋也。』」詩格注云：「學者爲文爲學所累，却不如顏子心齋無事。」又曰：「學不可如元凱之癖，文不可如相如之俳，而獨得顏子之心齋可也。輪，委輪也，又送也。」韻會：「以車委輸也，又輸送。」又云：「凡以物送之曰輸。音平聲。又盡也，寫也。」

曰古者　**攄**　韻會：抽居切，舒也。　**注舊説**　考檀弓、樂記之古注疏及漢藝文志，無此説，未知出處。

且如觀乎天文　賁卦彖：「觀乎天文。云云。」程傳：「天文謂日月星辰之錯列，寒暑陰陽之代變，觀其運行以察四時之遷改也。」又曰：「天文，天之理也。人文，人之道也。」又曰：「人文，人理之倫序，觀人文以教化天下。」

〇「**莫説道**」云云　愚謂：學者當以天下第一等爲志，而不墮于自棄。**自棄**　孟子離婁篇云：「吾身不能居仁由義，謂之自棄也。」注：「自棄其身者，猶知仁義之爲美，但溺於怠惰，自謂必不能行。」

〇**問必有事**　公孫丑篇。注：「言養氣者，必以集義爲事。云云。」又孟子曰：「是集義所生者。」注：「集義，猶言積善，蓋欲事事皆合於義也。」〇語類：問：「伊川謂敬是涵養一事，敬不足以盡涵養否？」曰：「五色養其目，聲音養其耳，義理養其心，皆是養也。」〇程子曰：內直則外必方。〇胡五峰曰：居敬所以精義也。〇朱子曰：「敬以直内，便能義以方外，非是別有個義。敬譬如鏡，義便是能照底。」又曰：「不敬時便是不義。」

○**問敬義**　**注塊然**　漢書顔師古注：塊然，獨處之意，如土塊也。

且如欲爲孝　陳氏曰：如事親當孝，非是空守一個孝字，必須窮格所以爲孝之理當如何，凡古人事親條目，皆無一不講，然後可以實能盡孝。　**温清**〔一六〕　禮記：凡爲人子者，冬温而夏清。

○**回也**　語雍也篇。注：「三月，言其久。心不違仁者，無私欲而有其德也。」

○**仁者先難**　語雍也篇。注：「先其事之所難，而後其效之所得。」○朱子曰：董子所謂「仁人者正其誼不謀其利，明其道不計其功」，正謂此也。○四書節解：「難」是力行難也。「後」者，不預期之意。「獲」是做得成功。○程子曰：先難，克己也。　**注區區**　字彙：小貌。

○**有求爲聖人之志**　語子罕篇：「子曰：『可與共學，未可與適道。云云。』」注：「程子曰：『可與共學，知所以求之也。可與適道，知所往也。可與立者，篤志固執而不變也。』」○楊氏曰：知爲己則可與共學矣。學足以明善，然後可與適道，信道篤然後可與立，知時措之宜，然後可與權。○朱子曰：可與適道，已看見路脉。○程子曰：權，稱錘也，所以稱物而知權重者也。可與權，謂能權輕重使合義也。○李氏曰：此分明指示以爲學階級也。○説統：「此章以『學』字爲脉。權，只是學之究竟。」又云：「此言學者既進一步，當更進一步。」○宜照解曰：「可與，言其人之力量造詣可與如此。」又曰：「立有方，而權無方。」○圖解：立，是有得于道而守得堅定。

注學原於思 程子之言也。周子曰：「思者聖功之本。」

○**古之學者爲己** 論語憲問篇。

○**君子之學** 朱子曰：爲學須覺今是而昨非，日改月化，便是長進。

○**明道先生曰性静者** 案，此「性」之字，氣質之性也。○周子曰：聖人定以中正仁義，而主静。○諸葛武侯曰：學須静也。非静無以成學。

○**伊川先生曰人安重** 論語云：君子不重則不威，學則不固。

○**博學之**　中庸文。○翼注：五「之」字，俱指理言。○講述：審，反覆詳細也。○翼注曰：辨與思不同，思是搜索義理，辨是又就其所思者剖決是非。○講述：篤，厚而力也。厚，有專心致志之義。

○**明道先生曰人之爲學**　語類云：「雖道是要學聖人，亦且從下頭做將去。若日日恁地比較也不得。」又曰：「學者固當以聖人爲師，然亦何須得先立標準。才立標準，心裏便計較思量，幾時得到聖人？處聖人田地又如何？便有個先獲底心。」○朱子大全曰：學者固當以聖人爲標準，然豈可日日比並而較量之乎？○朱子曰：循循，有次序貌。**注**〔**幟**〕字彙：昌志切，旂也，幡也。〔**顏子喟然之歎**〕語子罕篇。

○**尹彥明見伊川**　伊洛淵源録十一，有尹彥明之傳。○朱子曰：昔尹和靖見伊川，半年方得大學、西銘看，今人半年要讀多少書。**注**〔**焞**〕字彙：他昆切，音吞。

○**謝顯道見伊川**　下繫辭云：「天下何思何慮？」本義：「百慮莫非自然，何以思慮爲哉。」○鄉嬛：慮是思之深。○朱子曰：「天下何思何慮」者，言雖萬變之紛紜，而所以應之，各有定理，不假思慮而知也。○吴臨川曰：思者，心之用也。慮者，謀度其事也。心體虚靈，如止水明鏡，未與物接，寂然不動，何思之有。既與物接，應之各有定理，何慮之有。

伊川直是 朱子語類曰：程子道「恰好著工夫」，便是教他著下學底工夫。

○**謝顯道云** **醉漢** 醉人也。事物紀原云：「演義曰：今俗駡人曰『漢』。蓋晉末胡亂中原，故胡人駡中國曰『漢』，起南人駡北人爲『胡』、爲『虜』。」又曰：「漢武帝征討專事匈奴，由此有胡、漢之斥。」

○**横渠先生曰** 下繫辭曰：精義入神，以致用也；利用安身，以崇德也。○朱子曰：「精研義理，無絲毫之差，入那神妙處。這便是要出來致用。」又曰：「『精義入神』，疑與行處不相關，然見得道理通徹，乃所以致用。『利用安身』亦疑與『崇德』不相關，然而動作得其理，則德自崇。」又云：「義至於精，則應事接物間，無一非義。」又云：「『利用安身』，今人循理，則自然安利。」又云：「事未至而先知其理之謂豫。」又云：「『求』字似有病，精義入神，自然是能利我外，何待於求，當云『所以利吾外也』。」又云：「通達其用，而身得其安。」又云：「内外相應之理。」

窮神知化　下繫辭云：「精義入神，云云。以崇德也。過此以往，未之或知也。窮神知化，德之盛也。」本義：「張子曰：『氣有陰陽，推行有漸爲化，合一不測爲神。』」○張子曰：一故神，兩故化。○朱子曰：「德盛後便能窮神知化。」又曰：「下學之事，盡力於精義利用，自是以上，則亦無所用其力。」○説統云：「神化只是一理，特以存主處言神，運用處言化。」又曰：「微妙之神，變化之理。」又曰：「德至於崇，則精義之功成。」○蔡虛齋曰：神化皆主天地言，窮神知化，只是説與造化脗合無間。○娘嬛云[一七]：德極其盛，是以本吾心自然之神化，妙合於天地之神化。此由下學而上達，妙不容言。

「**形而後**」云云[一八]　朱子曰：「氣質，陰陽五行所爲，性即太極之全體，但論氣質之性，則此體墮氣質之中爾，非別有一性也。」又曰：「氣質之説起於張、程，極有功於聖門，有補後學，前此未曾有人説到，故張、程之説立，則諸子之説定。」○黄勉齋曰：「形而後，云云。其所以有善惡之不同，何也？曰：氣有偏正，則所受之理隨而偏正。氣有昏明，則所受之理隨而昏明。」又曰：「其以天地爲言，乃天地賦予之本然也。」○真西山曰：張子有言：「爲學大益在自求變化氣質。」此即所謂「善反之」也。○性理大全補注云：人雖天地氣之全，而不能無清濁美惡之殊。

云云。君子之學，變其氣之濁者而爲清，質之惡者而爲美，則可以復其性善之本體，故氣質之性，君子有弗性者也。

善反之 孟子盡心下：「堯、舜，性者也。湯、武，反之也。」注云：「反之者，修爲以復其性。」

○**德不勝氣** 陳潛室曰：德謂義理之性，氣謂血氣之性，學問之道無他，不過欲以義理勝血氣。○正蒙集釋云：性命於氣，隨向于氣，氣爲主也。性命於德，隨向于德，德爲主也。○朱子曰：「二者相爲勝負。」又云：「性、命二者皆是德也。」又云：「氣禀不同，天非有殊，人自異禀，有學問之功則性命於德，不能學問然後性命惟其氣禀耳。」

窮理盡性 朱子曰：「窮理盡性，則我之所受，皆天之德，其所以賦予我者，皆天之理。」又曰：「横渠云『不可變者，獨死生脩夭而已』，要之，此亦可變，但太概如此。」

○**莫非天** 禮記仲尼燕居篇：「言游曰：『禮也者，領惡而全好者與？』子曰：『然。』」陳注：「領，謂總攬收拾之也。惡者收斂而無餘，則善者渾然而無虧矣。」○劉氏曰：領惡，猶言克己也。所以克去私己之惡，而全天理之善也。○朱子曰：「莫非天也，是兼統善惡而言。」又曰：「陽明勝則德性用，陰濁勝則物欲行，只將自家意思體驗，便見得人心虛靜，自然清明。才爲物欲所蔽，便陰陰地黑暗了，此陰濁所以勝也。」

○**大其心**　朱子曰：體，猶「仁體事而無不在」。言心理流行，脉絡貫通，無有不到。苟一物有未體，則有不到處，包括不盡，是心爲有外。○問「體」之義。朱子曰：「此是置心在物中，究見其理，如格物致知之意，與『體用』之『體』不同。」　**不以見聞梏其心**　集釋云：「梏者，械繫之謂，所以小而不大也。」又云：「德性所知，盡于浩天之大。見聞所知，拘於一事之小。蓋見聞有限，體物無窮，乃天性之聰明也。」

孟子謂　盡心上注：心所具之理[一九]，天又理之所出，能極心之全體者，必能窮夫理而無不知者[二〇]，既知其理，則其所從出，亦不外是。○朱子曰：心極其大，則知性知天，而無有外之心矣。

○**仲尼絶四**　子罕篇：子絶四：毋意。云云。　**竭兩端之教也**　集釋云：「上下、精粗、本末、大小，無不盡也。」又曰：「待，期也。方，局定也。」○程子曰：此「毋」字非禁止之辭，聖人絶此四者，何用禁止。○朱子曰：絶，無之盡者。毋，史記作「無」是也。意，私意也。必，期必也。固，執滯也。我，私己也。○朱子曰：意是爲惡先鋒，我是爲惡成就，必者迎之於前，固者滯之於後。意、我是始終，固、必在中間，一節重似一節。

與天地爲不相似矣 陳氏曰：天地太公而已，四者才有一，則累於私小，無復大公氣象。

○上達反天理 憲問篇注：君子循天理，故日進乎高明。小人徇人欲，故日究乎污下。○存疑：譬如登山，日進高明，是一步高似一步。如入谷，日究污下，是一步低似一步。○講述：「達」字，有積漸至極之義。○存疑：俱有日日新不已之意。○集釋云：反者，失而復之也。徇者，偏而依之也。

○知崇天也 繫辭上曰：「知崇禮卑，崇效天，卑法地。天地設位，而易行乎其中矣。成性存存，道義之門。」本義：「窮理則知崇如天而德崇，循理則禮卑如地而業廣。」○朱子曰：「知崇是知識要超邁，禮卑是須就切實處行。知識高便是象天，所行實便是法地。識見高于上，所行實于下，中間便生生而不窮，故説易行乎其中。大學所説格物、致知，是知崇之事；誠意、正心、修身，是禮卑之事。」又云：「學只是知與禮，知是知處，禮是行處，知儘要高，行却自近起。」

知禮成性至**易行**　程子曰：盡天理便是易也。○朱子曰：「陰陽升降便是易。」又曰：「道義便是易也。」○本義：「成性，本成之性也。」案，與張子及葉注異。○朱子曰：出，謂這裏流出。道，體也。義，用也。○蔡節齋曰：道義之在造化謂之易，易之在人謂之道義。**注** **習與性成**

大甲篇。注：「習惡而性成者也。」小注：「陳氏曰：『習爲不義，若與性俱成。』」○賈誼曰：少成如天性，習慣如自然。○蔡虛齋曰：「習與性成」，言習慣如自然也。爲氣質之性者，非也。

○**困之進人**　語類云：「辨」，猶子細。「感速」，言我之感發速也。**孟子謂**　盡心篇。○存疑曰：在心之理謂之德。慧，聰也。其德之聰，有灼事幾于未然。處事之方謂之術。智，巧也。其術之巧，有以善事理之當然。**常存**　講述：常在疢疾中來也。

○「**言有教**」云云　語類曰：如造次、顛沛必於是之意，但說得太緊。

○**橫渠先生作訂頑**　**訂**　小補韻會云：說文：「平議也。」○性理大全集考曰：此篇論乾坤一大父母，人物皆己之兄弟一輩，而人當盡事親之道以事天也。○楊龜山曰：「西銘只是發明一個事天底道理，所謂事天者，循天理而已。」又曰：「西銘只是要求仁而已。」○朱子曰：「橫渠只是借那事親底來形容那事天底。」又曰：「西銘主意不是説孝，只是以人所易見者，明其所難曉耳。」又曰：「聖人之於天地，如孝子之於父母。」又曰：「父母是一家之父母，天地是天下之父母。」○饒氏曰：父母之氣即天地之氣也。分而言之，人各一父母也。合而言之，舉天下同一父母也。人知父母之爲父母，而不知天地之爲大父母。云云。○西山真氏曰：西銘推事親之心以事天，蓋父母生我者也，而所以生之者天地也。父母固我父母也，天地亦我之父母也。○吳臨川曰：天地者，吾父母也。父母者，吾之天地也。人事天地當如事父母。○朱子答姜叔權書曰：所論西銘名虛而理實，此語甚善，蓋名雖假借，然其理則未嘗有少異也。若本無此理，則又如之何而可强假耶！○朱子曰：「此篇大抵皆古人説話集來。」又曰：「西銘之言，指吾體性之所自來，以明父乾母坤之實，極樂天踐形、窮神知化之妙，以至於無一行之不慊而没身焉。故伊川先生以爲，充得盡時，便是聖人。」

乾稱父坤稱母 易象：大哉乾元，萬物資始。至哉坤元，萬物資生。○説卦云：乾爲父，坤爲母。

藐 字彙：音眇，小也。

注 **至健** 乾象曰：「天行健。」正義：「健者，强壯之名。」

至順 坤象曰：「順承天。」正義：「坤是陰，柔以和順。」**賦** 字彙：稟受也。**資始** 朱子曰：「『資於事父以事君』之『資』，皆訓取字。」又曰：「資始是得其氣，資生是成其形。」**禮記** 禮哀公問篇。

故天地之塞 朱子曰：「西銘大要在『天地之塞吾其體，天地之帥吾其性』兩句上。『塞』是説氣，孟子所謂『以直養而無害，則塞乎天地之間』，即用這個『塞』字。」又曰：「塞只是氣，吾之體即天地之氣，帥是主宰，乃天地之常理也。吾之性即天地之理，帥乃志氣之帥，而有主宰之意。此西銘借用孟子論浩然之氣處。」又曰：「指吾體性之所自來，以明父乾母坤之實。」○續讀書録云：「『天地之塞』至『其性』，此可見人與天地萬物爲一體。○陳北溪云：「『塞』字就孟子『浩然之氣塞乎天地』句，掇一字來説氣。『帥』字只是就孟子『志氣之帥』句，掇一字來説理。

民吾同胞 前漢書東方朔傳：同胞之徒無所容居。○説文：「胞，兒生裹。」廣韻：「胞，胎也。」○朱子曰：「萬物雖皆天地所生，而人獨得天地之正氣，故人爲最靈。孟子所謂『親親仁民，仁民而愛物』，其等差自然如是。」又曰：「『與』是『黨與』之『與』。」○真西山曰：凡生於天壤之間者，莫非天地之子，而吾同氣者也，是之謂「理一」。然親者吾之同體，民者吾同類，而物則異類矣，是之謂分殊。以其理一，故仁愛之施無不偏[二二]。以其分殊，故仁愛之施則有差。

注形氣之正 陳北溪字義曰：人形體却與天地相應，頭圓居上象天，足方居下象地。云云。此所以爲得氣之正，如物則禽獸頭横，植物頭向下，枝葉却在上，此皆得氣之偏處。人得五行之秀，故爲萬物之靈，物氣塞而不通。**强於外**「外」字，指分外。

以天下爲一家中國爲一人 出于禮運。

大君者 朱子曰：「『大君吾父母宗子』，云云。盡是從『民吾同胞，物吾與也』説來。」又曰：「西銘狀仁之體，元自昭著，以昧者不見，故假父母、宗子、家相等名，以曉譬之。」○子韶曰：大君謂人主。○宗子猶長子也。家相猶宰相也。○孟子梁惠王篇云：「老吾老。云云。」注曰：「老，以老事之也，吾老謂我之父母。幼，以幼畜之也，吾幼謂我之子弟。」

凡天下至無告者也 朱子曰：君子之爲政，且要主張這一等人。**疲** 字彙：勞力也，乏也。**癃** 字彙：罷病。○史記平原君傳：臣不幸有疲癃之疾。**殘** 增韻：凋傷也，零落也。**惸獨** 詩作「煢獨」，獨也。離騷：「夫何煢獨？」注：「煢，孤也。」○孟子曰：老而無妻曰鰥，老而無夫曰寡，老而無子曰獨，幼而無父曰孤。此四者天下窮民無告者也。**顛連** 古文真寶句解云：綿延之疾也。○易曰：「來連。」注：「不前貌。」**無告** 孟子正義曰：單隻上下無所告之人也。**注綱紀** 詩：之紀之綱。

于時保之　朱子曰：「『于時保之』以下，是做工夫處。」又曰：「西銘前一段如棋盤，後一段如人下棋。」○黄氏曰：自「乾稱」以下，至「顛連無告」，如棋局子，言人者天地之子。「于時保之」以下，如人下棋，言人子盡孝之道，以明人之所以事天之道。○饒氏曰：前一節明人爲天地之子，後一節言人事天地，當如子之事父母。○詩周頌我將篇曰：「畏天之威，于時保之。」注：「畏天者，戰戰兢兢以保持乎此，猶人子敬親之至，而能敬其身者也。」**時**　朱子曰：是也。○吴臨川曰：持守而不敢違吾父母之理，非子之翼敬者乎？○易曰：樂天知命，故不憂。**純孝**　左傳隱公元年杜注：孝之篤厚也。○吴臨川曰：「保者，持守此理而不敢違，賢人也。樂者，從容順理而自然中，聖人也。」又曰：「自然順父母之理，非孝之極純者乎？」

違曰悖德　朱子曰：若是違了此道理，便是天之悖德之子。若害了這仁，便是天之賊子。○吴臨川曰：不愛其親，云云。之悖德。天理者，父母所以與我者也，而乃違之，是不愛其親也。「賊仁者謂之賊」，仁者，父母所以與我之心德也，而害之，是戕親也。**濟惡者不才**　朱子曰：若濟惡不悛，便是天之不才之子；若能踐形，便是克肖之子。這意思血脈都是從「天地之塞」云云。「吾其性」説。○真西山曰：天之予我以是理也，莫非至善。而我悖之，即天之不才子也。具人之形，而能盡人之理，即天之克肖子也。○孟子曰：形色，天性也，惟聖人而可踐形。○朱子曰：惟聖人有是形，又能盡其理。　**注**　**不愛其親而愛他人**　孝經之文。

世濟其凶增其惡名　左傳文公十八年曰：世濟其凶，增其惡名。○林注：「世世成其凶德。」又曰：「顓頊氏有不才子，不可教訓。」

「**知化**」云云　繫辭曰：窮神知化，德之盛也。○朱子曰：聖人之於天地，如孝子之於父母，化者天地之用，一過而無迹者也。知之則天地之用在我，如子之述父事也。神者，天地之心常存而不測者也。窮之則天地之心在我，如子之繼父志。○陳氏曰：知化非見聞之知，乃默契之謂耳。○中庸曰：其孝者，善繼人之志，善述人之事者也。○陳氏曰：祖父有欲爲之志而未爲，子孫善繼其志而成就之。祖父有已爲之事而可法，子孫善因其事而遵述之。○朱子曰：「志」便是「天地之帥，吾其性」底「志」。云云。述得天之事，繼得天之志，方是事天。○吳臨川曰：「知天地化育之事，則吾亦能爲天地之事，窮得天地神妙之心，則吾亦能心天地之心。」又曰：「此造聖之事，所謂『樂且不憂，純乎孝者也』。」

「**不愧屋漏**」云云　詩抑篇：不愧屋漏。○屋漏，室西南隅也。一説西北之隅。○備考曰：「不愧屋漏」，猶曰不欺闇室。○小宛詩：「夙興夜寐，無忝爾所生。」朱傳曰：「求無辱於父母而已。」○孟子盡心篇曰：「存其心，養其性，所以事天也。」集注：「存謂操而不舍，養謂順而不害，事則奉承而不違也。」○朱子曰：「心性即是天。」又曰：「心具性，敬以存之，則性得其養而無所害矣。」○吴臨川曰：存心，操而不舍，其主於身之心。養性，順而不害，其具於心之理。存心養性，所以事天，夫其不怠於存養此天理，則是不懈怠於事父母也。○烝民篇曰：夙夜匪懈。○吴臨川曰：此作聖之始事，所謂「于時保之，子之翼也」。

惡旨酒　孟子離婁下：禹惡旨酒而好善言。○戰國策曰：儀狄作酒。禹曰：「後世必有以酒亡其國者。」遂疏儀狄而絶旨酒。

崇伯　禹爲伯鯀之子，初鯀爲崇伯，故指爲崇伯子。

育英材　孟子盡心篇：得天下之英材而教育之。

潁封人云云　左傳一隱公元年：鄭武公娶于申，曰武姜，生莊公及共叔段。武姜惡莊公，愛共叔段，欲立之，武公弗許。云云。遂寘姜氏于城潁，而誓之曰：「不及黄泉，無相見也。」林注：「地中之泉曰黄泉，言生無復與母相見。」既而悔之，潁考叔爲潁谷封人，林注：「時潁考叔爲潁谷典封疆之人。封人，小吏也。」聞之有獻於公，公賜之食，食舍肉。林注：「舍，置。」公問之，對曰：「小人有母，皆嘗小人之食矣，未嘗君之羹，請以遺之。」公曰：「爾有母遺，繄我獨無？」潁考叔曰：「敢問何謂也？」公語之故，注：「以誓姜之故。」且告之悔。對曰：「君何患焉，若闕地及泉，隧而相見，林注：「隧，地中道也。」其誰曰不然也。」公從之。云云。遂爲母子如初。君子曰：「潁考叔純孝也。愛其母，施及莊公。」林注：「施猶廣也。言能廣施孝道，感悟莊公。」詩曰：「孝子不匱，林注：「孝子之心，無有窮匱。」永錫爾類。」注：「長以己之孝，誠錫及其疇類，皆爲孝也。」其是之謂乎？○大雅既醉篇曰：孝子不匱，永錫爾類。○毛傳：「匱，竭。類，善也。」朱傳同。○鄭箋云：孝子之行，非有竭極之時，長以與女之族類。謂廣之以教道天下也。○正義曰：「近從朝廷而至天下，是其無竭極之時也。云云。」又曰：「潁考叔之孝，延及莊公，亦使孝。以證有孝行者，能轉相教導也。」

錫 韻會：與也，賜也。

注 好飲酒而不顧父母之養 孟子文也。

不弛勞 左傳莊公二十八年：晉獻公烝於齊姜，生太子申生。云云。驪姬生奚齊，驪姬嬖，欲立其子。云云。會申生薦祭母之胙於公，姬置毒胙中，公欲享，姬止之曰：「宜試之。」與犬，犬死。與小臣，小臣亦斃。姬泣曰：「由太子。」太子懼，奔新城。云云。或謂：「子其行乎？」太子曰：「君實不察其罪，被此名也，以出人，誰納我？」縊于新城。○朱子曰：如申生待烹之事，此只是恭。若舜，須逃也。

注 舜盡事親之道云云 孟子離婁上篇文。

體其受 語泰伯篇：曾子有疾，召門弟子曰：「啓予足，啓予手。云云。」○祭義曰：父母全而生之，子全而歸之。

伯奇 古文真寶注曰：伯奇，尹吉甫之子也。尹吉甫惑於後妻，其子無衣無履，而使踐霜挽車。伯奇從父之命，不敢辭。詳見説苑。○語類：問：「申生之不去，伯奇之自沉，皆陷父於惡，非中道也，而取之與舜、曾同，何也？」朱子曰：「西銘大率借彼以明此，不可著迹論也。」○真西山曰：父母之生我也，四肢百骸無一不全，必能全其身之形，然後爲不忝於父母。天地之生我也，五常百善無一不備，必能全其性之理，然後爲不負於天地，故仁人事親如事天，事天如事親。此又西銘之妙指，不可以不知也。

富貴福澤 **玉汝** 詩大雅民勞篇云：「王欲玉女，是用大諫。」朱子注云：「玉，寶愛之意，言王欲以女爲玉而寶愛之。」○鄉嬛云：以汝爲玉而寶愛之，委以國家，寄以人民，其所以待之者，蓋甚重也。○朱子曰：天之生我，令我富貴，便如父母愛我，當喜而不忘。令我貧賤，便如父母欲以成就我，當勞而不怨。○真西山曰：天之憂戚我者，非厄我也，將以拂亂其心志，而增其所不能。○古文真寶注：已上六者，皆可爲事天者之鑑。○愚謂：「貧賤憂戚」云云，與孟子告子下「舜發於畎畝」章可合考。

注 **愛之則喜而弗忘**云云 祭義及大戴禮曰：曾子曰：父母愛之，云云。父母惡之。云云。

存吾順事没吾寧也 陳北溪曰：古人謂得正而斃，謂朝聞道而夕死可矣。只緣受得許多道理，須知得盡得，便自無愧。到死時，亦只是這二五之氣，聽其自消化而已。○陳氏曰：存心養性，即所以順事之本也。○愚謂：西銘主意，本乎孟子所謂「存其心，養其性，所以事天也」者歟？

○**明道先生曰訂頑之言**[二二]程子曰：「西銘，某得此意，只是須得子厚如此筆力。云云。孟子以後未有人及此。」又曰：「横渠道儘高、言儘醇，自孟子後儒者都無他見識。」

○「**又曰訂頑一篇**」至「**仁之體也**」[二三]陳北溪曰：非指與萬物爲一處，爲仁之體，乃言天理流行無間，爲仁之體也。

學者其體此意　陳北溪曰：見得此理渾然無間，實有諸己後，日用酬酢無往而非此理，更何用窮高極遠。

又曰訂頑立心　尹和靖曰：人本與天地一般大，只爲人自小了。若能自處，以天地心爲心，便是與天地同體。西銘備載此意，顔子克己，便是能盡此道。

又曰游酢　真西山曰：中庸無非教人以全天命之性，西銘亦只欲人不失乾坤之所賦予者，爲天地克肖之子而已。　**注一視同仁**　韓文原人文。

楊中立問曰　案，以書問也。○體者仁也，用者義也。○朱子曰：横渠之言誠有過者，乃在正蒙，以清虚一大爲萬物之原，有未安等説。　**理一而分殊**　楊龜山曰：知其理一，所以爲仁。知其分殊，所以爲義。

「**分殊之蔽**」云云　朱子曰：如惻隱之心便是仁，愛父母、愛兄弟、愛鄉黨、愛朋友，自有許多等差，便是義。○張南軒曰：西銘之作，唯患夫私勝之流也，故推明理之一以示人。理則一，而其分森然自不可易。惟識夫理一，乃見其分之殊，明分殊則理一者，斯周流而無蔽矣。此仁義之所以相須也。

且彼　**謂不及**　楊氏來書，云西銘言體而不及用。

○**又作砭愚曰**［二四］　朱子曰：横渠學力絶人，尤勇於改過，獨以戲爲無傷。一日忽曰：凡人之過，猶有出於不知而爲之者，至戲則皆有心爲之也，其爲害也尤甚。遂作東銘。○張子曰：戲謔不惟害事，志亦爲氣所流。○語類曰：「戲言出於思」，此即如今法書所謂故也。「過言非心也」，此即如今法書所謂失也。

注　**夫子所謂**云云　語子張篇文。子夏之言也。葉氏以爲夫子之言，偶然之誤乎？

「**或者**」節　**長傲且遂非**　愚謂：長傲，不戒戲謔也。遂非，不咎過失也。

注　**故爲**　太禹謨：「宥過無大，刑故無小。」蔡傳：「過者，不識而誤犯也，雖大必宥。故者，知而故犯也，雖小必刑。」

矯輕警惰　小補韻會：正曲曰矯。○此四字，張子之言也。葉采注：「二者爲學之大患。」

橫渠學堂 起争端 觸犯人心，故曰「起争端」。注 訂頑主仁云云 愚謂：理一而分殊是也。 砭愚主智云云 戒其不明不智，且正其戲謔與長傲遂非是也。

○横渠先生謂范巽之曰 范育，萬姓統譜：「爲涇陽令，以養親謁歸，從張載學。」○語類曰：「如何説存意不忘？」曰：「只是常存不及古人意。」 脱 字彙：解也。

○未知立心 語類曰：「『未能立心，惡思多之致疑。云云。』此説甚好，便見有次序處。若是思慮紛然，趨向未定，未有個主宰，如何地講學？」又曰：「此心已立於善而無惡，便又惡講治之不精。」

「講治之思」云云 語類曰：急於可欲，則無善惡之雜。人之所以有疑而不果於爲善者，以有善惡之雜。今既有善而無惡，則若決江河以利吾往矣。○孟子盡心下：「可欲之謂善。」注：「天下之理，其善者必可欲。」

遜此志 書説命：惟學遜志，務時敏，厥修乃來。○蔡傳：遜，謙抑也。時敏者，無時而不敏也。遜其志如有所不能。云云。虚以受人，勤以勵己，則其所修如泉始達，源源乎其來矣。○朱子曰：「遜順其志，抑下這志，子細低心下意與他理會。」又曰：「既遜其志，又須時敏。」又曰：「爲學之方，只此二端而已。」○李氏曰：爲學之道，常以卑遜自下爲心，以能問不能，以多問寡，有若無，實若虚，遜志之謂也。○吕氏曰：爲學之初，先要虚心下氣，方能受天下之善，若氣高則與爲學工夫相背。○陳氏曰：驕與怠最害於學。驕則志盈，善不可入；怠則志惰，功不可進。○述而篇曰：「我非生而知之者，好古，敏以求之者也。」注：「敏，速也，謂汲汲也。」

逮 字彙：音第，作「音大」者，非也。**非所聞也** 説命：「匪説攸聞。」注：「甚言無此理也。」

○**明善爲本** 中庸曰：「誠之者，擇善而固執之者也。」注：「擇善可以得善，固執可以誠身。」

○**今且只** 中庸：「尊德性而道問學。」注：「德性者，吾所受於天之正理。尊德性，所以存心而極乎道體之大也。道問學，所以致知而盡乎道體之細也。」

多識前言往行 易大畜象文。

俄頃 字彙：須臾也。

○**爲天地立心** **注** **參贊** 中庸曰：「能盡物之性，則可以贊天地之化育，可以贊天地之化育，則可以與天地參矣。」注：「與天地參，謂與天地並立爲三。」 **有王者起**云云 孟子滕文公篇文。

○「**載所以**」云云 **副** 音富，貳也。又音福，義同。 **洒** 滌也。

○**須放心寬快** 邵子曰：心要能放。○羅大經曰：能放者開闊也。

○「**多聞**」云云 學記曰：記問之學，不足以爲人師。○朱子曰：記問之學，則無得於心而所知有限。

○**爲學大益**　程子曰：學至變氣質，方是有功。○吴臨川曰：學不足以變化氣質，何以學爲哉！　**注** **陶鎔**　小補韻會：「陶，徒刀切，瓦器也，又化也。」字彙：「鎔，消也。」

寛而栗云云　書舜典曰：「寛而栗，剛而無虐，簡而無傲。」又皋陶謨：「行有九德，寛而栗，柔而立。云云。」蔡傳云：「凡人寛者，必不足於栗，故欲其栗。剛者必至於虐，故欲其毋虐。簡者必至於傲，故欲其毋傲。」又曰：「柔而立者，柔順而植立也。」○鄉嬛：立者特立，不至于懦也。

○**文要密察**　中庸：「文理密察。」注：「文，文章。理，條理。密，詳細也。察，明辨也。」

○**心大則百物皆通**　語類曰：通只是透那道理去，病則是窒礙了。○問：「如何是小？」曰：「此言狹隘，則事有窒礙不行。如仁則流於姑息，義則入於殘暴，皆見此不見彼。」

○**既學**　**創**　字彙：始造也。

○**竊嘗病**　**囂**　韻會：虚驕切，喧也。　**苟作**　愚謂：乃上章以功業爲志也。

多見其不知量也 語子張篇：「多見其不知量。」注：「多與祇同，適也。不知量，謂不自知其分量。」 **創艾**：懲也。

○**凡事** 盖，蓋字之俗字，居大切，覆也。 **於吾言**云云 論語先進篇：子曰：「回也，非助我者也，於吾言無所不悦。」 **注如愚** 爲政篇：吾與回言，終日不違如愚。

○**耳目役於外** 程子曰：内重則可以勝外之輕。 **攬** 字彙：手取也。○胡五峰曰：以反求於己爲要法，以言人不善爲至戒。 **注急於自治**云云 此注呂東萊説。

○「**學者大不宜志小**」云云 論語：子路終身誦之。子曰：「是道也，何足以臧？」○子曰：由，誨女知之乎？知之爲知之，不知爲不知，是知也。

【校勘記】

［一］○聖希天　「○聖希天」，據近思録備考體例，當作「○聖希天章」。

［二］按：自「誠之之道」節的「子盡心篇曰」至此處的「學記」，原錯在卷三「若於一事上云云」節「其意味尤爲淵」之下，今更正。
［三］我感之已無心而感　「已」，朱子語類卷七十二作「也」。
［四］止其背　「止」，朱子語類卷七十三作「艮」。
［五］不干自家事　「干」原作「于」，據益軒全集、朱子語類卷七十三改。
［六］○動以天　「○動以天」，據近思録備考體例，當作「○動以天章」。
［七］有人自其心全無邪　「自」下，朱子語類卷七十一有「是」字。
［八］君子法之以虛虛　下「虛」字，郭氏傳家易説（四庫全書本）作「受人」。
［九］注沮　「沮」字，益軒全集作「阻」。
［一〇］所以學者用力處　「者」下，朱子語類卷九十五有「有」字。
［一一］君子心大則天　「則天」，朱子語類卷九十五作「則是天心」。
［一二］○孫思邈曰　據近思録備考體例，此條爲獨立章。葉采近思録集解此條則屬上「董仲舒謂」章。
［一三］○言忠信　據近思録備考體例，此條爲獨立章。葉采近思録集解此條則屬上「明道先生曰」章。

［一四］如汗海以水深之故　「汗」，據文意，疑當作「江」。

［一五］書召詔曰　「詔」，據文意，當作「誥」。

［一六］温清　「清」，葉采近思録集解作「凊」。

［一七］娘嬛云　「娘嬛」，益軒全集作「娜嬛」。

［一八］形而後云云　據近思録備考體例，此條屬上「横渠先生曰」章，葉采近思録集解此條則爲獨立章。

［一九］心所具之理　「心」上，四書章句集注有「性則」二字。

［二〇］必能窮夫理而無不知者　「夫」，益軒全集作「天」。

［二一］故仁愛之施無不偏　「偏」，性理大全書（四庫全書本）卷四作「徧」。

［二二］〇明道先生曰訂頑之言　據近思録備考體例，此條爲獨立章。葉采近思録集解此條則屬上「横渠先生作訂頑」章。

［二三］〇又曰訂頑一篇至仁之體也　據近思録備考體例，此條爲獨立章。葉采近思録集解此條則屬上「横渠先生作訂頑」章。

［二四］〇又作砭愚曰　據近思録備考體例，此條爲獨立章。葉采近思録集解此條則屬上「横渠先生作訂頑」章。

近思録備考卷之三

致知類　○語類百五曰：近思録三，格物窮理。注仍語録之序　指横渠之語録也。仍語録之序，而不仍爲學之次序。周官之義　愚謂：周官，周禮也。程子之言載于此篇者，無周官之説。横渠之言，易説之下，記於天官大宰之職，是周官之義具也。

○「伊川先生答朱長文」章　知言　見于公孫丑篇。億則屢中　見于先進篇。

注揣　量也。

○伊川先生答門人　弗識者　聖賢言行，衆人不識之者。諸君　指門人。

於頤言云云　語類曰：乃知當時有不信者。不可放下　言於人言可疑處不敢放置而思索之也。

○**伊川答橫渠先生曰** **出入** 謂言之不中理，與「小德出入可」之「出入」意同。 **注** **約見** 大約見之也。

更願 「完養思慮」者，非注所謂「苦思强索而至於鑿」之事。 **條暢** 上所謂「寛裕温厚之氣」生，而明睿開發也。

○**欲知得與不得** **沛然** 孟子集注：盛大流行貌。 **心虛** 心氣虛耗也。 **心疾** 心氣之疾病也。○學本是養心，如今爲學而反致心疾者，果不知何學。

○「**今日雜信**」云云　愚謂：雜信者，固先有信道之心，加之以於信怪異之心也。天下之事無窮，而理只是一個，故學而理明，則事皆貫通。 **理會** 陳選小學注：「謂深求而玩味之也。」又曰：「猶言識得也。」

○**學原於思** 語類曰：思所以起發其聰明。○周子曰：不思則不能通微。云云。故思者聖功之本，而吉凶之機也。○書曰：思曰睿。

○**所謂日月至**　語雍也篇：「子曰：『回也，其心三月不違仁，其餘則日至焉而已。』」注：「三月，言其久。云云。日月至者，或日一至，或月一至，能造其域而不能久也。」○案，存疑、講述、翼注等之説，異于集注，可參考。**則止**[一]　言無言説之可著，不要消工夫也。**氣象**　愚謂：猶言意氣形象，非止言氣象之見于容貌者。

○**問忠信進德**　易文言。説見卷首。**覷**　字彙：七慮切，伺視也。**聰明睿智**　大學蒙引曰：於天下之理無所不聞曰聰，無所不見曰明，無所不通曰睿，無所不灼曰智。**怎生**　字彙：怎音津，俗語辭，猶「何」也。**動容周旋**　孟子盡心篇。解見好學論。**注**　**規規**　韻會：求計也。○朱子大學或問引程子此言與此少異。○程子曰：誠敬固不可以不勉，然天下之理不先知之，亦未有能務以行之者也。故大學之序，先致知而後誠意。**篤信**云云　是著力强爲也。

除非燭理　「非」字，程子遺書作「是」字。大學或問引程子此語，「除非」二字作「惟其」二字。案，二程全書多「除非」字，其意與「只」字一般。○或問所引少異，曰：「惟其燭理明，乃能不待勉强，而自樂循理爾。夫人之性，本無不善，循理而行，宜無難者。惟其知之不至，而但欲以力爲之，是以苦其難而不知其樂耳。知之而至，則循理爲樂，不循理爲不樂，何苦而不循理，以害吾樂邪！昔嘗見有談虎傷人者。云云。學者之知道，必如此人之知虎，然後爲至耳。若曰知不善之不可爲，而猶或爲之，則亦未嘗真知而已。」

「**知有多少**」云云　愚謂：知有多者，有少者，是般數之差等不同，其少者淺者非真知也。

安排布置　前編注云：著意强爲也。

○**凡一物上**　**注**　**究**　字彙：居又切，窮也，推尋也。俗作「究」，非。

怎得便會貫通　言只格一物者，不得貫通于萬理也。○朱子曰：一日一件者，格物工夫次第也。

注　**意句俱到**　言程子之説格物，其語意與言句俱到也。

物之極　物理之極處也。

○**思曰睿**　洪範：「五事，思曰睿。」蔡傳：「睿者通乎微也。」○朱子曰：思而便通之曰睿。

「**若於一事上**」云云　李退溪自省録曰：窮理多端，不可拘一法。如窮一事不得，便生厭倦，遂不復以窮理爲事者，謂之遷延逃避可也。不然所窮之事，或值盤錯肯綮，非力索可通，或吾性偶闇於此，難强以燭破，且當置此一事，别就他事上窮得。如是窮來窮去，積累深熟，自然心地漸明，義理之實漸著目前，時復拈起向之窮不得底，細意紬繹，與已窮得底道理參驗照勘，不知不覺地，并前未窮底，一時相發悟解。是乃窮理之活法，非謂窮不得而遂置之也。若延平説「待一事融釋脱落，而後循序少進」者，即是窮理恒規當如是，其意味尤爲淵永。與程子之言，初不相妨。○愚謂：「納約自牖」，亦自明處入之謂，用之於人己，其理一也。

○「**問有人有志於學**」章　**注**|**自有不容已者**|　愚謂：知識明則不勉强而行，自不可遏，是力量進也。

○**問觀物**　愚謂：觀物者，觀物理也。察己者，明我心之理也。○中庸曰：「成己仁也，成物知也。性之德也，合外内之道也。」注：「是皆吾性之固有，而無内外之殊。」○朱子曰：自家知得物之理如此，則因其理之自然而應之，便是合内外之理也。

又問致知　朱子曰：如一草一木，一禽一獸，皆有理，草木春生夏長秋殺，好生惡死。仲夏斬陽木，仲冬斬陰木，皆是順陰陽道理。云云。非其時不伐一木，不殺一獸，胎不殀，不覆巢，此便是合内外之理。○程子曰：格物莫若察之於身，其得之尤切。○朱子曰：「格之也，亦須有緩急先後之序，如今爲學而不窮天理、明人倫、論聖言、通世故，乃兀然有心於一草木器用之間，此是何學問？」又曰：「天下之理，若之何而窮之哉？須當察之於心，使此心之理既明，然後於物之所在，從而察之，則不至於汎濫矣。」○羅整菴困知記曰：「格物莫若察之於身，其得之尤切。」程子有此言矣。至其答門人之問，則又以爲求之情性固切於身，然一草一木。云云。蓋方是時，禪學盛行，學者往往溺於明心見性之説，其於天地萬物之理不復置思，故陷於一偏，蔽於一己，而終不與入堯、舜之道。二程切憂，於是表章大學之書，發明格物之旨，欲令學者物我兼照，内外俱融，彼此交盡[二]。

又曰自一身之中 朱子曰：一身之中，是仁義禮智、惻隱羞惡、辭遜是非與視聽言動，皆所當理會。至夫萬物之榮悴，與夫動植小大，這底是如何使，那底是如何用。云云。皆當理會。

注**顔子卓然** 語子罕篇。 **曾子一唯** 里仁篇。

○**思曰睿睿作聖** 書洪範。○蔡注云：聖者無不通也。

○「**問如何是近思**」云云　朱子曰：以類推者，只是傍易曉底挨將去。如親親便推類去仁民，仁民便推類去愛物。如這一件事理會得透了，又因這一件事推去理會那一件事。**注**

劈 音僻，剖也。劈初頭，是最初也。

○「**學者先**」云云　朱子曰：無疑者須要有疑，有疑者却要無疑。　**注** **番**　韻會元韻：數也，次也，重也。

○「**橫渠先生荅范巽之曰**」章　愚謂：物怪神姦，有無之理，非難語。若見理未明，雖聞當有當無之説，亦不能信其言。

孟子所論　盡心篇○愚謂：「物」字，暗指物怪神姦。　**源源**　孟子萬章篇曰：「源源而來。」注：「源源若水之相繼也。」

諸公所論　言諸名公所辨論之排妖妄異端之説，守之不失也。○語類曰：先生提出「守之不失」一句，曰：「且要守那定底。云云云[三]。如孔子説『非其鬼而祭之，諂也』，『敬鬼神而遠之』等語，皆是定底。其他變處如未曉得，且當守此定底。」　**吾道勝**　愚謂：吾心信正道而不眩于邪妄，是吾道勝也。

○**子貢謂夫子之言**　語公冶長篇集注：性者，人所受之天理。天道者，天理自然之本體，其實一理也。云云。至於性與天道，則夫子罕言之，而學者有不得聞者，蓋聖門教不躐等。云云。○愚謂：張子曰「夫子居常語之」，集注曰「夫子罕言之」，二説不同，須以集注爲至當。○王氏曰：此理在天，故曰天道。此理具於人心，故曰性。

○**學不能推究事理**　語類曰：「顔子比之衆人純粹，比之孔子便麤。如『有不善，未嘗不知，知之未嘗復行』，是他細膩如此，然猶有這不善，便是麤。」又曰：「顔子尚有此語，人有一毫不是，便是心麤。」

○**博學於文者**　易曰：習坎，有孚，惟心亨，行有尚。○程傳：習謂重習也。他卦雖重，不加其名，獨坎加習者，見其重險，險中復有險。云云。坎，陷也。坎，水也。○本義：「坎，險陷也。」又曰：「中實爲有孚心亨之象。」○胡氏曰：陽明在内，心亨之象。○彖曰：習坎，重險也。

心中有所開［四］　讀書録云：張子曰：「心中有所開。云云。」余讀書至心有所開處，隨即録之，蓋以備不思而還塞也。**劄**　録也。**注山徑**云云　孟子盡心篇。孟子謂高子曰：「山徑之蹊間，介然用之而成路，爲間不用則茅塞之矣。今茅塞子之心矣。」注：「徑，小路也。蹊，人行處也。用，由也。云云。言理義之心，不可少有間斷也。」

「**更須**」云云　**差**　較也。**注尹問一段**　乃「焞」到「問云云。」之一段也。今此本乃舊本，故二段所在，如注所言舊本。**卷末**　論讀書之法處也。**廿**　字彙：人汁切。○韓本亦有「廿」之字。**并録之**　泉州本二段并録之於一處。**姑從舊本**　記二段於二十一與三十二，而從舊本也。**而添入**云云　此又從泉本而添入也。

○**伊川先生曰凡看文字**　伊川易傳序曰：得於辭，不達其意者有矣，未有不得於辭，而能通其意者也。

○**學者要自得六經**　**浩渺**　韻會：浩污，大水貌。浩然，廣大貌。渺溔，水貌。**乍**　字彙：助駕切，忽也。○語類：問：「如何是門庭？」朱子曰：「是讀書之法，如讀此一書，須知此書當如何讀。伊川教人看易，以王輔嗣、胡翼之、王介甫三人易解看，此便是讀書之門庭。緣當時諸經都未有成說，學者乍難捉摸，故教人如此。」或問：「如詩是吟咏情性，讀詩者便當以此求之否？」曰：「然。」

○「**凡解文字**」章　愚謂：平易其心，不求之過深也。　**周道如砥**云云　朱子詩傳曰：砥，礪石，言平也。矢，言直也。○輔氏曰：「周道」與下章「周行」一意。下章朱傳曰：「周行，大路也。」　**注崎嶇**　字彙：「崎嶇，山險也。」又曰：「山路不平也。」

「**或曰**」節　**注食毋求飽**云云　語學而篇。　**一貫**　里仁篇。　**性天之言**　公冶長篇。　**楊子曰**　法言之文也。　**注其遠者**云云　公冶長篇：子貢曰：「夫子文章。云云。」　**雖鄙夫**　子罕篇：子曰：「吾有知乎。云云。」　**不可妄生穿鑿**　言只以平易之心看之，不可過求高遠。　**又謂**　程子之言，見前。　**前說**　圈內之注也。

○「**學者不泥**」云云　**子濯孺子**　孟子離婁下曰：「鄭人使子濯孺子侵衛，衛使庾公之斯追之。云云。庾公之斯曰：『小人學射於尹公之他，尹公之他學射於夫子，我不忍以夫子之道反害夫子。雖然，今日之事，君事也，我不敢廢。』抽矢扣輪，去其金，發乘矢而後反。」集注：「庾斯雖全私恩，廢公義，其事皆無足論者，孟子特以取友而言耳。」**人須**云云　愚謂：此「人」字，指泥文義者。○孟子萬章篇：「萬章曰：『父母使舜完廩，捐階，瞽瞍焚廩。使浚井，出，從而揜之。象曰。云云。不識舜不知象之將殺己與？』曰：『奚而不知也。象憂亦憂，象喜亦喜。』」**完**　補葺也。**浚**　鑿之使深也。

○**凡觀書**　**充實之謂美**　孟子盡心下注：力行其善，至於充滿而積實，則美在其中，而無待于外。**詩之美**　盧令篇「其人美且仁」之類歟？○愚謂：文字之相類者，義有同者，有不同者，不可以相似泥之，而看做一了。

○**問瑩中**　瑩音榮，名臣言行録後集十三卷載之，官至監察御史。**終日乾乾**　易乾九三。**文王**云云　中庸二十六章云：詩云：「於乎不顯，文王之德之純。」蓋曰文王之所以爲文也，純亦不已。

先生曰　答前問也。

○**子在川上曰**　語子罕篇：子在川上曰：「逝者如斯夫，不舍晝夜。」○吴氏曰：「逝者」不指水，「斯」字方指水。○存疑云：聖人即川流語道，欲人因此以悟道之在我者本無息，時時體察，於日用事物之間，以遏其人欲之萌，使道之不息者，常存於我。○朱子曰：天理流行之際，如少有私欲以間之，便如水被些障塞，不得流去。

○「**今人**」云云　語子路篇：子曰：「誦詩三百，云云。奚以爲？」○蒙引：不達，不通於政理也。

不能專對　翼注云：不是一詞莫措，只對得不善。○存疑曰：「以」訓用，「爲」字只是語助詞。○蒙引：凡窮經而不能致用者，皆是「雖多，亦奚以爲」。獨舉詩者，蓋偶爲讀詩者言耳。○説統：此示人窮經之法，緊要在「心得」二字上。○程子曰：窮經將以致用也。世之誦詩者，果能從政而專對乎？然則其所學者，章句之末耳。此學者之大患也。

「**人而不爲周南**」云云　語陽貨篇：子謂伯魚曰：「人而不爲。云云。」○翼注云：「爲」字，不止口耳誦習，便會於心，體於身。○存疑曰：正墻面而立，正面對墻而立也。曰「正墻面」，倒用耳。○節解曰：人而不爲周南、召南，則不知所以修身齊家者，是近且有遺，况遠乎？信乎！一無所知，一無可行，其猶正墻云云。

○凡看文字　注：引論語者三，俱見于子路篇。○講述曰：善人是志於仁無惡者。○蒙引曰：即戎，使戰也。○集注：「王者，謂聖人受命而興也。三十年爲一世。仁，謂教化浹也。」又曰：「爲邦百年，言相繼而久也。勝殘，化殘暴之人，使不爲惡也。去殺，謂化民於善，可以不用刑殺也。」○蒙引：勝者，盡也。

○凡解經不同無害　愚謂：朱子解經雖與程子不同者多，然其緊要處如合符節，亦此章之意也。

○初學入德之門　楊氏曰：大學一篇，聖學之門户，其取道至徑，故二程先生多令初學者多讀之。○蔡虛齋曰：其次論、孟，亦可見古人爲學次第。

○「**學者先須**」云云　**如丈尺**云云　新安陳氏曰：理義可以別是非，如尺度可以量長短，權衡可以稱輕重也。

○**讀論語者**　「自然有得」之下，二程全書有「雖孔、孟復生，不過以此教人」之數字。**耳聞**　小學合璧曰：吾耳親聞聖人之言。**將來**　帝範下：慎過於將來。○小學句讀云：將來涵養成，謂後來涵養成就也。○小學章句云：成甚生氣質，謂愚者明，柔者强，成好氣質也。甚生，稱怎生，洛中語也。

○**凡看語、孟**　**不可只作一場説話**　小學合璧云：不可入於耳即出於口，只作一場虛華話説。○小學章句云：孔、孟之言皆實理也，熟讀其辭，玩味其理，而切實體之於己，則終身用之，不能盡矣。○小學東旨云：切己，謂實體之於身，而見於行事也。「切己」二字有味。

○「**論語有讀了**」云云　愚謂程子之言，謂讀論語者，有此四等。**不知手之舞**云云　孟子離婁篇文。○新安陳氏曰：手舞足蹈，天理之真樂，形見於動容之間，而不自知也。○四書狐白解曰：手舞足蹈，不必真個舞蹈，凡人樂意外現，則有舞蹈[五]。○語雍也篇：好之者不如樂之者。

○**學者當以論語、孟子爲本**　輔氏曰：六經之言，固可以類推而無不明也。○陳氏曰：語、孟既治，學正識精，由是而治六經，根本正而易爲力矣，非謂真可不必治而自明。○胡敬齋曰：若論文字，則論、孟與六經文字體面自殊，若論工夫道理，則六經道理不出論、孟之外。六經工夫作用亦不出論、孟之外。

「**讀書者**」云云　輔氏曰：聖人作經之意，不過欲發明此理以曉人，其所以用心而至爲聖人者，二書固無不具也。至於吾之所以未至聖人之地，未得聖人之心者，亦惟用心與二書背戾而不合耳。○陳氏曰：當味五個「所以」字。

句句而求之　朱子曰：平其心，只是放教虛平。易其氣，只是放教寬慢。

○「**讀論語**」云云　**所謂**　論語子路篇。○程子遺書曰：今人看論、孟之書，亦如孔、孟何異[六]。○程子又曰：雖孔、孟復起，不過以此教人。

○「**論語、孟子只**」云云　**剩**　字彙：餘也，冗長也。○朱子曰：讀書之法，先要熟讀。**以語言**云云　輔氏曰：若以論言解著，則意便泥，言下自然局促而有不足意。○論語大全：「著，陟略反，語助辭。下同。」「二書文字」，愚謂：論、孟之解也。　**先儒**　指何晏、趙岐等。**整理**　改正之意。

○「**問且**」云云　**不浹洽**　字彙：浹，即涉切。浹洽，潤澤周徧也。　**注**　**呂晋伯**　伊洛淵録[七]、萬姓統譜不載之。　**坐**　韻會：被罪也。

○**興於詩者**　語泰伯篇：「子曰：『興於詩。』」注：「學者之初所以興起其好善惡惡之心，而不能自已者，必於此而得之。」○圖解曰：「詩」是詩經，其中言善言惡，能感觸人心。**歆**　韻會：「虚音切。詩：『歆羨。』伊川曰：『欲之動也。』」周語「民歆而德之」，猶歆歆喜服也。　**吾與點**　先進篇。○愚謂：涵暢，涵養條暢于道德之中。歆動之者，歆動於善意也。吾與點之氣象者，從容優游，而自然進德之謂也。

又云　**汪洋**　字彙：浩瀚貌。浩瀚，廣大貌。○愚謂：汪洋浩大，興起於汪洋浩大之善心也。

○**謝顯道云** 程子外書載之，見上蔡語録。 **哦** 韻會：吟也。 **上下** 愚謂：上下於其吟聲。 **瞻彼日月**云云 詩邶風雄雉篇。 **終曰** 終章也。○通解曰：君子泛指行役之人，雖重在夫，而言百者，詩人之渾厚處也。○朱傳曰：「悠悠，思之長也。見日月之往來，而思其君子從役之久也。」下章傳曰：「忮，害。求，貪。臧，善也。言凡爾君子，豈不知德行乎？云云。憂其遠行之犯患，冀其善處而得全也。」○小注：胡氏曰：「此亦發乎情，止乎禮義之意。」

又云 **轉却一兩字**云云 案，大雅蒸民詩曰：「天生蒸民，有物有則。民之秉夷，好是懿德。」孔子釋之曰：「有物必有則，民之秉夷也，故好是懿德。」是轉却一兩字點掇他也。

注 **點掇猶沾綴**云云 **沾** 韻會：「他兼切，益也。俗作添。」綴，株衛切，又株劣切。韻會：「連補也。」拈，韻會：「撮也，取也。」掇，都奪切。韻會：「掇，取也，採也，拾也。」○愚謂：沾綴、拈掇乃是添補取拾之意，合前之數解而可看其義。

親炙 出于孟子。

○**明道先生曰** **長一格價** 小學合璧：「格，猶級也。」又小學句讀云：「長一格，謂學有進也。」

○**不以文害辭** 孟子萬章篇：「説詩者不以文害辭，不以辭害志，以意逆志，是爲得之。」朱注：「説詩之法，不可以一字而害一句之義。」 **有周不顯** 朱傳云：不顯，猶言豈不顯也。云云。夫文王在上而昭于天，則其德顯矣。云云。故又曰：有周不顯乎？

○**中庸之書** **雖是雜記**云云 愚謂：雜記於精粗，則猶宜精自精，粗自粗，而體用大小不貫通了，然如中庸所説，體用相涵，本末並舉，費隱並該，説本而不遺其末，説末而不遺其本，則可謂「不分精粗，一衮説了」。 **言治天下國家則**云云 **注** **達德達道** 中庸云：君臣也，父子也，夫婦也，昆弟也，朋友之交也，五者天下之達道也。知、仁、勇三者，天下之達德也。中庸曰：「凡爲天下國家有九經，所以行之者一也。」注：「一，誠也。」

○**伊川先生易傳序曰** 文心雕龍曰：述經曰傳。○朱子曰：隨時變易以從道，主卦爻而言，然天理人事皆在其中。今以乾卦潛見飛躍觀之，其流行而至此者，易也。其定理之當然者，道也。○范氏念德曰：易也，時也，道也，皆一也。自其流行不息而言之，則謂之易。自其推遷而無常而言之，則謂之時，而所以然之理，則謂之道。○吴臨川曰：凡陰陽變易道理，便在其中，元不相離，直以「道」字解「易」字則不可。而易之所以爲易者，道也。○郭忠孝議易傳序曰：「易即道也，又何從道？」或以爲問。程子曰：「人隨時變易爲何，爲從道也。」

乾初則潛云云　乾初九：「潛龍勿用。」九二：「見龍在田。」○愚謂：當其可謂之時，可以潛則潛，可以見則見，是變易從道之謂歟？「孔子可以仕」云云，孔子，聖之時者也。

其爲書也　下繫辭曰：易之爲書也，廣大悉備，有天道焉，有地道焉，有人道。○説統：張雨若曰：「廣大是統論其概，悉備是就廣大中細論其詳。」**將以順**云云　説卦云：昔者聖人之作易也，將以順性命之理。○説統云：性命只是一理，性者一定而不移，命者流行而不已。

開物成務　上繫辭之文也。小注：「吴臨川曰：『開物，謂人所未知者開發之。成務，謂人所欲爲者成全之。』」

去古雖遠　前漢書注曰：伏羲爲上古，文王爲中古，孔子爲下古。**予生千載之後**　自孔子卒年至元符二年，千五百六十三年。謂之千載者，舉大數也。**斯文**　論語曰：「天之將喪斯文。」集注曰：「道之顯者，謂之文。不曰道而曰文，亦謙辭也。」

「易有聖人之道四焉」云云　至「尚其占」，繫辭上十章之文。〇問：「『以言』、『以動』、『以制器』、『以卜筮』，這『以』字，是指以易而言否？」朱子曰：「然。」〇程子曰：言所以述理，以言者尚其辭者，謂以言述理者，存意於辭也。以動者尚其變者，順變而動，乃合道也。制器作事，當體乎象。卜筮吉凶，當考乎占。〇朱子曰：「變是事之始，象是事之已形者。」又曰：「卜用龜，不用易占，只是文勢如此。」〇易郷嬛曰：聖人以憂世覺民之道洩于易，故心精所演，而聖道之闡于易者，有四焉。四者何？辭、占、象、變是已。故人之處事，而用易而言者，尚其議論曲中之辭。人之應事，而用易以動者，尚其化裁不拘之變。動之有成績者爲制器，則于老少不易之象尚之。臨事審決爲卜筮，則于吉凶不二之辭尚之。易作于聖人，用周于天下如此。〇説統：彦陵曰：「制器，器字只取有定理之意，制乃心之裁制也。凡事皆就規矩，一如成器之制，故曰制器。」〇真西山曰：日往月來，寒往暑來，晝夜昏明，循環不息，此天道之常也。聖人擬之以作易，不過推明陰陽消長之理而已。陽長則陰消，陰長則陽消，一消一長，天之道也。人而學易，則知吉凶消長之理，進退存亡之道也。

「君子居」云云　繫辭下曰：「是故君子居則，云云。玩其占。」本義：「占謂其所值吉凶之決也。」〇易小注：柴氏曰：「居者静而未涉于事也，動者涉于事也。」〇朱子曰：「觀者一見而決，玩者反覆而不舍之辭也。」又曰：「居則觀其象而玩其辭，如『潛龍勿用』，其理當此時，只

其所處之當否，動而諏筮，則既觀變矣，又玩占以考其所值之吉凶，善而吉者則行，否而凶者則止。」

是隱晦不當用。若占得此爻，凡事便未可做。」又曰：「君子居而學易，則既觀象矣，又玩辭以考

至微者理也　朱子曰：「『體用一源，顯微無間』者，體雖無迹，中已有用，顯中便有微。天地未有，萬物已具，此是體中有用。天地已立，此理亦存，此是顯中有微。」又曰：「堯、舜揖讓，湯、武征伐，皆是典禮處。」又曰：「『體用一源』者，以至微之理言之，則『冲漠無朕，而萬象昭然已具』也。『顯微無間』者，以至著之象言之，則即事即物，而此理無乎不在也。」○沈無用問尹和靖云：「易傳何處是切要處？」尹云：「『體用一源，顯微無間』，此是最切要處。」○尹淳問[八]：「『至微者。云云。無間』，莫太露天機否？」程子曰：「如此分明説破，猶自人不解悟。」

觀會通以行典禮　上繫辭文。○朱子曰：「辭上所載，皆是『觀會通以行其典禮』之事。」又曰：「凡於事物，須就其聚處理會，尋得一個通路行去。」又曰：「會是事之合聚交加，難分別處。」又曰：「『至微者理也。云云。』此是一個理，一個象，一個辭，然欲理會理與象，又須就辭上理會。辭上所載，皆『觀會通以行其典禮』之事。」○説統曰：會通，會中之通也。典，常也。禮，人心本然之天則也。○鄉嬛曰：觀其衆理之所統會者何在，又于會中求其一理可行之通。

故善學者　朱子曰：「求言者，云云。知言者也。」此伊川喫力爲人處。○此序終曰：有宋元符二年己卯正月庚申，河南程頤正叔序。○有宋，書所謂「有夏」、「有周」之類也。元符，哲宗年號，二年當本朝人王七十三世堀川院康和元年，此年伊川六十七歲。

○「**伊川先生答張閎中書曰**」章　**毫忽**　字彙：「十絲曰毫。」又曰：「蠶吐絲爲忽。」

○**大畜初二**　大畜初九曰：有厲，利止。○程傳：大畜，艮止畜乾也，故乾三爻皆取被止爲義。○本義：乾之三陽爲艮所止。云云。初九爲六四所止。○象曰：「有厲，利已」，不犯災也。○九二：「輿説輹。」本義：「九二亦爲六五所畜。」○程傳：六四在上，畜止於己，安能敵在上得位之勢，若犯之而進則有危厲。　**四五陰柔**　艮卦陰爻也。

○「**諸卦二五**」章　**注黃裳元吉**　坤六五爻辭。　**泰九二非正**云云　泰九二曰：得尚于中行。○程傳曰：言能配合中行之義也。　**蠱之三四**云云　蠱之九三曰：少有悔。○傳曰：以陽處剛而不中，剛之過也。○六四：裕父之蠱，往見吝。○傳曰：以陰處陰，柔順之才也，所處得正。○本義：以陰居陰，不能有爲，云云。故往則見吝。**既濟之三四**云云　九三：高宗伐鬼方，三年克之。○傳云：三年克之，見其勞憊之甚。○六四：繻有衣袽，終日戒。**慊**　字彙：音歉，恨也，不足也。

○「**問胡先生**」章　**注**　**瑗**　字彙：虞怨切，音願。

○「**看易**」云云　**厚德載物**　坤卦象曰：地勢坤，君子以厚德載物。○本義：至順極厚，而無所不載也。

○**易中只言**[九]　**注**　**反復如復姤之類**[一〇]　愚謂：反，往去也；復，來復也。復卦曰：「反復其道。」　**往來如賁**云云　賁卦象曰：「柔來而文剛，故亨。分剛上而文柔。」傳曰：「下體本乾，柔來文其中而爲離。上體本坤，剛往文其上而爲艮。」䷕離下艮上。賁。䷘震下乾上。无妄。○象曰：无妄，剛自外來，而爲主於內。○傳曰：坤初爻變而爲震，剛自外而來也。**上下如咸恒**　咸卦本義曰：咸，交感也。兑柔在上，艮剛在下，而交相感應。○傳曰：咸之爲卦，兑上艮下，少女少男也。**恒** 巽下震上。○彖曰：剛上而柔下。○傳曰：恒，長男在長女之上，男尊女卑，夫婦居室之常道也。

○「**作易**」云云 **昆** 字彙：與「蜫」同，蟲之總名。

○**今時人看易** **兀子** 兩脚之踞床也，未考出處。

○「**游定夫**」云云 **陰陽不測**云云 易上繫辭文。

○**伊川以易傳** 愚謂：「説得七分」者，聖人之道廣博深奥難説盡，且欲學者之思而自得之，亦引而不盡之意歟？

○**伊川先生春秋傳序曰** 二程全書四十九卷，載伊川春秋傳序及春秋伊川傳。○愚謂：「天之生民云云。」，與大學章句序「有一聰明睿智，能盡乎其性者，云云。天必命之，以爲億兆君師云云。」一意。**人道立**云云　「致中和，天地位云云。」也。○胡敬齋曰：「古今説春秋者，惟孟子、程子精切，深得聖人作經之意。」又曰：「古今作傳者，亦惟程子第一。云云。」又曰：「春秋以程傳爲主。」**注奠**　字彙：定也。

「曁乎三王」云云　**三重**　直解曰：以其至重之事，故曰「三重」。○朱子章句：呂氏曰「三重，謂議禮、制度、考文。」**子丑寅之建正**　朱子曰：康節分十二會，言天開於子，地闢於丑，人生於寅，蓋天運至子始有天，至丑始有地，至寅始有人，是天地人始於此。故三代即其始處，建以爲正。○檀弓注疏：天統、地統、人統，統者本也，謂天地人之本也。○論語：「行夏之時。」注：「謂以斗柄初昏建寅之月爲歲首也。」○蒙引：建者立也，柄之所曁也。**忠質文**　朱子曰：忠只是朴實頭，白直做去。質則漸有形質制度，而未有文采。文則於制度上，事事加文采。然亦天下之勢，自有此三者，非聖人欲尚忠、尚質、尚文也。彼時亦無此名字，後人見得如此，故命此名。

聖王既不復作　**秦至以建亥爲正**　史記始皇本紀：二十六年，始皇推終始五德之傳，以爲周得火德，秦代周，德從所不勝。正義曰：「能滅火者水也，故稱從其所不勝於秦。」方今水德之始，改年始，朝賀皆自十月朔。○丘瓊山曰：夏正建寅爲人統。云云。是則三代所建之正法，三才之道也。秦不師古，而以建亥之月爲歲首，果何統乎？抑何所法乎？　**注漢家自有制度**　前漢書元帝紀。元帝爲太子，嘗謂宣帝曰：「陛下持刑太深，宜用儒生。」宣帝作色曰：「漢家自有制度，本以霸王道雜之，奈何純任德教，用周政乎？」

「**夫子當周之末**」云云　中庸二十九章曰：「君子之道本諸身，徵諸庶民，考諸三王而不謬。云云。」注：「建，立也。立於此而參於彼也。云云。百世以俟聖人而不惑，所謂聖人復起，不易吾言者也。」小注：「此天地只是道耳。謂吾建於此，而與天地之道不相悖。」○直解曰：君子之道，出之既有其本，而驗之又無不合。　**注經世**　經，理也。

先儒之傳曰　史記孔子世家曰：孔子在位，聽訟文辭，有可與人共者，弗獨有也。至於爲春秋，筆則筆，削則削，子夏之徒，不能贊一辭。○蒙引：春秋之中，褒貶與奪，悉斷自聖心也。○案，「辭不待贊也」五字，史記無之。蓋伊川説上句之言也。　**行夏之時**云云　衛靈公篇。○存疑曰：此是就四代中，各舉一件極好者，其餘可以例推。　**注顔子克己**云云**故四代禮樂獨**云云　愚謂：此是有天德者，可語王道。　**斗柄初昏**　蒙引：斗柄一日一夜，周十二辰位，但以初昏爲的。　**人時之正**　存疑曰：歲首而當春孟，故曰時正。○朱子曰：天開於子，地闢於丑，人生於寅，故斗柄建此三辰之月，皆可以爲歲首，而三代迭用之。云云。　**左傳曰大略**云云　桓公二年。○杜預注：大路，玉路，祀天車也。越席，結草爲席也。越音活。○正義曰：越席，結蒲爲席，置於玉路之中以茵藉，示其儉也。**周禮有五冕** 周禮弁師及春官司服。○講述：冕，祭服之冠，祭服本當致美，冠尤加衆體上，雖極華麗亦不爲過。

後世以史　注　作好作惡 洪範：無有作好，遵王之道；無有作惡，遵王之路。

成宋亂 春秋桓公二年：「公會齊侯、陳侯、鄭伯于稷，以成宋亂。」杜預注：「成，平也。宋有弑君之亂，故爲會欲以平。」**宋災故** 襄公三十年：「晉人、齊人、宋人，云云。會于澶淵，宋災故。」左傳：「爲宋災故，諸侯大夫會以謀歸宋財。」○林堯叟注：爲宋火災之故，晉合諸侯之大夫爲會，謀以財歸宋，賑其災患。**胡氏謂書晉侯**云云 春秋文公四年：晉侯伐秦。○胡氏傳云：聖人以常情待晉襄，而以王事責秦穆，所以異乎！○春秋文公三年：「秦人伐晉。」胡氏傳云：「貶而稱人，備責之也。」

○**詩、書載道之文** **所謂**云云 史記太史公自序曰：子曰：「我欲載之空言，不如見之於行事深切著明也。」○索隱云：案，孔子之言，見春秋緯。○程子外書曰：詩、書、易言聖人之道備矣。何以復作春秋？蓋春秋聖人之用也。云云。

「有重疊」云云　或謂征伐、盟會之類數數出之，雖非一時之事，非各有異義〔一〕，又非言以「征伐」二字，分之爲重疊也。**征**　字彙：伐也。孟子：「征者，上伐下也。」又正也，伐下所以正其罪也。**盟**　小補韻會云：周禮：「國有疑則盟。」禮記：「涖牲曰盟」。○疏云：「割牲左耳，用血爲盟書，書成乃歃血讀書。」又誓約也。

○**五經之有春秋**　**律**　字彙：法令曰之律。○愚謂：法律謂其大法，如不孝當誅，竊盜當刑之類。斷例，謂斷罪之條例，如不孝如此者，刑之如此；竊盜如此者，刑之如此之類。

○**「學春秋」**云云　遺書十六。○案，遺書「學春秋」句上無文字，言學春秋乃窮理之要，故學之亦爲善。**較**　小補韻會：音角，明也。

春秋以何　**胼胝**　小補韻會曰：「胼，蒲眠切。胼胝，皮堅也。史記『禹手足胼胝』。」又曰：「胝，皮厚也。」○五車韻瑞云：史夏紀：「禹手足胼胝。」○今案，史記夏紀無此事，恐誤。**胝**　韻會：張尼切，音與支同。○字彙：章移切。○通鑑集覽曰：「列子曰：『禹惟荒土功，身體偏枯，手足胼胝。』」又云：「胼胝，皮堅厚也。」**閉户不出**　孟子離婁下：「顏子當亂世，居於陋巷，一簞食。云云。孔子賢之。」又云：「鄉鄰有鬥者，被髮纓冠而往救之則惑也，雖閉户可也。」

權之爲言　**錘**　直追切。○論語：「可與權。」注：「權，稱錘也，所以稱物而知輕重者也。可與權，謂能權輕重，使合義也。」○性理字義曰：秤錘之爲物，能權輕重以取平。權者，變也。在衡有星兩之不齊，權便移來移去，隨物以取平。亦猶人之有權度，推度事物以取其中，權只是「時措之宜」，「君子而時中」便是權。

○春秋傳爲按　字彙：按，考也，驗也。**注**　**聱**　音敖。

○凡讀史　**漢家四百年**　案，前漢十二帝，二百十四年。後漢十二帝，百九十六年。通計四百十年。**注**　**三傑**　張良、蕭何、韓信也。見史記高祖本紀。**入關除秦苛法**　史記高祖本紀：高祖初入關中，約法三章耳，殺人者死，傷人及盜抵罪，餘悉除去秦法。云云。秦人大喜。**僞游雲夢**　史記：高祖六年，人有上變事告楚王信韓信也。謀反。上問左右，左右争欲擊之，用陳平計，乃僞游雲夢，會諸侯於陳，楚王信迎，即因執之。韓信傳不載之。**繫蕭相國**

史記蕭何傳云：相國爲民請曰：「長安地狹，上林中多空地棄，願令民得入田，毋收稾爲禽獸食[一二]。」注：「留稾入官。」上大怒曰：「相國多受賈人財物，乃爲請吾苑！」乃下相國廷尉，械擊之數日。案，數日，王衛尉諫於高祖，是日赦出相國。

○**讀史　注** **治忽** 益稷云：「在治忽。」注：「忽，治之反也。」

○**元祐中** **元祐** 宋哲宗年號。 **印行** 事物紀原云：板印書籍，唐人尚未盛爲之，自馮道始印五經之後，典籍皆爲板本，即唐始爲板印。 **注** **范祖禹** 言行録後集曰：嘗爲太史著唐鑑，官至内翰。公未生，河南郡太君夢一偉丈夫，披金甲而至寢室曰：「吾故漢將軍鄧禹也。」既寤猶見之。是日公生，遂以爲名。

○**横渠先生曰** 朱子答孫敬甫書曰：近思録中，横渠夫子所論讀書次第最爲精密，試一考之，當得其趣。

○天官之職　**注**　**六官**　天官、地官、春官、夏官、秋官、冬官。○案，天官冢宰，周禮第一載之。

釋氏云云　**錙**　説文：「六銖也。」字彙：「二十四銖爲兩。」　**然不嘗爲大則**云云　愚謂：釋氏不能修天下國家之大事業，則凡日用之際，應事接物，皆中理不得。譬如雖畀之一錢微物，而令處其事，亦必不能行其事之宜，而其所做錯亂了，非得一錢而悦之，其心乃亂了之謂也。○言釋氏之廣大，與冢宰之洪大異也。

又曰太宰之職　**太宰之職**　周禮第一。　**羅**　綱罟也。　**混**　小補韻會：「雜流也，又混濁也。」字彙：「水雜貌，又大也。」　**捕龍蛇**云云　韓退之作毛穎傳，柳子厚讀而奇之，謂「若捕龍蛇、搏虎豹」。○愚謂：須用大力量也。　**止一職也**　愚謂：一官止司一職，不如大宰包括衆職也。

○古人能知詩者　孟子萬章篇曰：「説詩者不以文害辭，不以辭害志，以意逆志，是爲得之。」注曰：「當以己意，迎取作者之志，乃可得之。」

○尚書難看　注度　小補韻會：「又躔度，周天三百六十五度四分度之一，一度二千九百里。」洛書甄曜度：「一度爲千九百三十二里。」

○「讀書少」云云　愚謂：書以維持此心，一時放下，則一時德性有懈，讀書則此心常在，可謂格言。

○六經須循環　小學句讀曰：古者以易、詩、書、禮、樂、春秋爲六經。　循環　謂周而復始。　理會　謂深求玩味也。　長一格　謂學有進也。學進則所見益高矣。○小學合璧曰：格猶級也。○張子曰：六經循環，年欲一觀。

○如中庸文字輩　小學章句曰：「輩猶言等也。」朱子曰：「張子之言，真讀書之要法，不但可施于中庸也。」

○春秋之書　惟孟子能知之　程子曰：孟子曰：「王者之迹熄而詩亡，詩亡而後春秋作。」又曰：「春秋無義戰。」又曰：「春秋，天子之事。」故知春秋者莫如孟子。**注** 揣摩 小補韻會：「揣，楚委切。凡稱量忖度皆曰揣。」史記蘇秦傳曰：「期年以出揣摩。」注：「揣人主之情，摩而近之。」又云：「鬼谷子有揣摩篇。」

【校勘記】

[一] 則止　「止」，葉采近思録集解作「已」。

[二] 按：自「若於一事上云云」節的「永與程子之言」至此處的「内外俱融彼」，原錯在卷二「誠之之道」節「孟」字之下，今更正。

[三] 曰且要守那定底云云　「云云云」，益軒全集作「云云」。

[四] 心中有所開　據近思録備考體例，此條屬上「○博學於文者」章，葉采近思録集解此條則屬下「義理有疑」章。

[五] 不必真個舞蹈凡人樂意外現則有舞蹈　兩「蹈」字，益軒全集作「踏」。

[六] 亦如孔孟何異　「如」下，二程遺書（四庫全書本）卷十八有「見」字。

[七] 伊洛淵録　「伊洛淵録」，当指伊洛淵源録。

[八] 尹淳問　「淳」，據文意，似當作「焞」。

〔九〕○易中只言 「只」下，葉采近思録集解有「是」字。
〔一○〕反復如復姤之類 「姤」原作「垢」，據葉采近思録集解改。
〔一一〕非各有異義 「義」，益軒全集作「議」。
〔一二〕毋收稾爲禽獸食 「稾」，史記作「槀」。

近思録備考卷之四

存養類　○蔡虚齋曰：孟子曰「存其心，養其性」，「存養」二字本該動静。朱子解中庸，所謂「存養省察之要」者，借此「存養」二字用也。但以對省察而言，則存養偏爲静時工夫。朱子當時偏采諸經，無他字可用静時工夫者，故借用此。**注　二者之間**　致知，知也。克己，行也。言知行二者之間也。○愚謂：存養之功無分動静，而静時爲要。若分屬，則存養爲静時之工夫，克己爲動時之工夫。

○或問聖可學乎　通書第二十章。○案，通書無「或問」之二字。○性理大全集考曰：此篇論學聖要在此心之一也。○楊龜山曰：以聖人爲師，猶學射而立的，然的立於彼，然後射者可視之而求中，其中不中，則在人而已，不立之的，以何爲準？○程子曰：人皆可以爲聖人，而君子之學，必至乎聖人而後止。○朱子曰：一者無欲，一便是無欲，今試看無欲之時豈不一。○胡敬齋曰：一者誠也，主一者敬也。由敬入誠。○朱子曰：「無欲與敬字一般。」又曰：「人只爲有欲，此心便千頭萬緒。」又曰：「周先生只說『一者無欲也』，然這話頭高，尋常人如何便得無欲。故伊川只說個敬字，教人只就敬上推去，庶幾執捉得定，有個下手處。」又曰：「敬則欲寡而理明，寡之又寡，以至於無，則靜虛動直而聖可學矣。」又曰：「靜虛是此心如明鑑止水，無一毫私欲填於中，故其動也，無非從天理流行。」又曰：「無繫累，故虛；無委曲，故直。」○黃勉齋曰：「未發時，這虛靈知覺，如明鏡止水。做事時，只有一路直出。」又曰：「虛者此心湛然，外物不能入，故虛；直者循理而發，外邪不能撓，故直。」又曰：「明則見道理透徹，故通；公自是無物我，故溥。」又曰：「通者，明之極。溥者，公之極。」○朱子曰：明通，在己也。公溥，接物也。

注湛 小補韻會：丈減切，安也，澄也。

朱子曰此章云云 此通書之注也。

無極之真云云 朱子曰：一即太極，靜虛即陰靜，動直即陽動。明通、公溥即是五行。大抵周子之書纔說起，便都貫串太極許多道理。

○伊川先生曰陽始生 復象曰：「雷在地中，復。先王以至日閉關。」程傳曰：「先王順天道，當至日，陽之始生，安靜以養之，故閉關使商旅不得行。」又曰：「觀復之象而順天道也。」○程子曰：聖人無一事不順天時，故至日閉關。○饒雙峰曰：閉關休息，所以培養生意，使之深潛固密而無所泄云云。○易鄉嬛曰：於冬至一陽生之日，禁閉道路之關，使商旅不行。天子諸侯亦不巡省方岳，上下安靜，皆以保養微陽，使其生意完固，爲來春發生之根本耳。○薛文清云：安静以養微陽，聖人贊化育之一端也。**注**財成輔相　易泰卦象曰：裁成天地之道，輔相天地之宜。○本義：裁成以制其過，輔相以補其不及。○字彙：財與裁同。

○「**動息節宣**」云云　程子易傳曰：「頤，養也。」又曰：「大至於天地養育萬物，聖人養賢以及萬民，與人之養生、養形、養德、養人，皆頤養之道也。」○愚謂：節者，起居適節也。宣者，發暢也。推己及物者，恕也。

○**慎言語**　頤象曰：山下有雷，頤。君子以慎言語，節飲食。○本義曰：二者養德、養身之切務。○朱子曰：諺云「禍從口出，病從口入」，甚好。此語前輩會用以解頤之象「慎言語，節飲食」[二]。

○「**震驚百里**」云云　震卦程傳曰：雷之震動，驚及百里之遠，人無不懼而自失，唯宗廟祭祀執匕鬯者，則不致於喪失。人之致其誠敬，莫如祭祀。匕以載鼎實，升之於俎。云云。盡其誠敬之心，則雖雷震之威，不能使之懼而失守。○本義：鬯以秬黍酒和鬱金，所以灌地降神者也。○項氏曰：傳曰「千里不同風，百里不共雷」。「震驚百里」，極雷鳴所及之遠也。○趙氏曰：匕長三尺，刊柄與末。○愚謂：伊川涪陵之行，可謂「臨大震懼，能安而不自失」。

○「**人之所以不能安其止者**」云云　艮卦：「艮其背，不獲其身，行其庭，不見其人，無咎。」○本義曰：身，動物也，唯背爲止。艮其背，則止於所當止也。止於所當止，則不隨身而動矣。是不有其身也。云云。艮其背而不獲其身者，止而止也。行其庭而不見其人者，行而止也。動静各止其所，而皆主夫静。○郭氏曰：人之耳目鼻口皆有欲，至於背則無欲。○朱子曰：「背只是言止也，人之四體皆能動，惟背不動，故取止之義。」又曰：「欲出於身，若無所欲，便似無此身一般。」又曰：「古人所以殺身成仁，舍生取義者，只爲不見此身，方能如此。」

行其庭　**除**　字彙：階也。又門屏之間曰除。**注**　**奸聲亂色**云云　樂記文。○陳氏曰：姦聲亂色，聲色之不正者也。淫樂慝禮，禮樂之不正者也。不留聰明，謂不停於耳目。不接心術，謂不入於念慮。　**慝**　字彙：音忒，惡也。

○**聖賢千言萬語**　孟子曰：學問之道無他，求其放心而已。○朱子曰：「心本善而流於不善，是放也。」又曰：「只是知求，則心便在，便是『反復入身來』。」○語類五十九曰：「明道説『聖賢千言萬語』云云，只是莫令此心逐物去，則此心便在這裏。不是如一件物事放去了，又收回來。」又曰：「孟子説『學問之道無他，求其放心而已矣』，此最爲學第一義也。故程子云『聖賢千言萬語云云。』。某近因病中兀坐存息，遂覺有進步處，大抵人心流濫四極，何有定止。一日十二時中，有幾時在軀殼内，何不收拾令在腔子中。」○陳氏曰：約，猶收也。○程子曰：根本須是先培壅，然後可立趨向。○朱子曰：收其放心，然後自能尋向上去，亦此意也。○陳氏曰：下學而上達，下學人事，而上達天理也。

○**李籲問**　伊洛淵源録第八：李校書名籲，字端伯，緱氏人，元祐中爲秘書省校書郎，嘗記二先生之語一篇，號師説。伊川稱之，而祭文亦有傳學之語，蓋自劉博士外，他人無此言也。○海篇：籲音喻，和也。

左右起居盤盂几杖有銘　**盤**　字彙：盛物之器。　**盂**　字彙：音于，飯器。説文：「飲器也。」○文中子中説禮樂篇：誠其至矣乎？古之明王敬慎所未見，悚懼所未聞，刻於盤盂，勒於几杖，居有常念，動無過事，其誠之功乎！○大戴禮武王踐阼篇：王聞書冊書也。之言，惕若恐懼，退而爲戒書，於席之四端爲銘焉，於機一作几。爲銘焉，於鑑爲銘焉，於盥盤爲銘焉，於楹爲銘焉，於杖爲銘焉，於帶爲銘焉，於履屨爲銘焉，於觴豆爲銘，於户爲銘焉，於牖爲銘焉，於劍爲銘焉，於弓爲銘焉，於矛爲銘焉。席前左端之銘曰「安樂必敬」，前右端之銘曰「無行可悔」，後左端之銘曰「一反一側亦不可以忘」。云云。**注越** 字彙：走也，逾也。

逸 失也，放也。

〇**呂與叔嘗言** **驅** 字彙：策馬謂之驅，又逐也。〇愚謂：與叔之心，專欲除去思慮。程子之意，要中有主，則不除思慮，而自然無思慮紛擾。程子曰「欲除思慮則不除」，亦此意也。

〇**邢和叔言** 萬姓統譜：河東人，從伊川學。呂公著荐爲崇政殿説書。〇案二程類語「邢」字上有「與」字，然則是亦程子之言也。〇孟子曰：其爲氣也，配義與道，無是，餒也。〇愚謂：存養之工夫，乃所以愛養精力。愛養之方無他，節飲食，慎起居，寡嗜欲，定心氣，如此而已。

○明道先生曰【分限】愚謂：力量之分限也。語類換用。○語類曰：學者全體此心，不爲私欲汩没。

○「居處恭」云云　語子路篇，孔子答于樊遲問仁之語也。○存疑曰：居處不可專指静，是就一身上説。居處恭，持身之敬也。○集注：恭主容。○蒙引曰：非謂只是貌恭，亦是自然而見於外也〔三〕。○講述：恭、敬、忠，俱以心言，恭是心不慢，敬是心不忽，忠是心不欺，如心存于居處，仁便在居處。心存于執事，仁便在執事。心存于與人，仁便在與人。○狐白解云：恭是持身之整齊嚴肅處。敬是主一無適，事在此，心亦在此也。忠是以實心待人，不是外合中離。○陳氏曰：徹上徹下，謂凡聖皆此理。○吴氏曰：言通乎上下，自始學至成德，無二致。

○「明道先生曰思無邪」云云　論語：子曰：「詩三百，一言以蔽之，曰『思無邪』。」○胡氏曰：程子曰「思無邪者，誠也」。蓋謂所思自然無邪，誠也，聖人事也。讀詩而可使之思無邪，誠之也，學者事也。○范氏曰：經禮三百，曲禮三千，亦可以一言蔽之，曰「毋不敬」。

○**今學者** 語類曰：「只是心生」，言只是敬心不熟也。**亦是太** **做事得重** 愚謂：執持太過也。**恭而無禮則勞也** 論語泰伯篇，孔子之語也。○愚謂：「恭者，私爲恭之恭也」者，「恭而無禮」之恭者，「私爲恭」之恭也。「禮者，非體之禮」者，「恭而無禮」之禮者，「非體之禮」也。○語類：「私爲恭之恭」，只是人爲。「禮者，非體之禮」，只是禮無可捉摸。**私爲恭** **非體之禮** 俱出處未詳。○家語：孔子曰：「無體之禮，敬也。」 **恭而安** 語述而篇。

今容貌 愚謂：容貌必端，言語必正者，恭也。獨善其身，言如鄉原所爲也。與孟子所謂「窮則獨善其身」異。

○「**今志**」云云 **助之長** **操之則存**云云 **必有事**云云 俱孟子公孫丑篇。

亦須且恁去 言欲無助長欲速之患也。

如此者 **德孤** 易文言曰：「敬義立而德不孤。」本義曰：「不孤，言大也。」

德不孤必有鄰 語里仁篇。○愚謂：程子引此語者，乃斷章取義也。與古注疏及程子經説、朱子集注之義語意不同。言德大則自無窒礙而有輔也。 **左右逢其原** 孟子離婁下：「資之深，則取之左右逢其原。」朱子注：「日用之間，取之至近，無所往而不值其所資之本也。」○許白雲曰：取之已深，則日用之間，無往而非道矣。

○**敬而無失**　語顔淵篇。注：「持己以敬而不間斷。」○語類：敬而無失，只是常敬，敬即所以中。

○**司馬子微**　萬姓統譜：司馬承貞事潘師正[三]，傳辟穀導引之術。○唐有兩司馬子微，見萬姓統譜。○莊子太宗師篇曰：墮枝體，黜聰明，離形去知，同於大通，此謂坐忘。○人間世：夫且不止，是之謂坐馳。○林希逸口義曰：纔容心而不能自止，則身雖坐於此，而心馳於外，又安能坐忘乎？○天隱子養生書，司馬承禎所著，其目有八：曰神仙、曰易簡、曰漸門、曰齋戒、曰安處、曰存想、曰坐忘、曰解神。其坐忘論曰：「坐忘者因存而忘也，行道而不見其行，非坐之義乎？有見而不知其見，非忘之義乎？何謂不行？曰心不動故。何謂不見？曰形都泯故。或問曰：『何由得心不動？』天隱子默而不答。又曰：『何由得形都泯？』天隱子瞑而不視。或道悟道，乃退曰：『道果在我矣，我果何人哉？天隱子果何人乎？』於是彼我兩忘，了無所照。」

〇伯淳昔 以意數之 不指點也。 再數之 乃著心把捉也，越不定，故不合。

廊 字彙：殿下外屋。

〇人心作主不定 若不做一個主云云 言心無主，則不能應事接物也。 怎 音津。俗語詞，猶何。 張天祺 伊洛淵源六卷載之。 萬姓統譜：「張戩，載弟，篤行不苟，爲一時師表，關中稱爲二張。云云。」〇語類曰：他是不思量事，又思量個不思量底。 寄寓在一個形象 言寄寓此心，置在一個物事形象之中。 〇程子曰：君實嘗患思慮紛亂，有時中夜而作，達旦不寐，其後告人曰：「近得一術，常以『中』爲念。」云云。 只是於名言之中，揀得一個好字。 與其爲中所亂，却不如一串數珠之愈也。 夜以安身，睡則合眼，不知苦苦思量個甚，只是不以心爲主。〇朱子曰：天祺是硬截，温公是死守。

有人胸中 持其志無暴其氣 孟子公孫丑篇。 〇朱子中庸章句序：必使道心常爲一身之主，而人心每聽命。

○**明道先生曰某寫字**　朱子曰：「此亦可以收放心。」又曰：「寫字要一筆一畫，嚴正分明。」○讀書録二曰：程子作字甚敬，曰「只此是學」。蓋事有大小，理無大小，大事謹而小事不謹，則天理即有欠缺間斷，故作字雖小事，必敬者，所以存天理也。

○**明道先生在澶州日修橋**　澶　逞延切。○語類曰：明道肚裏有一條梁，不知今人有幾條梁柱在肚裏。佛家有流注想，水本流將去，有些滲漏處便留滯。○李退溪自省録曰：事無善惡大小，皆不可有諸心中。此「有」字，泥著係累之謂，正心、助長、計功、謀利，種種病痛皆生於此，故不可有。若如三省之類，有事於心，即孟子所謂「必有事焉」之「有」，此豈所當無耶？如欲并此而無之，則自堯、舜、禹、湯精一執中，顏、冉請事斯語，皆可廢。而必如佛老枯槁寂滅，而後爲學之至也。奚可哉？然此二「事」字，亦難看得，如延平先生所謂「非著意，非不著意」，即此「事」字之意也。

○**伊川先生曰入道莫如敬**　朱子曰：「若且收斂身心，盡掃雜慮，令其光明洞達，方能作得主宰，方能見理。」又曰：「能居敬，則窮理工夫日益密。」又曰：「當以涵養爲先，若不涵養，而專於致知，則是徒然思索。」

○**人只有一個天理** 陳白沙曰：人具七尺之軀，此心此理之外，無可貴矣，渾是一包膿血裹一大塊骨頭耳。凡百所爲，一信血氣，云云。則命之曰禽獸可矣。○程子粹言曰：人之所以爲人者，以有天理也。天理之不存，則與禽獸何異矣。

○「**人多思慮**」云云 **誅四凶** 舜典：流共工于幽洲，放驩兜于崇山，竄三苗于三危，殛鯀于羽山。四罪而天下咸服。○蔡傳：「竄，則驅逐禁錮之。殛，則拘囚困苦之。云云。」又曰：「程子曰：『舜之誅四凶，怒在四凶，舜何與焉？』蓋因是人有可怒之事而怒之，聖人之心本無怒也。」 **有物必有則** 孔子説蒸民詩之言，見孟子。朱子注：「物，事也。則，法也。」

○「**静後見萬物**」章 **注明道詩** 二程全書五十四明道文集秋日偶成。○性理大全七十：熊氏曰：「萬物静觀者，觀其理也。自得，即萬物皆備於我之意。興，意趣也。與人同，即萬物各得其所之意。」○案，程子遺書曰：「周茂叔窗前草不除去。問之，云：『與自家意思一般。』本注云：『子厚觀驢鳴，亦謂如此。』」程子曰：「觀雞雛可識仁。」又曰：「切脉可以識仁。」皆萬物有春意之意。

○「**孔子言仁**」云云　陳新安曰：程子恐人認見賓、承祭，作勉强拘束之敬，故云然。蓋欲如所謂「禮之用，和爲貴」也。又恐人外貌如此而中心不如此，必於一念萌動，己所獨知之處而致謹焉，便是持守此敬之法。○雙峰饒氏曰：心廣體胖、周旋中禮，持敬之氣象耳，至於用功却在謹獨上。蓋人但見其出門使民耳，如見大賓，如承大祭，則人所不知，而己所獨知者，於此謹之，則得其用功之要。

○**聖人脩己以敬**〔四〕　語憲問篇。○講述：「言以敬來修己也。」蒙引：「修己以敬，兼内外動静而言，只在一句，便都了。只緣子路問不置，故以其效而言之。」○蒙引曰：百姓，舉天下而言。

篤恭而天下平　中庸之文。朱注：「乃聖人至德淵微，自然之應，中庸之極功也。」○蒙引曰：「修己以安百姓」，「篤恭而天下平」，兩句一意，可以相發明，故兼舉之。

上下一於恭敬　存疑曰：上指君，下指臣民，上能修己以敬，則下而臣民皆感之而恭敬。

天地自位云云　蒙引曰：惟上下一於恭敬，則和氣充塞於兩間，是以天地位，萬物育，而和氣之精英又鍾爲四靈。○朱子曰：位者，安其所也。育者，遂其生也。**四靈**　禮運曰：何謂四靈？麟鳳龜龍謂之四靈。**體信以達順**　朱子曰：「體信是致中，達順是致和。實體此道於身，則自然發而中節，推之天下而無所不通也。」又曰：「體信是忠，達順是恕。」陳澔曰：「體信以達順者，反身而誠，而達之天下無不順也。」**注風化**　韻會：上行下效謂之風。身行於上，風動於下，謂之化。**郊棷**　音藪。陳澔曰：「棷與藪同。」○字彙：「藪音叟，大澤也。」方嚴陵曰：「郊棷則在郊之棷也。宮沼則在宮之沼也。」○蒙引：體信、達順都在敬字内，兼體用，即所謂「致中和」也。○朱子曰：「言能恭敬則能體信達順。」又曰：「體信是實體此道於身。」**聰明睿智由是出**　蔡清曰：於天下之理，無所不聞曰聰，無所不見曰明，無所不通曰睿，無所不灼曰智。通者入于微之謂。○許白雲曰：聰明不專在耳目，蓋主於心而言。聰之精審，見之明了，皆是心上事。○講述云：「此」字、「是」字，俱指敬言。○朱子曰：「聰明睿智由是出者，言能恭敬，自然心便開明。」又曰：「敬則自然聰明，人所以不聰不明，止緣身心惰慢便昏塞了，敬則虛静，自然通達。」○愚謂：事天者存心養性，順天理而不輕易之，乃西銘之意也。○許東陽曰：程子此段是推極而言，以見敬之功用無窮。

室始。

○**不愧屋漏**　詩大雅抑之篇。○備考：猶曰不愧於暗室。○程子曰：學自不欺於暗

○**心要在腔子裏**　小學陳選注：腔子猶言身子。○小補韻會：腔，枯江切，骨體曰腔。○朱子曰：「心之爲物，常爲一身之主，以提萬事之綱，而不可有一刻之不存者也。」又曰：「敬便在腔子裏。」○小學衷旨曰：若放而不收，則無以存夫義理之良心也。○語類：問：「心要在腔子裏，若慮事應物時如何？」朱子曰：「身在此，則心合在此。」又曰：「孟子只管教人求放心，今人終日放去，一個身恰似個無梢工底船，流東流西，船上人皆不知。某嘗謂，人未讀書，且先收斂得身心在這裏，然後可以讀書求得義理。而今硬捉在這裏讀書，心飛揚那裏去，如何得會長進！」

「**只外面**」云云[五]　愚謂：外面有隙，言耳目口鼻之欲，有徇物于外，則心便走了，而不在腔子裏，故曰「制乎外所以養其内也」。

○**人心常要活**　朱子曰：心要活，天理存則活，人欲用則死。○愚謂：活者，活潑之謂，

又是常惺惺也。

○**明道先生曰天地設位**　上繫辭曰：天地設位，而易行乎其中。○本義：天地設位而變化行。○朱子曰：「天地云云。」，陰陽升降便是易。易者，陰陽是也。○語類曰：「易是自然造化，聖人本意只説自然造化流行，程子是將來就人身上説，敬則這道理流行，不敬便間斷了。前輩引經文，多是借來説己意。」又曰：「敬然後流行不息，敬才間斷便不誠，不誠便無物，是息也。」又曰：「天地人只是一個道理，天地設位而變易之理不窮，所以天地生生不息。」又曰：「便是天地底敬。」

○**毋不敬可以對越上帝**　周頌清廟詩曰：對越在天。○朱傳曰：對越其在天之神。○大雅大明詩曰：上帝臨女，無貳爾心。○愚謂：毋不敬則天理存，以此可事天饗帝，故可以對越上帝。

○**敬勝百邪**　愚謂：敬是存天理之工夫，敬而天理存則百邪自除，猶元氣復則百病自瘉。

○「**敬以直内**」云云　語類：「如何以此便謂之仁？」曰：「亦是仁也，若能到私欲净盡、天理流行處，皆可謂之仁。如克己復禮，亦是仁；『出門如見大賓，使民如承大祭』，亦是仁。『居處恭，執事敬，與人忠』，亦是仁。但從一路入，做到極處，皆是仁。」

「**若以敬**」云云　朱子曰：「敬立而内自直，若欲以敬要去直内則非。」又曰：「敬則本體之守也。」

○**子在川上**　子罕篇。○吴氏曰：「逝者」不指水，「斯」字方指水。○存疑曰：聖人即川流語道，欲人因此以悟道之在我者本無息，時時體察以遏人欲，使道之不息者，常存於我。○朱子曰：天理流行之際，如少有私欲以間之，不得流去。○程子曰：此道體也，天運而不已，日往則月來，寒往則暑來，水流而不息，物生而不窮，皆與道爲體，運乎晝夜未嘗已也。是以君子法之，自强不息，及其至也，純亦不已焉。○朱子曰：純，純一不雜也。○蒙引：大學誠意、正心、修身，天德也。齊家、治國、平天下，王道也。○程子曰：至誠無息，與天爲一，是曰天德。

○「**不有躬**」云云　「不立己」以下，程子語，非易傳。**撓**　字彙：亂也。又音擾，與擾同。○語類曰：「以立己爲先，應事爲後。」又曰：「隨那事物去，便是爲物所化。」

當得天下萬物 愚謂：言應事接物之際，物不能撓我，而皆從我所爲也。

○伊川先生曰 **公病** 猶通患也。

○閑邪則誠自存 易乾之九二。子曰：「庸言之信，庸行之謹，閑邪存其誠。」

今人外面云云 是不能閑邪，先欲存誠也。 **役役** 韻會：「役使也。」字彙同。韓文：「蹈常途役役[六]。」

故孟子言性善皆自内出 愚謂：乃上文所謂「不是外面捉一個誠將來存著」也。

注外鑠 孟子告子篇：「仁義禮智非由外鑠我也，我固有之也。」注：「鑠，以火銷金之名，自外以至内也。」

敬只是主一也 語類：「主一只是專一。」又曰：「主一兼動静而言。」 **注尹彦明曰** 案，是祁寬問主一之答也。

○**閑邪則固一矣**　語類：閑邪只是要邪氣不得入，主一則守之於内，二者不可有偏，此内外交相養之道也。

「**有以一**」云云　盧玉溪曰：外面整齊嚴肅，則内面便一。内面一，則外面便無非僻之干[七]。○小學衷旨曰：此心既一，則天理爲一，人欲不得相擾，自無非僻之干矣。此内外合一之説。○小學章句曰：一，專一也。○合璧曰：「未有外貌放肆而中心能一者。」又曰：「衣冠整齊，容貌嚴肅。」○愚案，葉注與盧玉溪異，將整齊嚴肅做内外説了，恐非。

○「**有言未感時**」云云　語類曰：只操便是主宰在這裏。

○**學者先務**　**絶聖棄智**　老子第十九章：絶聖棄智，民利百倍。○莊子胠篋篇：絶聖棄智，大盜乃止。

若欲免此　**如何爲主敬而已矣**　朱子曰：敬者一身之主宰，萬事之本根。○語類：問：「程子謂『有主則虚』，又謂『有主則實』。」曰：「有主於中，外邪不能入，便是虚。有主於中，理義甚實，便是實。」○朱子大全答廖子晦書曰：敬則内欲不萌，外誘不入。自其内欲不萌而言，則曰虛。自其外誘不入而言，故曰實。只是一時事，不可作兩截看也。○語類曰：「外邪不能入，是有主則虛也。」又曰：「無主則實者，自家心裏既無以爲之主，則外邪却入來實其中。」又曰：「若無主於中，則目之欲也從這裏入，耳之欲也從這裏入，鼻之欲也從這裏入，大凡有所欲，皆入這裏，便滿了，如何得虛？因舉林擇之作主一銘曰。云云。」 **注林用中** 萬姓統譜：林用中[八]，字擇之，始從林光朝學，後聞朱文公授徒建安，復往從焉。文公嘗稱其通悟。云云。謂爲畏友。

「所謂敬者」云云 語類：「敬主於一，做這件事更不做別事。無適，是不走作。」又曰：「只思一件事，如思此一事，又別思一事，便不可。」又曰：「『主一無適，只是莫走作，且如讀書時只讀書，著衣時只著衣，理會一事時理會一事了。』蜚卿曰：『非不欲主一，然竟不能。』曰：『這個須是習，程子也教人習。』」又曰：「伊川曰：『主一之謂敬，無適之謂一。』又曰：『人心常要活，則周流無窮，而不滯於一隅。』或者疑主一則滯。云云。道夫曰：『主一則心便存，心存則物來順應，何有乎滯？』曰：『固是。』又曰：『應此事未畢，而復有一事至，則當何如？』曰：『也須是做一件了，又理會一件，亦無雜然而應之理，但甚不得已，則權其輕重可也。』」○北溪字義曰：「程子謂『主一之謂敬，無適之謂一』，文公合而言之曰『主一無適之謂敬』，尤分曉。」又曰：「無事時，心常在這裏不走作，固是主一。有事時，心應這事，更不將第二第三事來插，是主一。」又曰：「無適者，心常在這裏不走。」又曰：「主一只是無適。」○朱子曰：主一只是心專一，不以他念雜之。無適只是不走作，如讀書時只讀書，著衣時只著衣，了此一件又做此一件。

尚不愧于屋漏　大雅抑詩。**注**　**拈**　韻會：奴兼切，撮也，指取物也。

○「**嚴威**」云云　祭義曰：嚴威儼恪，非所以事親也。○陳選云：嚴肅威重，儼正謹恪。

○**舜孳孳**　孟子盡心上：雞鳴而起，孳孳爲善者，舜之徒也。○輔氏曰：程子又教人以靜時工夫也。　**嘿**　字彙：與默同。

○**問人之燕居**　**箕踞**　字彙：人傲坐，形如箕也。○語類一百卷：邵康節於百原深山中闢書齋，獨處其中，王勝之常乘月訪之，必見其燈下正襟危坐，雖夜深亦如之，若不是養得至靜之極，如何見得道理如此精明。　**緱氏**　字彙：縣名。　**注**　**盤曲曰箕**云云　字彙：「盤，盤曲也。」又曰：「蹲，踞也。」韻會：「蹲踞而聚足。」

○**思慮雖多**　**注**　**等威**　出于左傳文公十五年。杜注：「等威，威儀之等差。」

○**蘇季明問** 蘇季明，伊洛淵源録九卷載之。○萬姓統譜：蘇昞始學於張載，而事二程卒業。

又問呂學士言 語類曰：涵養於喜怒哀樂未發之前，只是戒慎乎其所不睹，恐懼乎其所不聞。○程子粹言曰：或問：「求中於喜怒哀樂未發之前可也？」子曰：「求則是有思也，思則是已發也。」「然則何所據依，何以用功哉？」子曰：「存養而已矣。」○延平答問曰：李先生教人，大抵令於静中體認大本未發時氣象分明，即處事應物自然中節，此乃龜山門下相傳指訣。○問：「伊川謂不當於喜怒哀樂未發之前求，延平却教學者看發之前氣象何如？」王氏曰：「皆是也。伊川恐人於未發前討個『中』，把『中』做一物看。延平恐人未便有下手處，故令人時時刻刻求未發前氣象，使之正目而視惟此，傾耳而聽惟此，即是戒慎不睹、恐懼不聞的工夫，皆古人不得已誘人之言也。」

「**曰既有知覺**」云云 語類曰：「『未發之前須常惺地醒，不是瞑然不省，若瞑然不省，則道理何在？成甚麽大本？』曰：『常醒便是知覺否？』曰：『固是知覺。』曰：『知覺便是動否？』曰：『固是動。』曰：『何以謂之未發？』曰：『未發之前不瞑然不省，怎生説做静得，然知覺雖是動，不害其爲未動，若喜怒哀樂則又別也。』曰：『恐此處知覺雖動，而喜怒哀樂却未發否？』先生首肯曰：『是。下面説復見天地之心，説得好。復一陽生，豈不是動？』曰：『一陽雖動，然未發生萬物，便是喜怒哀樂未發否？』曰：『是。』」又曰：「大抵心本是個活物，無間於已發未發，常恁地活。伊川所謂動字只似活字，其曰怎生言静，而以復説證之，只是明静中不是瞑然不省故爾。」○愚謂：以復之一陽已動，爲見天地之心，人心亦天地之心，人心常活而醒，却是動也，怎生言静？雖然，喜怒哀樂未發，謂之静亦可也。

或曰先生　**静中須有物始得**　語類曰：只是言静時那道理自在，却不是塊然如死底物也。○問：「『静中須有物始得』，此物云何？」朱子曰：「只太極也。」　**注**　**瞌**　海篇：音磕，眼瞌也。

或曰敬何以　**如麻**　杜子美詩：雨脚如麻未斷絶。○愚謂：如麻，言繁也。　**須是習**

大甲曰：習與性成。　**注**　**學奕者**云云　孟子告子篇。

○人於夢寐間　朱子曰：夜之夢猶晝之思也。○胡氏曰：聖人誠存，則其夢治。他人思慮紛擾，則所夢亦亂。或邪或正，與旦晝所爲等爾。善學者謹其言動，而又必驗諸夢寐之間也。

注　**朱子曰魂與魄交**云云　愚謂：寤時魂發于外，及寐時，魂專于内，是魂與魄交也。

人心須要定[九] 語類：問：「『以心使心』，此句有病否？」曰：「無病，其意只要此心有所主宰，使他思時方思。」○愚謂：可思而思之謂。

○「**持其志**」云云　孟子告子篇。

○**問出辭氣**　語泰伯篇：「曾子曰：『出辭氣，斯遠鄙倍矣。』」集注：「辭，言語。氣，聲氣也。鄙，凡陋也。倍與背同，謂背理也。」

○**先生謂繹曰**　**繹**　張繹也。　**校**　字彙：通用較。較音教，相角也。○伊川歸自涪州，氣貌容色髭髮皆勝平昔。門人問：「何以得此？」曰：「學之力也。」

○「**伊川先生曰致知**」云云　朱子曰：「欲寡則無紛擾之雜，而知益明。」又曰：「二者自是兩頭説話，本如無相干，但得其道，則交相爲養。」　**注外無物欲**　屬寡欲。　**内有涵養**　屬有所養。

○**心定者**　語類曰：言發於心，心定則言必審，故的確而舒遲，不定則内必紛擾，有不待思而發，故淺易而急迫。

○**明道先生曰人有四百四病**　孫思邈千金方有四百四病之説。**皆不由自家**　伊川曰：疾病之來，聖賢有所不免也。**心須教由自家**　愚謂：「以心使心」之謂。

○「**謝顯道**」云云　問：「程子常教人静坐如何？」朱子曰：「亦是他見人要多慮，且教人收拾此心耳，初學亦當如此。」○朱子曰：「延平先生嘗言，道理須是日中理會，夜裏却去静處坐地思量，方始有得。某依此説去做，真個不同。」○語類曰：「静坐時便涵養得本原稍定。」又曰：「無事静坐，有事應酬，隨時隨處，無非自己身心運用。」又曰：「伊川解静專處，云『不專一則不能直遂』，閑時須是收斂，做事便有精神。」○朱子曰：舊見李先生，常教静坐。後來看得不然，只是敬字好，方無事時敬於自持，及應事時敬於應事，讀書時敬於讀書，便自然該貫動静，心無時而不存。○朱子大全答張元德書曰：明道教人静坐，蓋爲是時，諸人相從只在學中，無甚外事，故教之如此。今若無事固是只得静坐，若特地將静坐做一件工夫，則却是釋子坐禪矣。

但只著一敬字，通貫動静，自無間斷，不須如此分別。○愚謂：静坐之説自二程始。朱子曰：「孔孟以上却無此説。」蓋初學之人思慮煩擾，心志由何而定，故二程姑教人静坐而已。

○**横渠先生曰始學之要** 語雍也篇：子曰：「回也，其心三月不違仁，其餘則日月至焉而已。」○蒙引曰：「三月不違者，仁在内而爲主，私欲在外而爲客也。日月至者，私欲在内而爲主，仁在外而爲客。」又曰：「内外賓主之言，生於本文『至』之一字。」**過此幾非在我者** 問：「過此則聖人之意否？」朱子曰：「不然，蓋謂工夫至此，則非我所能用力，而自然不能已。」○蒙引：能過此勉勉循循之關，則欲罷不能矣，只此關難過。○存疑曰：勉勉循循，猶是在我用力時也。過此則在我無所用力矣。故曰「幾非在我」。○朱子曰：過此則自家著力不得，待他自長進去。**注前説** 指圈内注。**後説** 指圈外注。倪氏曰：「内外賓主之辨，朱子有兩説，陳氏以後説爲優。」○朱子曰：「三月不違者，仁在内而我爲主也。日月至焉者，仁在外而我爲客也。誠知辨此，則不安於客，而求爲主於内必矣。」又曰：「三月不違，是仁爲主，私欲爲客。日月至焉者，是私欲爲主，仁却爲客。然那客亦是主人，只是以其多在外，故謂之客，敬則常不要出外，久之亦是主人。」**循循** 字彙：次序貌。**注仁人之安宅** 孟子公孫丑篇。

大而化之　盡心篇。

○心清時少　注天君　荀子曰：心居中虛，以治五官，夫是之謂天君。

○人又要得剛〔一〇〕　程子曰：人有欲則無剛，剛則不屈於欲。○謝氏曰：剛與欲正相反，能勝物之謂剛。○呂東萊曰：弱者，天下之大害，學者之大患。人之所以不能爲善者，多是不能立志，故洪範以弱立於六極之後。大抵爲善生於剛，萬惡之原生於弱。　注委靡　韻會：委，隨也。靡，順也。

○「戲謔」云云　愚謂：戲則氣惰，氣惰則志流。

○定然後　朱子曰：「艮之象何以爲光明？」曰：「定則明，凡人胸次煩擾則愈見昏昧，中有定止則自然光明。莊子所謂『泰宇定而天光發』是也。」○大學曰：知止而後有定，云云。安而後能慮。

○動靜不失其時　易艮卦彖曰：艮，止也。時止則止，時行則行，動靜不失其時，其道光明。○本義曰：時止而止，止也。時行而行，亦止也。**擾**　字彙：音饒，煩也，亂也。○愚謂：擾擾，乃不止也。不當動而動也。**悠悠**　小補韻會：閑暇貌。○朱子曰：悠悠於學者最有病。**注因循**　字彙：無所作爲也。

○敦篤虛静　語類曰：敦篤虛静是爲仁之本。**閡**　字彙：與陔同。又與礙同，隔閡。

【校勘記】

[一] 此語前輩會用以解頤之象慎言語節飲食　「會」字，朱子語類作「曾」。

[二] 亦是自然而見於外也　「是」，益軒全集作「於」。

[三] 司馬承貞事潘師正　「貞」，萬姓統譜卷一百二十六作「禎」。

[四] ○聖人脩己以敬　據近思録備考體例，此條爲獨立章。葉采近思録集解此條則屬上「孔子言仁」章。

[五] 只外面云云　據近思録備考體例，此條屬上「心要在腔子裏」章，葉采近思録集解此條則爲獨

立章。

［六］蹈常途役役　「蹈常途役役」，益軒全集作「踏常途役役」，韓愈進學解作「踵常途之役役」。

［七］則外面便無非僻之干　「干」原作「于」，據文意及葉采近思録集解改。本條下一「干」字同。

［八］林用中　「中」字原無，據萬姓統譜補。

［九］人心須要定　據近思録備考體例，此條屬上「人於夢寐間」章，葉采近思録集解則自「問人心所繫著之事果善」至「人心自由便放去也」獨立爲章。

［一〇］〇人又要得剛　據近思録備考體例，此條爲獨立章。葉采近思録集解此條則屬上「心清時少」章。

近思録備考卷之五

克己類

語類曰：近思録五，改過遷善，克己復禮。○顔淵篇：「克己復禮爲仁。」注：「己謂身之私欲。」

○「濂溪先生曰」章　通書第三十一章。○朱子注云：此以乾卦爻詞，損、益大象，發明思誠之方。○易正義曰：「終日乾乾」，言竟此日健健自强不息。○損卦象：山下有澤，損。君子以懲忿窒欲。○本義曰：君子修身所當損者，莫切於此。○朱子曰：懲者，懲於今而戒於後耳。窒者，遏絶之使不行耳。○丘氏曰：忿欲者，吾身愛惡之私，皆所當損也。○損卦，艮上兑下。○益卦，巽上震下。○益卦象曰：風雷，益。君子以見善則遷，有過則改。○程傳曰：見善能遷，則可以盡天下之善；有過能改，則無過矣。益於人者，無大於是。○朱子曰：遷善便是有六七分是了，遷而就教十分是者。改過則十分不是，全然要改。此遷善改過之别。○語類九十四：朱子曰：「此章第一句言『乾乾不息』，而第二句言損，第三句言益者，蓋以解第一句，若要不息，須著去忿欲而有所遷改。中間『乾之用，其善是』，『其』字疑是『莫』字，蓋與下兩句相對，若只是『其』字，則無義理。」**注懲於忿**云云　朱子曰：人怒時自是恁突兀起來，故孫權云「令人氣涌如山」。○愚謂：去惡者，懲怒窒欲也。進善者，遷善改過也。**莫**　字彙：末各切，無也，勿也。○至乾之用，莫善是。

「**吉凶悔吝**」云云節　下繫辭曰：吉凶悔吝生乎動。○朱子曰：「悔者，將趨于吉而未至于吉。吝者，將趨于凶而未至于凶。」又曰：「吝者，口以爲是，文過而不改也。」○語類九十四卷：問：「此章前面懲忿窒欲，遷善改過，皆是自修底事，後面忽説動者何故？」朱子曰：「懲忿窒欲、遷善改過皆是動上有這般過失，須於方動之前審之，方無凶悔吝，所以再説個動。」○愚謂：易中多言吉凶悔吝。

○「**濂溪先生曰孟子曰**」章　通書後録曰：先生名張宗範之亭曰「養心」，而爲之記云：「孟子曰。云云。」○周子全書四卷，有養心亭説，即是也。周子曰：「張子宗範有行有文，其居背山而面水。山之麓搆亭，甚清浄[一]。予偶至而愛之，因題曰『養心』，既謝，且求説，故書以勉。」○性理大全：熊氏曰：「此篇言養心在於寡欲。寡而又寡，以至於無，則至於聖人地位矣。」○孟子盡心下：孟子曰：「養心莫善於寡欲。其爲人也寡欲，雖有不存焉者，寡矣。云云。」

○小注：張南軒曰：「存者，謂其心之不外馳也。」○朱子曰：「周子恐人以寡欲爲便得了，故言不止於寡欲而已，必至於無而後可耳。然無底工夫，則由於能寡欲到無欲，非聖人不能也。」曰：「然則欲字如何？」曰：「不同。此寡欲則是合不當如此者，如私欲之類。若是飢而欲食，渴而欲飲，則此欲亦豈能無，但亦是合當如是者。」○永嘉陳埴近思録雜問曰：此謂私欲耳，克去私欲，當自寡而至於無。

○「**伊川先生曰顏淵**」章　語顏淵篇。○蒙引：請問其目，何者爲己，而在所當克，何者爲禮，而在所當復。○朱子曰：己謂身之私欲也。禮者，天理之節文也。目者，條件也。○又曰：非禮者，己之私也。○直解曰：「視聽言動，皆有個自然的天則，是則所謂禮也。」又曰：「非禮皆己也。於此而禁之，皆克己也。」○存疑：「人之一身只是視聽言動四件，非禮皆勿，克己之條目盡矣。」又曰：「非禮即己私，視聽言動上，若有一毫不當爲處，便是非禮，便是己私。」○鄒魯指南曰：如非禮勿視，非既視而後禁之，亦非目不視之而已，勿有欲視之心方是。餘倣之。○圖解云：「勿」即上「克」字，勿視非禮，則視皆是禮，即是復禮。○四書節解云：吾身之視聽言動皆心也。一有涉於非禮即己也，故必禁止於心，非禮者勿視。○輔氏曰：遇不當視者，才起一念要視他，便是非禮。○愚謂：耳目口體皆有欲，故一任之則放僻邪侈，無不爲。若以禮制心，則欲去而理存，故曰仁。○程徽菴曰：動兼思貌而言。洪範五事備於此矣，不必以勿爲心。○洪範五事：貌言視聽思。○蒙引：「由乎中而應乎外」一句，帶「四者身之用也」，作一截。「制於外所以云云。」，自作一截。○蔡謨曰：四者身之用，心則其體。○或問：「克己工夫從内面做去，反説制於外如何？」朱子曰：「制却在内。」○語類四十一卷：朱子曰：「視聽言動，但有些個不循道理處，便是非禮。」又曰：「非禮勿視勿聽，姦聲亂色不留聰明，淫樂慝禮不接心術，非是耳無所聞，目無所視。」又曰：「『由乎中而應乎外』，這是勢之自然；『制於外所以養其中』，這是自家做工夫處。」問：「須是識別得如何是禮，如何是非禮？」朱子曰：「固是用分別得，然緊要在『勿』字上，不可放過。」又曰：「『制於外所以養其中』，這一句好看。」

「**顔淵事**」云云節[二]　論語曰：回雖不敏，請事斯語矣。○陳選曰：事，從事也。進者，進步幾及之意。**服膺**　中庸文。注：「著之心胸間，言能守也。」**箴**　小補韻會：誡也。医者以箴石刺病，故有所諷刺而救其失者，謂之箴。

視箴　講述：論四者之用，視爲急，故爲首句。次聽，次言，次動。○陳選曰：心之體本自虚明，而其用則隨物而應，無有形迹。○論語小注：葉氏曰：「目者一身之照鑒，五行精華之所聚，於心尤切，目動則心必隨，心動則目必注，心之虚靈千變萬化，欲加檢防，先以視爲準則。」

○朱子曰：人之視聽言動，視最在先，爲操心之準則，此兩句未是不好，至「蔽交於前」，方有非禮而視，故「制之於外，以安其內」，則克己而復禮也。如是工夫無間斷，則久而自從容不勉矣。故曰「久而誠矣」。○蒙引：此「則」字即上文「要」字。○小學衷旨曰：物欲之蔽心，皆從目先入。○小學纂疏：陳氏曰：「蔽指物欲之私，中指心之體。」○陳選曰：「制之於外」，克己也。「以安其內」，復禮也。至於真積力久，則誠矣。誠者，從容不勉者也。○蒙引：「久而誠矣」，是仁之極致也。○小學章句曰：誠者，真實無妄，不勉而能也。

聽箴 烝民詩曰：民之秉彝，好是懿德。○真西山曰：言執者，渾然一理具於吾心，不可移奪，若秉執然。○陳選曰：性即理也。人之秉彝，乃得於天之正理也。○輔氏曰：人心所秉之常性，乃得之於天，而聽其所當聽，不聽其所不當聽者，即秉彝之性也。○樂記曰：「知誘於外。」又曰：「物至而人化物。」○語類四十一：問：「『知誘物化，遂亡其正』，這個『知』是如何？」朱子曰：「樂記云：『人生而靜，天之性也。感於物而動，性之欲也。欲至知知[三]，然後好惡形焉。好惡無節於內，知誘於外，不能反躬，天理滅矣。』人莫不有知，知者所當有也。物至則知足以知之，而有好惡，這是自然如此。到得好惡無節於內，知誘於外，方始不好去。」○蒙引曰：「知誘」，「知」字從知覺上説，謂知誘於物，而爲物所化也。○胡氏曰：「知誘物化」者，因有所聞而隨物以往也。○陳氏曰：化則與之相忘如一，而無彼我之間也。○小學章句曰：人有秉執之常性，受於天命，無有不善，惟情欲既動。云云。**卓** 字彙：特立也。○胡氏曰：每聽則審其所止，而不爲物遷也。**閑邪存誠** 乾卦文言文。○小學章句曰：知所當止，不爲物誘。邪，即物誘也。○陳選曰：惟彼先覺之人，卓然自立，知其當止，而志有定向，故能防閑其邪妄於外，而存其實理於內，自然非禮勿聽也。○愚謂：此以先覺爲耳不妄聽之法。

言箴 陳選曰：人心有動於內，因言以宣於外，所謂言者心之聲也。發，發言也。樞機，喻言，謂言能興戎出好，且召吉凶榮辱也。傷於輕易則妄誕，傷於煩多則支蔓，已放肆則悖於人。云云。四者言之病也。訓辭，訓戒之辭，即非法不道也。○蒙引：躁，雜冗。妄，逆理。○易繫辭曰：言行，君子之樞機也。○陳選曰：人之禍福榮辱繇於言，故比於樞機。○大禹謨曰：惟口出好興戎。○古文真寶注：言出而興兵戎，或言出而兩國結好。○蒙引：言語是人之樞機，而下文説出曰。云云。「矧是」以下四句，就利害上説。**惟其所召** 朱子曰：言發於口，則有二者之分，可畏如此。○支與枝同，猶木之多枝。○古文真寶注：言語太多，則支離不可曉。○語類四十一：朱子曰：「上四句是就身上最緊要物處，須是不躁妄，方始靜專。纔不靜專，則自家這心自做主不成，如何去接物。下云『矧是樞機云云。』四句，都是説謹言底道理。下四句却説四項病。」**出悖來違** 大學曰：言悖而出者。云云。**已肆物忤云云** 蒙引：便是樞機之意。

非法不道 孝經文。○小學合璧曰：非是先聖法度之言[四]，則不敢道。○蒙引曰：「非法」一句，只替「非禮勿言」之一句，用仄韻爲協耳。**注** **機弩牙也** 釋名云：其柄曰臂，似人臂也，鉤絃者曰牙，云云。合名之曰「機」。

動箴 講述：謂四者之司動爲大，舉一身之容皆是動，包視聽言在中。○繫辭曰：「知幾其神乎？」又曰：「幾者動之微。」○愚謂：周子曰「幾者善惡」，蓋善惡已動而未形之間，一念細微處。○陳北溪曰：哲人於一念微動，便已知覺而實之，志士於事爲已著，方知覺守之。○蒙引曰：兼「誠之於思」、「守之於爲」言者，思者心之動也，爲者迹之動也。云云。本文「動」字自兼此。○朱子曰：哲人、志士非是兩般人，却是覺得有遲速，不可道有兩般做工夫去，須著隨處照管。○語類四十一卷：問：「『哲人知幾云云。』四句，莫有優劣否？」朱子曰：「思是動之微。云云。這個是該動之精粗，蓋思於内不可不誠，爲於外不可不守。」○愚謂：邵子曰：無身之過則易，無心之過則難。故以哲人、志士爲二項而言乎？○朱子曰：「哲人、志士説兩般人，雖是兩般，大抵順理便安裕，從欲便危險。」又曰：「『順理則裕，從欲惟危』是緊要，這是生死路頭。」○小學合璧曰：哲人、志士雖異，大抵順乎天理而動，則從容安裕，從於人欲而動，則姦險而危殆。○案，小學句讀説，亦與合璧同意，與葉注異。**順理云云** 陳氏曰：結上文二者之動。**造次** 論語注：急遽苟且之時。○書多方：惟狂克念作聖。○詩小旻云：「戰戰兢兢。」傳云：「戰戰，恐懼。兢兢，戒謹。」○陳選曰：動於心，造次而克念；動於身，戰兢而自持。內外交致其力也。

習與性成

書大甲云：伊尹曰：「茲乃不義，習與性成。」○蒙引：「習與性成」，言習慣如自然也。新安說非是，以性爲氣質了。○小學合璧曰：與天命之性俱成，而有以全其本然之善矣。○古文真寶注：習慣自然合於天理。○小學章句曰：「其思也，造次能念而不妄。其爲也，戰兢自持而不肆。云云。如是習之久，則不待勉强，如天性然，而與聖賢無異矣。」又曰：「思者心之動，乃理欲初分路頭。云云。爲者身之動，乃見於事爲之時。」蔡覺軒說與陳選及章句同。○蒙引曰：四箴通是制外安內意。視曰制之外，云云。聽曰閑邪存誠，言曰發禁，云云。動曰造次，云云。都是此意。○朱子曰：此章問答，乃傳授心法切要之言。程子之箴，發明親切，學者尤宜深玩。

○「**復之初九曰**」章　程傳曰：无祇悔，不至於悔也。○易說統云：陽本天地生生之心，自剝之反爲復也。如寐而寤，往而來，由未復前觀之，故謂之復。○胡雲峰曰：復善貴早，善失之遠而復，必至有悔。○雙峰饒氏曰：人之一心，善端緜緜，本自相續。念慮之間，雖或小有所差，而其慊然不自安之意已萌於中。是即天地生物之心之所呈露，而孟子所謂「怵惕惻隱之心」者也。人唯省察克治之功不加，雖有爲善之幾，而无反善之實，是以縱欲妄行，而其悔至于不可追也。善用力者，誠能因是心之萌而速反之，使不底于悔焉，則人欲去而天理還矣。此不遠之復，以脩身也。

「**顔子無形顯之過**」節　韓文十四卷顔子不貳過論曰：所謂過者，非謂發於行，彰於言，人皆謂之過而後爲過也。生于其心則爲過矣。**夫子謂其庶幾**　繫辭曰：「子曰：『顔氏之子，其殆庶幾乎！有不善未嘗不知之，知之未嘗復行也。易曰：「不遠復，無祇悔，元吉。」』」本義云：「庶幾，近意，言近道也。」

○「**晉之上九晉其角**」章　朱子本義曰：角剛而居上，上九剛進之極，有其象。○大全：徐氏曰：「進而至於角，窮而无所往，獨用其剛而伐邑，以治其内。」○程傳云：不失中正爲貞。

「**雖自治**」節　程傳云：極於剛進，雖自治有功。云云。

○「**損者損過**」章　本義曰：損，減省也。○程傳曰：以誠敬爲本，多儀備物，所以將飾其誠敬之心，飾過則爲僞矣，損飾所以存誠也。

峻宇雕墻　五子之歌曰：「峻宇雕墻有一於此，未或不亡。」蔡傳：「峻，高大也。宇，棟宇也。雕，繪飾也。」〇字彙：屋四垂爲宇。

酒池肉林　紂事，出于史記。　**黷武**　後漢書劉虞傳之文。注：「黷猶慢，數也。」

〇「**夬九五曰**」章　**夬**　字彙：音怪，卦名。〇易象曰：夬，決也，剛決柔也。〇澤天☱☰〇程傳曰：五雖剛陽，然切近於上六，上六説卦，而卦猶一陰[五]，陽之所比也。五爲決陰之主，而反比之，其咎大矣。故必决其夬[六]，如莧陸然，則於其中行之德，爲无咎也。中行，中道也。莧陸，今所謂馬齒莧是也。曝之難乾，感陰氣之多者也，而脆易折。五若如莧陸，雖感於陰而決斷之易，則於中行无過咎矣，不然則失其中正也。感陰多之物，莧陸爲易斷，故取爲象。

〇「**方説而止**」章　程傳曰：内兑外坎，説以行險也。人於所説則不知已，遇艱險則思止，方説而止，爲節之義。〇本義：節，有限而止也。〇朱子曰：説則欲進，而有險在前，進去不得，故有止節之義。

○「**節之九二**」章　九二之傳也。

○「**人而無克伐怨欲**」章　語憲問篇曰：「克伐怨欲不行焉，可以爲仁矣？」子曰：「可以爲難矣，仁則吾不知也。」○集注：克，好勝。伐，自矜。○蒙引曰：四者約言之，總是人欲。既曰不行，則是人欲猶在，而但力制之耳。○講述：不行與克己異者，克己是克之，使不留於中，如去草而絶其根，所以爲仁。不行是制之，使不發於外，如以石壓草，所以未仁也。

知其爲難而不知其爲仁　愚謂：知、不知，自孔子言之。**注**　**怨忿恨**　存疑云：忿急，恨緩，即忿之留也。

○「**治怒爲難**」章　程子遺書曰：有恐懼心，亦是燭理不明，亦是氣不足。○問：「有人夜怕鬼者，奈何？」王氏曰：「只是平日不能集義，而心有所慊，故怕。若素行合於神明，何怕之有？」

○「**堯夫解**」云云章　程子曰：玉之温潤，天下之至美也。石之粗厲，天下之至惡也。

○謝疊山曰：邪類與善類非同氣，猶玉石不同山石。而攻玉猶小人謗君子之無德，所以儆君子而進于德；欺君子之無才，所以儆君子而勉全才也。○居業録曰：他山之石，可以攻玉者，以其能生吾戒懼之心也。戒懼則德成，惰慢則德亡。

動心忍性　孟子告子下篇。朱注曰：「動心忍性，謂竦動其心，堅忍其性也。然所謂性，亦指氣稟食色而言耳。」○朱子曰：動其仁義禮智之心，忍其聲色臭味之性。○講述云：動心是仁義固有之良心，但蔽于逸欲，則其機泯，故必困苦而後能動。

○「**目畏尖物**」章　語類：疑病每如此，尖物元不曾刺人，他眼病，只管見尖物來刺人耳。伊川又一處説此稍詳。有人眼病，嘗見獅子。伊川教他見獅子則捉來，其人一面去捉，捉來捉去捉不著，遂不見獅子了。○程子外書曰：有患心疾，見物皆獅子，伊川教之以見即直前捕，執之無物也，久之疑疾遂愈。○語類：問：「習得不怕，少間到危疑之際，心亦不動否？」朱子曰：「是如此。」

○「**舍己從人**」章　孟子公孫丑上曰：大舜有大焉，善與人同，舍己從人，樂取於人以爲善。

〇「**九德最好**」章　臯陶謨篇。〇書經講義云：人之才性，中和而不偏者[七]，皆謂之德。云云。禹因問「九德」之目何如，臯陶遂悉數之説：「凡人之寛洪者，或流于縱弛，惟寛而又能莊嚴整肅，則寛得其中，而不過于寛。這是一德。云云。謹厚者或過于鄙朴，惟愿而又能恭而中禮，則愿得其中，而不失之野。這又是一德。有治才者或少敬畏。云云。馴順者或失之優柔，惟馴而又能果毅有爲，則馴得其中，而不至于無斷。這又是一德。勁直者或過于峭厲，惟直而又且温和可親，則直得其中。云云。簡易者過于坦率，惟簡而又有廉隅分辨，則簡得其中。」〇蔡傳曰：愿而恭者，謹愿而恭恪也。云云。亂而敬者，有治才而敬畏也。云云。剛而塞者，剛健而篤實也。强而義者，强勇而義也。而，轉語辭也。正言而反應者，所以明其德之不偏，皆指其德之自然。

注 **勁**　字彙：音敬，健也，堅也。

游氣紛擾　朱子曰：游氣是發散生物底氣。游亦流行之意。

〇「**飢食渴飲**」章　語類：問：「飢食渴飲，冬裘夏葛，何以謂之天職？」朱子曰：「這是天教我如此，飢便食，渴便飲，只得順他，窮口腹之欲便不是。蓋天只教我飢則食渴則飲，何曾教我窮口腹之欲。」〇愚謂：飢食渴飲，冬裘夏葛，皆是人事之當然，日用不可缺者，而天賦之分也。故得順理而無貪心，則四者亦天職也。

○「**獵自謂**」章　愚謂：凡人之情欲，潛隱未發者多矣，未可謂已無是欲，一旦觸之，則情竇忽開而不可止。○明吳與弼，號康齋，年十九，一見伊洛淵源録，心慨慕焉，及睹明道亦有獵心，乃知聖賢之必可學，遂棄舉業，謝絶人事，日玩四書、諸經、洛閩語録。出于明言行録。

○「**罪己**」云云章　王氏曰：悔悟是去病之藥，然以改之爲貴，若留滯於中，則又因藥發病。

注「**沮**」字彙：止也，抑也，隔也。

○「**明道先生曰子路**」章　孟子公孫丑上曰：子路，人告之以有過則喜。**注**「**兼人之勇**」論語先進篇曰：「由也兼人。」朱注：「兼人，謂勝人。」○存疑曰：兼人，蓋一人兼兩人之勇，猶云加倍於人也。

○「**人語言**」章　吳臨川曰：學不足以變化氣質，何以爲學哉！

○「**問不遷怒**」云云章　語雍也篇。顏子之事也。○講述曰：「本怒他這個事，到那個事來，這怒心猶在，便是遷怒。」又曰：「不遷怒，無一毫之留滯，爲克己之至。」○邵子曰：無身過易，無心過難。顏子不貳過，是心過。○存疑：怒與過皆己私也，不遷不二皆由克己。○蒙引：甲乙是兩人。

如舜之誅四凶　事見舜典。

「**世之人固**」云云節　左傳昭公十九年云：所謂室於怒，市於色。○明道定性書曰：聖人之喜，以物之當喜。聖人之怒，以物之當怒。是聖人之喜怒，不繫於心而繫物也。

○「**人之視**」章　**仰不愧**云云　孟子盡心上：仰不愧於天，俯不怍於人，二樂也。

怍 音昨[八]。　**注欿** 字彙：不足貌。孟子：「自視欿然。」

「○**聖人責己感**」章　愚謂：感者，吾誠意使人感也。應者，他人應吾感之也。感者，工夫也。應者，效驗也。

〇「**謝子與伊川別一年**」章　王氏曰：程門上蔡去得一矜字。云云。傲生客氣。傲，矜之别名也。傲，凶德。纔傲，意氣便驕，聲色厲，自處便高，視人便下。云云。傲之反爲謙，謙之六爻無凶德。

〇「**思叔**」章　**詬**　字彙：古候切，詈也。

〇「**見賢**」章　語里仁篇。

〇「**横渠先生曰湛一**」章　語類曰：湛一，是未感物之時，湛然純一，此是氣之本。攻取，如目之欲色，耳之欲声，便是氣之欲，攻取那物。**屬厭**　左傳曰：「願以小人之腹，爲君子之心，屬厭而已。」林氏注：「屬音燭，足也。厭，平聲。」國語韋昭注：「屬，適也。厭，飽也。」

〇「**惡不仁**」章　孟子盡心上曰：「行之而不著，習而不察。」注：「著者，知之明。察者，識之精。」

「**是故徒善**」節　性理大全集釋曰：好仁，仁也。惡不仁，義也。語不及義，張子推言之。○里仁篇：子曰：「我未見好仁者，惡不仁者。」

○「**責己者**」章　集釋曰：責己反躬者，當知天下之大，國家之廣，無人人皆非之理，爲學至于但務盡己，未嘗咎人，此學問之極功也。

○「**矯輕**」章　字彙：「揉箭曰矯。」小補韻會：「正曲曰矯。」○胡敬齋曰：學者之所患，最是惰與輕，惰則自治廢，輕則物欲恣。只敬一字可以治之。

○「**君子不必避**」章　曲禮下曰：「天子視不上於袷，曲領也。不下於帶。國君綏視。」注：「綏，頹下之貌，視國君者目不得平看於面。」**堂堂乎**云云　論語子張篇之文，曾子之語也。注：「堂堂，容貌之盛也。言其務外自高，不可輔而爲仁，亦不能有以輔人之仁也。」**注**

遜志　説命曰：「惟學遜志，務時敏，厥修乃來。」注：「遜，謙抑也。」

「**人之有朋友**」節　論語：以友輔仁。**善柔**　論語注：善猶工也。善柔謂工於媚悦而不諒。**注**「**相觀**」學記曰：相觀而善謂之摩。

「**仲尼嘗曰**」節　語憲問篇。○論語注：禮，童子當隅坐隨行。○存疑云：居位是居於正位，不偶坐也[九]。○狐白解曰：位是長者之位。○圖解曰：先生是長者，非師也。○存疑云：欲速成者不止童子之位，欲進於成人之列也。

「**詩曰温温恭人**」節　輔慶源曰：人温柔則消磨了那客氣，其德方可進。○六帖云：温温字重，乃形容恭人之貌，人未有矜高而可以進德者。○真西山曰：温者和易之意，筑室者以基爲固，修身者以敬爲本，故此温温恭謹之人有立德之基也。

○「**世學不講**」章　陳選曰：壞，謂壞其質性。親，父母也。有物我，如言分彼此也。病根，即驕惰也。

「**爲子弟**云云」　此言病根隨所居而長也。

【校勘記】

[一] 甚清浄　「甚」，益軒全集無。

[二] 顔淵事云云節　「淵」下，葉采近思録集解有「請」字。

［三］欲至知知　「欲」，朱子語類卷四十一作「物」。

［四］非是先聖法度之言　「是」，益軒全集無。

［五］上六説卦而卦猶一陰　「卦」，易程傳作「體」；「猶」，易程傳作「獨」。

［六］故必決其夬　「夬」，易程傳作「決」。

［七］按：自「治怒爲難」章「不足」至此處的「人之才性中和而」，原錯在卷五「獵自謂」章「亦有獵心」之下，今更正。

［八］**作**音昨　「昨」，益軒全集作「星」。

［九］不偶坐也　「偶」，禮記檀弓上作「隅」。

近思録備考卷之六

○「伊川先生曰」章　語學而篇：弟子入則孝，云云。行有餘力，則以學文。

○「孟子曰」章　離婁上篇。

○「幹母之蠱」章　程傳曰：「蠱，事也。蠱非訓事，蠱乃有事也。」又曰：「蠱之義，壞亂也。在文爲蠱[二]，皿之有蟲，蠱壞之義。云云。既蠱而治之，亦事也。」○東坡云：器久不用則蟲生之謂蠱。云云。○本義曰：九二剛中，上應六五，子幹母蠱而得中之象。以剛承柔而治其壞，故又戒以不可堅貞，言當巽以入之也。

「從容將順」節　孝經曰：將順其美。**矯**　字彙：强亢貌。**拂**　戾也。○「事治而已」之下，程傳曰：「故曰『不可貞』，謂不可貞固，盡其剛直之道，如是則中道也。」

○「**正倫理**」章　程子易傳曰：家人者，家内之道，父子之親，夫婦之義，尊卑長幼之序，正倫理。云云。○象曰：父父、子子、兄兄、弟弟、夫夫、婦婦，而家道正。**注** **以正倫理爲先**通書曰：萬物各得其理然後和，故禮先而樂後。○愚謂：是亦以正倫理爲先之意。

○「**人之處家**」章　案，私愛者，情與恩也。正理者，禮與義也。**以剛爲善**　傳又曰：初三上是也。

○「**家人上九**」章　程傳曰：治家者在妻孥情愛之間，慈過則無嚴，恩勝則掩義，故家之患，常在禮法不足而瀆慢生也。長失尊嚴，少忘恭順，而家不亂者，未之有也。故必有威嚴則能終吉。

○「**歸妹九二**」章　九二象傳也。○楊誠齋曰：幽則至静而不可動，貞則至潔而不可測，皆陽剛中正之德也。○潘氏曰：守其幽静之正以奉承乎五，可謂賢矣。幽，女德也，未變女德之常也。**媟**音屑。**狎**音洽。

○「人無父母」章　陳選云：念父母鞠育之劬勞，故倍增悲痛。可者，可置酒張樂也。○小學衷旨曰：父母俱存，一樂也。何可不置酒張樂以爲樂。○通鑑唐太宗紀二十年：太宗曰：「今日吾生日，世俗皆爲樂，在朕翻成傷感。今君臨天下，富有四海，而承歡膝下，永不可得。此子路所以有負米之恨也。詩曰『哀哀父母，生我劬勞』，奈何以劬勞之日，更爲宴樂乎！」

○「問行狀云」章　明道行狀，見乎二程全書及伊洛淵源録。○易説卦傳：窮理盡性，以至於命。○程子曰：三者未嘗有異，窮理則盡性，盡性則知天命，天命猶天道也。○案，張子、朱子之説，與程子異。語類七十七及易大全可考。○本義：盡人物之性，而合於天道。○朱子曰：充其性之所有，方爲之盡。○語類：朱子曰：「窮理是知，盡性是行，如爲子知所以爲孝，爲臣知所以爲忠，此窮理也。爲子能孝，爲臣能忠，此盡性也。」○勉齋云：性命一也，天所賦爲命，物所受爲性。

注王季之友　詩大雅皇矣篇云：「維此王季，因心則友，則友其兄。」朱傳：「因心，非勉强也。善兄弟曰友。兄謂太伯也。」

「然今時」節　由之而不知　孟子盡心上曰：行之而不著，習而不察焉，終身由之，而不知其道者，衆也。○四書直解曰：「自少至老，終身由於斯道之中，而不知斯道爲何物者，比比皆然也。」又曰：「百姓日用而不知。云云。子思說『人莫不飲食也，鮮能知味也』[二]。孟子之言，蓋本於此。」

○「**問第五倫**」章　第五，姓。倫，名。爲司空。司空，東漢三公之一也。○後漢書本傳：倫少介然有義行，居以貞白稱。

「**視己子**」節　**兄弟之子猶子也**　檀弓之文。

「**又問天性**」節　**孔子曰父子之道天性也**　孝經之文。○吴臨川曰：父慈子孝，天性之本然。

以兄弟爲手足　愚謂：言欲爲一體而親愛之，故古人以兄弟爲手足。禮記曰：「骨肉之恩，手足之愛。」又李華云：「誰無兄弟，如手如足。」**兄之子不甚美**　謂才之不美也。

必擇其相稱者云云　愚謂：非言擇庸惡者配我女，唯欲其才知之相稱而已。○避嫌爲名則不可，爲免禍而爲之者可也。文選曰：「君子防未然，不處嫌疑間。」温公曰：「嫌疑之間，不可不慎。」○愚謂：孔子妻于南容與公冶長，或其女與婿之年不相若，或妻之有先後，非一時之事，皆不可知也。

○「**問孀婦**」章

「**又問**」節　**餓死事極小**　司馬選曰[三]：人固有一死，或重於太山，或輕於鴻毛，用之所趨異也。○小學章句曰：人皆有死，守節而至餓死，則餓死比之失節爲小矣。失節則無人道，而不可以立於天地之間，故曰「事極大」。此一章，言孀婦不可再嫁人，而人亦不可娶也。

○「**病臥於床**」章　小學章句曰：醫者死生所係，子有病，委之庸醫，雖非不慈，比之不慈。親有病，委之庸醫，雖非不孝，比之不孝。子能知醫，則親病不爲庸醫所誤矣。○問：「人子事親學醫，如何？」程子曰：「最是大事。今有璞玉於此，必使玉人雕琢之。蓋百工之事，不可使一人兼之，故使玉人雕琢之也。若更有珍寶物，須是自看，必不肯任其自爲也。今人視父母疾，乃一任醫者之手，豈不害事？必須識醫之道理，別病是何如，藥是何如，故可任醫者也。」或曰：「己未能盡醫者之術，或偏見不到，適是害事，奈何？」曰：「且如識圖畫人，未必畫得如畫工，然他却識別得工拙。如自己曾學，令醫者說道理，便自見得，或已有所見，亦可說與他商量。」○語類云：先生語朋舊，無事時不妨將藥方看，欲知得養生之理也。

〇「**程子葬父**」章　程子父名珦。**周恭叔**　程子之門人也。伊洛淵源録十四有傳云：恭叔未三十見伊川，持身嚴苦，塊坐一室，未嘗窺牖。幼議母黨之女，登科後，其女雙瞽，遂娶焉，愛過常人。伊川曰：「頤未三十時，亦做不得此事。云云。」〇雜記下云：君子不奪人喪，亦不可奪喪也。

〇「**買乳婢**」章　**虞**　字彙：備也，慮也。

〇「**先公太中**」章　伊川文集先公太中家傳之文也。先公，程子父也。父卒稱先公或先君。太中，官名。案，伊川文集：程珦任太中太夫。〇珦，字彙：音鄉，又音商，義同。**任子**　書言故事云：父爲官而舉其子謂之任，子受父官蔭曰父任。前漢張安世以父任爲郎，大臣得舉其子弟爲父所保任，故得爲郎。〇說文：任，保也。〇伊洛淵源録：太中公屢得任子恩。**親戚**　孔穎達禮記疏：親指族内，戚言族外。**從女兄**　劉氏之女，乃珦之從女兄也。其子，從女兄之子也。**姝**　與姪同。女兄，珦之姊也。甥女，女兄之女也。〇語類：問：「取甥女歸嫁一段，與前孤孀不可再嫁相反，何也？」曰：「大綱恁地，但人亦有不能盡者。」〇五雜組八曰[四]：聖人制禮本乎人情，婦之事夫，視之子之事父、臣之事君，原自有間。即今國家律令，嚴於不孝不忠，而婦再適者無禁焉，豈以人情哉？抑亦厚望於士君子，而薄責於婦人女子也。

「**公慈恕**」節　「侯夫人事舅姑」以下，上谷郡君家傳之文也，見于伊川文集。侯夫人者，二程之母也。**自牧**　易謙卦初六象曰：謙謙君子，卑以自牧也。**稟**　字彙：受命也。**從叔幼姑**　珦之少妹，程子之叔母也。爾雅：「夫之弟曰叔。」**笞**　字彙：抽知切，捶擊也。**扑**　匹各切，音粕，杖也。**呵**　與訶同，責也。**夫人男子六人**　案，伊川文集：長應昌，次天錫，皆幼亡。次顥，次頤。次韓奴、蠻奴，二人皆夭。**絮羹**　曲禮曰：「毋絮羹。」注：「絮，謂羹無味，就器調和之。」**夜出秉明燭**　内則曰：女子夜行以燭，無燭則止。○列女傳曰：禮，婦人不得傅母，夜不下堂，行必以燭。**閤**　字彙：内中小門。

○「**横渠先生嘗曰**」章　王雲鳳云：生事死祭，皆當親爲之。○論語曰：吾不與祭，如不祭。○祭統云：君子之祭，必身親莅之，有故則使人可也。**注行狀**　張子行狀，吕與叔製之，伊洛淵源録載之。

○「**舜之事親**」章　蔡注：心不則德義之經爲頑，口不道忠信之言爲嚚。○小學章句曰：舜盡事親之道，宜得親之悦，而猶不悦者，爲其頑嚚。云云。若中人之性，未必若舜父母。云云。

親之故舊所喜　陳選曰：故舊中所喜者。○王雲鳳曰：「或故舊，或凡所喜。」案，二説不同。○陳選曰：賓客之俸，謂酒殽之類。　**辦**　字彙：辦同，具也，音瓣。

○「**斯干詩言**」章[五]　陳選云：「斯干，小雅篇名。式，語辭。好，和。」朱子曰：「不要相學，言不要相學其不好處。」　**厮**　鶴林玉露五相字音厮：白樂天詩云：「爲問長安月，誰教不相離。」「相」字下自注云：「思移切。」乃知今俗作「厮」字者，非也。○小學「厮」字作「相」。○小學章句曰：此一章言兄弟各盡其道。

○「**人不爲周南**」章　孔子之言，見于語陽貨篇。集注云：「爲，猶學也。周南、召南，詩首篇名，所言皆修身齊家之事。正墻面而立，言即其至近之地[六]，而一物無所見，一步不可行。」

○「婢僕始至」章　【掇】字彙：都奪切，拾也，採也。○提掇者，在上者提掇之也。更謹，亦在上者謹之也。本心者，婢僕始至之心也。

【校勘記】

［一］在文爲蠱　「蠱」，易程傳作「蟲皿」。
［二］子思説人莫不飲食也鮮能知味也　「子思説」，中庸第四章作「子曰」。
［三］司馬選曰　「司馬選」，當作「司馬遷」。
［四］五雜組八曰　「組」，益軒全集作「俎」。
［五］斯干詩言章　「干」原作「于」，據文意改。下「干」字同。
［六］正墻面而立言即其至近之地　「正墻面而立言即其至近之地」，益軒全集作「正面墻而立言即即至近之地」。

近思録備考卷之七

出處類

語類曰：近思録七，出處進退辭受之義。

○「**伊川先生曰賢者**」章　蒙卦彖曰：匪我求童蒙，童蒙求我，志應也。○呂東萊云：必待童蒙先來求我，志與我相應，然後可教。

其尊德云云　孟子公孫丑篇文。蒙引：「德就賢者身上説，道就賢者所抱説。」尊注云：「自古名世之士，大抵皆以此卜其君，以決其去就。」

○**比吉**　比卦彖文。○程傳曰：「比，親輔也。比，吉道也。人相親比，自爲吉道。」又云：「人之類必相親輔然安[二]。」又曰：「筮謂占決卜度，非謂以蓍龜也。」○本義曰：再筮以自審有元善長永正固之德。云云。○案，「原」字，程傳爲「推原」，本義爲「再」之義。○司馬温公曰：原筮者，比不可以苟合也。比之道不可以不善也，不可以不長久也，不可以不正也。故曰「元永貞，無咎」。○文言曰：元，善之長也，君子體仁足以長人。○易娵嬛曰：果有元善之德，足以長人，且必無間斷而永無姑息而貞。

〇「**履之初九曰**」章　呂東萊曰：此最是教人出門第一步。〇吴臨川曰：初九陽剛，安於在下，不變所守，素其位而行者也。舜飯糗茹草，若將終身，顏子居於陋巷，不改其樂。其斯之謂歟？〇程子曰：素履者，雅素之履也。

「**若欲貴**」節　象曰：「素履之往，獨行願也。」傳曰：「安履其素而往者，非苟利也，獨行其志願耳。云云。若欲貴。云云。」

〇「**大人**」章　本義：否，閉塞也。

〇「**人之所隨**」章　隨六二曰：「係小子，失丈夫。」傳曰：「係小子而失丈夫，捨正應而從不正，其咎大矣。」

〇「**君子所賁**」章　賁初九。程傳曰：「趾取在下而所以行也。君子修飾之道，正其所行，守節處義，其行不苟，義或不當，則舍車輿而寧徒行。衆人之所羞而君子以爲賁也。云云。守節義，君子之賁也。」○本義曰：剛德明體，自賁於下，爲舍非道之車而安於徒步之象。○郭氏曰：君子以義爲榮，不以徒行爲辱。初九以賤自居，舍車而徒，所謂窮而不失義也。○象曰：舍車而徒，義弗乘也。○易蒙引：舍車而徒，申「賁其趾」之意也。○説統：「在下，故稱趾。」又曰：「軒車，人之所以爲賁也。初以徒爲義，不以乘爲義，則以義爲榮，不以車爲榮矣。」

○「**蠱之上九**」章　程傳曰：上九居蠱之終，處事之外，無所事之地也。是賢人君子不偶於時，而高潔自守，不累於世務者也。故曰「不事王侯，高尚其事」。不屈道以徇時，既不得施設於天下，則自善其身，尊高敦尚其事，守其志節而已。**象曰**云云　程傳云：如上九之處事，外不累於世務，不臣事於王侯。蓋進退以道，用捨隨時，非賢者能之乎？其所存之志，可爲法則也。**介**　字彙：節介。孟子：「柳下惠不以三公易其介。」**注伊尹耕於莘野**　孟子萬章篇：伊尹耕於有莘之野，而樂堯、舜之道焉。**太公**云云　見六韜及説苑。**張良**　前漢書列傳十：良曰：「今以三寸舌爲帝王師[二]，封萬户，位列侯，此布衣之極，於良足。願棄人間事，欲從赤松子游耳。」**疏廣**　前漢書七十一卷：疏廣謂受兄子。曰：「吾聞知足不辱，知止不殆，功遂身退，天之道也。皆老子之言。今仕官至二千石，宦成名立，如此不去，恐有後悔。云云。」上疏乞骸骨，上以其年篤老，皆許之。**徐孺子**　後漢書列傳四十三：徐穉，字孺子，家貧，常自耕稼，非其力不食，恭儉義讓，所居服其德，屢辟公府不起。**申屠蟠**　後漢書列傳四十三：九歲喪父，哀毀過禮，服除，不進酒肉十餘年，遂隱居精學，博貫五經。黄瓊辟，不就。後數辟舉不就。處亂末，終全高志，年七十四，終于家。**嚴陵**　後漢書逸民傳：嚴光，字子陵。**周黨**　後漢書逸民傳：周黨，字伯況，守節不仕王莽，建武光武。中徵，並不到。

「**所處雖有**」節　愚謂：「懷抱道德」云云者，得而大者也。「獨潔其身」者，失而小也。「知止足」與「量能度分」者，亦比之「懷抱道德」云云者爲小也。

○「**遯者**」章　彖曰：「遯，亨，小利貞。」傳云：「遯者，陰長陽消，君子遯藏之時也。」彖又曰：「剛當位而應，與時行也。」傳又曰：「苟可以致其力，无不至誠自盡，以扶持其道，未必於遯藏而不爲，故曰『與時行也』。」

「**聖賢之於天下**」節　**區區**　小補韻會：小貌。**王允**　後漢書五十六卷：時董卓尚留洛陽，朝政大小悉委之於允，允矯性屈意，每相承附，卓亦推心，不生乖疑，故得扶持王室於危亂之中。【謝安】晉書：謝安，字安石。後拜吏部尚書，時孝武立，政不自己，桓温威振内外，安盡忠匡翼，終能輯穆。

○「明夷初九」章　明夷初九曰：「君子于往，三日不食。」程傳云：「初九居明夷之初，見傷之始也。君子明照，見事之微，雖始有見傷之端，未顯也，君子則能見之，故行去避之。君子于行，謂去其禄位而退藏也。三日不食，言困窮之極也。世俗孰不疑怪，世俗之人未能見，故異而非之。」【注楚王茂】案，程傳亦引之。○前漢書列傳六：楚元王交，高祖少弟，以穆生等爲中太夫，敬禮申公等。穆生不嗜酒，每置酒，常爲穆生設醴。及元王薨後至孫茂即位常設，後忘設。穆生退曰：「可以逝矣，醴酒不設，王之意怠，不去，楚將鉗我於市[三]。」師古曰：「以鐵束頭也。」遂謝病去。申公、白公獨留。王稍淫暴，二人諫，不聽。云云。○師古云：醴，甘酒也。胥靡，刑名。胥，相也。靡，隨也。聯繫使相隨而服役之，猶今之役囚。

○「晉初六」章[四]　【雍容】亦從容之意歟。從容，舉動詳審閑雅貌。【汲汲】字彙：不休息貌。【悻悻】字彙：下頂切，怨也。孟子：「悻悻然見於其面。」○程傳曰：初六，晉之下，進之始也。晋如，升進也。摧如，抑退也。於始進而言，遂其進，不遂其進，唯得正則吉也。罔孚者，在下而始進。云云。乃此本文。**晋如摧如**云云　本義曰：有欲進見摧之象。云云。設不爲人所信，亦當處以寬裕，則无咎。

「**然聖人**」節　晋初六象曰：裕无咎，未受命也。**若有官守**　孟子公孫丑上：「有官守者，不得其職則去。」朱注：「官守，以官爲守者。」○胡雲峰曰：孟子又曰：「我無官守，云云。則吾進退豈不綽綽然有餘裕哉！」即此意也。

「**然事非一概**」節　一概，一樣之意[五]。字彙：概，平斗斛者。**久速唯時**　孟子曰：可以久則久，可以速則速，孔子也。孔子，聖之時者也。

○「**君子當困窮之時**」章

「**苟不知命**」節　論語曰：不知命，無以爲君子。○程子曰：不知命，則見害必避，見利必趨，何以爲君子？○直解曰：人之有生，吉凶禍福，皆有一定之命，必知命乃能安分循理，而爲君子也。**隕穫**　字彙：隕穫，困迫失志貌。○禮儒行：不隕穫于貧賤。**戹**　字彙：音厄，通用阨。○孟子曰：孔子當阨。**注顛隮**　字彙：隮，墮也。○書微子篇：我乃顛隮。

〇「**寒士之妻**」章　愚謂：雖夫貧國弱，而爲之臣，爲之妻者，安其正道，不相離也。擇勢而從者，見安富則從之，見貧危則去之，不可以立于天地之間。

〇「**井之九三**」章　易曰：九三，井渫不食，爲我心惻。**渫**　字彙：治井也，清也。**用之則行**云云　語述而篇：子謂顏淵曰：「用之則行之，舍之則藏。云云。」

〇「**革之六二**」章　**巳日乃革之**　程傳曰：變革者，事之大，故有此戒。〇前漢賈誼：「文帝召爲博士。云云。帝悅之，歲中至大中大夫。誼以爲，漢興，當改正朔，易服色制度，定官名，興禮樂，乃草具其儀。文帝謙讓未皇也，天子以誼任公卿之位，絳（周勃）、灌（灌嬰）之屬害之，於是上亦疏之，不用其儀，以爲長沙王太傅。」愚謂：如賈生，可謂不知巳日革之之戒也。「**如二之才德**」節　程傳曰：如二之才德，所居之地，所逢之時，足以革天下之弊，新天下之治。當進而輔於君，以行其道，則吉而无咎也。處而不行，是无救弊濟世之心，失時而有咎也。〇愚謂：此所以嚴光之不是也。

之也。

○「**鼎之有實**」章　九二：「鼎有實。」傳曰：「鼎中有實。云云。」○象曰：鼎有實，慎所之也。

注　**荀彧**　音郁。後漢書六十卷有傳。

○「**君子思不出其位**」章　艮卦象曰：兼山，艮。以君子思不出其位〔六〕。○程傳曰：思安所止，不出其位也。○建安丘氏曰：大學言君仁、臣敬、子孝、父慈，與中庸言「素富貴，行富貴云云。」，皆其義也。

○「**人之止**」章　艮卦象曰：敦艮之吉，以厚終也。○傳曰：天下之事，唯終守之爲難，能敦於止，有終者也。○詩云：靡不有初，鮮克有終。

○「**中孚之初九曰**」章　傳曰：九當中孚之初，故戒在審其所信，度其可信，而後從也。

○「**賢者惟知義**」章　朱子曰：人物之生，吉凶禍福，皆天所命。○程子曰：君子以義安命，小人以命安義。

「**如言求之有道**」節　孟子盡心上曰：「求之有道。云云。求在外者也。」注：「在外者，謂富貴利達。」　**求無益於得**　朱子曰：縱使得之，於身心無分毫之益，況不可必得乎？若義理，求則得之，利害甚明。

「**若賢者**」節　言上所言命，乃爲中人以下者設爾。

○「**人之於患難**」章　**有人云云**　明道曰：心不可有一事。　**處置了放下**　愚謂：處置者，初處之以義也。放下者，既處了而安命也。非一奪事。

○「**門人有居大學**」章　程子遺書五細書云：一本云：「明道知扶溝縣事，伊川侍行。謝顯道將歸應舉，伊川曰：『何不止試於大學？』顯道對曰：『蔡人鮮習禮記，決科之利也。』先生云云，顯道乃止，是歲登第。」○伊洛淵源録曰：謝顯道，上蔡人。　**尠**　音先。　**戴記**　禮記也。宋韓元吉大戴禮序曰：自漢得先儒所記禮書，凡二百四篇，戴德删之爲八十五篇，謂之大戴禮，戴聖又删德之書爲四十九篇，謂之小戴禮。○案，戴聖，前漢人，見于儒林傳孟卿傳中，今禮記有四十九篇。　**決科**　解見于「爲學類」濂溪語注。

「**夫子貢**」節　語先進篇：「賜不受命而貨殖焉。」注：「命謂天命。云云。」程子曰：「此亦子貢少時事。」○范氏曰：貧富在天，而子貢以貨殖爲心，則是不能安受天命矣。

○「**人苟有朝聞道**」章　論語里仁篇。○集注：朝夕，所以甚言其時之近。○程子曰：聞道，知所以爲人也。夕死可矣，是不虚生也。○講述：朝聞，非一朝偶聞也，乃平日學力積累，遂一旦豁然了悟。○朱子曰：人一生而不聞道，雖長生亦何爲人。○陳潛室曰：此聞非耳聞，謂心悟也。

曾子易簀　見于檀弓上。

「**凡實理**」節　**雖殺之使爲穿窬**云云　愚謂：知明則行果，知穿窬之非義者，乃知之明也。爲他事之非義者，乃知之蔽也。**如王公大人**云云　愚謂：是不自王公大人而言，宜做在下人之言見之。軒冕，言王公大人之禄位也。**見不善如探湯**　見于論語季氏篇。注云：「真知善惡而誠好惡之。」○程子曰：昔嘗見有談虎傷人者，衆莫不聞，而其間一人神色獨變，問其所以，乃嘗傷於虎者也。夫虎能傷人，人孰不知。然聞之有懼有不懼者，知之有真有不真也。學者知道，必如此人之知虎，然後爲至耳。若曰知不善之不可爲，而猶或爲之，則亦未嘗真知而已。○朱子曰：「今人知不善之不當爲，及臨事又爲之，只是知不至。人知烏喙之殺人，斷然終於不食，是真知之也。」又曰：「所以未能真知者，緣於道理上只就外面理會，裏面却未理會得十分瑩凈。」

三尺童子 韓詩外傳曰：國中二十行役。則七尺者二十也，其升降皆五年，則六尺者十五也。孟子五尺之童乃十歲也。

懾 字彙：質涉切，入聲，怖也，喪氣也。

殺身成仁 論語：子曰：「志士仁人，無求生以害義，有殺身以成仁。」

○「**孟子辨舜跖之分**」章 盡心上曰：欲知舜與蹠之分，無他，利與善之間也。○張南軒云：學者莫先於明義理之辨[七]。

看義當爲不當爲 朱子曰：南軒云「義也者，無所爲而然者也」，此言可謂廣前聖之未發。○愚謂：無所爲而爲之者，只知從當然之理，而不爲利害而爲之也。雖公天下事，以私意爲之者，非善也。

注霄壤 天地也。

○「**趙景平問子罕**」章 語子罕篇：子罕言利。○朱子曰：如「利涉大川」、「利用行師」，聖人豈不言利，但所以罕言者，正恐人求之則害義矣。

穩便 字彙：「穩，安也。」韻會：「便，利也，安也。」○語類：問：「程子曰『義安處爲利』，只是當然而然[八]，便安否？」曰：「是也，只萬物各得其分，便是利。君得其爲君，臣得其爲臣，父得其爲父，子得其爲子。何利如之。此『利』字即易所謂『利者義之和』，利便是義之和處。云云。義則和而無不利。」○趙景平，伊洛淵源録、萬姓統譜等不見。

○「**問邢七**」章〔九〕　謝上蔡之問也，見于伊洛淵源録。○伊洛淵源録十四卷：邢尚書名恕，字和叔，後來亦染禪學，其爲人明辨有才。**狼狽**　五車韻瑞：「狽，狼屬，狽無前足，附狼而行，失狼則不能動，故猝遽謂之狼狽。」前漢書：「狼狽失據。」○愚謂：學者當使義理勝利欲之心。義理勝利欲之心，是學問之功也，不然説話而已。

○「**謝湜自蜀**」章　萬姓統譜云：「謝湜官至國子博士，伊川高弟。」湜，字彙：「丞職切。」○案，伊洛淵源録不載於謝湜。

○**先生在講筵**　**牒**　字彙：簡也，又官府移文曰牒。　**支**　字彙：分也。　**注元祐**　宋哲宗年號。　**大臣薦**　案，伊洛淵源録：司馬公、呂公著等薦伊川，上其行義於朝。　**除**　字彙云：拜官曰除，謂去故官就新官也。除，去也，長魚切。　**本注**　程子遺書之本注也，此章見于遺書二十卷。**料**韻會：禄料也。

「**遂令户部**」節　淵源録曰：又不爲妻求邑封。**恩例**書言故事注：恩例非定例，朝廷特有時賜之而已。**注常調**平常之格律也。**從科舉法**云云　胡敬齋曰：後世純用文辭取士，空言無實。

○「**漢策賢良**」章　漢四科：賢良、孝廉、孝弟、茂才。**策**漢書音義曰：「録政化得失，顯而問之，謂之對策。」又曰：「射策，作簡策難問，例置案上，在試者意投射，取而答之，謂之射策。」○前漢書五十八公孫弘傳曰：公孫弘，菑川人也，年六十，以賢良徵爲博士。云云。不合意，師古曰：「奏事不合天子之意。」上怒以爲不能，弘乃移病免歸。師古曰：「移病謂移書言病也。」**注元光**武帝年號，即位而後十一年也。**固推弘**弘至太常，上策曰。云云。弘對曰。云云。

○「**伊川先生曰**」章　**某**伊川自稱其名，其後記者諱「頤」字而稱「某」也。○王氏曰：士君子有志聖賢之學，而專求之舉業，何啻千里。然中世以是取士，士雖有聖賢之學，堯、舜其君之志，不以是進，終不大行於天下。蓋士之始相見也，必以贄，故舉業者，士君子求見於君之羔雉耳。羔雉之弗飾，是謂無禮。無禮，無所庸于交際矣。

○「**問家貧**」章　家語：子路曰：「家貧親老，則不擇祿而仕。」**若不得其如命何**

愚謂：雖爲親求仕，然不得祿仕，則亦難奈命何也。

○「**或謂科舉**」章　朝鮮李珥擊蒙要訣曰：人言科業爲累，不能學問，此亦推托之言，非出於誠心也。古人養親有躬耕者，有行傭者，有負米者，夫躬耕、行傭、負米之時，勤苦甚矣，何暇讀書乎？惟其爲親任勞，既脩子職，而餘力學文，亦可進德。今日之爲士者，不見爲親任勞如古人者，只是科業一事，是親情之所欲，今既不免做功，則科業雖與理學不同，亦是坐而讀書作文，其便於躬耕、行傭、負米，不啻百倍，況有餘力可讀性理之書哉！只是做科業者，例爲得失所動，心常躁競，反不若勞力之不害心術。故先賢曰：「不患妨功，惟患奪志。」若能爲其事而不喪其守，則科業、理學可以並行不悖矣。○愚謂：爲舉業者，爲得失所動，心常躁競，故曰「患奪志」。

注撥[一〇]　韻會：北末切，絕也。

○「**橫渠先生曰**」章　**録**　字彙：記也。**似**　嗣也。**注**　**四聲**　平上去入。

八病　詩人玉屑十一：詩病有八：沈約[一一]。一曰平頭，二曰上尾，三曰蜂腰，四曰鶴膝，五曰大韻，六曰小韻，七曰旁紐，八曰正紐。各有注。**牒**　簡也。

○「**不資其力而利其有**」章　孟子盡心上曰：古之賢王好善而忘勢，古之賢士何獨不然，樂其道而忘人之勢。○張子曰：若資仰其富貴而欲有所取，則不能矣。○朱注曰：士不枉道而求利。○愚謂：資力，謂藉資於他人富貴之勢位。利其有，謂貪於人之所有也[一二]。

○「**天下事大患**」章　**注**　**齷齪**　小補韻會：「齷齪，迫也。」又云：「急促局陿貌。」

【校勘記】

[一]　人之類必相親輔然安　「然」下，易程傳有「後能」二字。

[二]　今以三寸舌爲帝王師　「王」，漢書張良傳作「者」。

[三]　不去楚將鉗我於市　「楚」下，漢書楚元王傳有「人」字。

〔四〕○晋初六章　「晋」下，葉采近思録集解有「之」字。
〔五〕一様之意　「様」原作「樣」，據益軒全集改。
〔六〕以君子思不出其位　「以君子思」，易艮卦象傳作「君子以思」。
〔七〕學者莫先於明義理之辨　「理」，益軒全集無。
〔八〕只是當然而然　「當然而然」，益軒全集作「當然然而」。
〔九〕○問邢七章　「七」，葉采近思録集解作「恕」。
〔一〇〕注撥　「撥」，葉采近思録集解作「廢」。
〔一一〕沉約　「沉約」，益軒全集作「約」。按：此處當指沈約。
〔一二〕謂貪於人之所有也　「貪」，益軒全集作「貧」。

近思録備考卷之八

治體類　語類云：近思録八，治國平天下之道。

○「**濂溪先生曰**」章　通書第三十二章，家人睽復无妄第三十二。○朱子曰：此章發明四卦，亦皆所謂聖人之藴。○案，此章注，乃朱子通書之注也。圈者，葉采之説也。

「**家難**」節　楊誠齋曰：正莫易於天下，而莫難於一家。云云。一婦正，一家正，一家正則天下定矣。

「**家人離**」節　易曰：「家人，利女貞。」程傳云：「家人之道，利在女正，女正則家道正矣。」○本義曰：家人者，一家之人。○睽卦傳云：「睽者，乖也。」家道窮則睽乖離散，故家人之後，受之以睽也。○張中溪曰：火澤無相得之性，二女有難和之情，所以爲睽。　**注** **猜**[一]　韻會：倉才切。从犬，青聲，疑也。又叶千西切。

「**堯所以釐降**」節　堯典曰：「師錫帝曰：『有鰥在下，曰虞舜。』云云。帝曰：『我其試哉！』女于時，觀厥刑于二女。釐降二女于嬀俱爲反。汭，如説反。嬪于虞。」蔡傳曰：「二女，堯二女娥皇、女英也。云云。莊子所謂『二女事之以觀内』是也。蓋夫婦之間，隱微之際，正始之道，所係尤重，故觀人者於此尤爲切。云云。」爾雅：「水之北曰汭。」**釐降** 蔡傳曰：堯治裝下嫁二女于嬀水之北。○案，書經講義之説，亦同于蔡傳。

不善之動妄也 易大全：王雙溪曰：「復者，賢人之事也。无妄者，聖人之事也。无妄者則誠，而復者所以求至无妄者也。」

「**故无妄**」節 程傳曰：對時，謂順合天時。天道生萬物，各正其性命而无妄。王者體天之道，養育人民，以至昆蟲草木，使各得其宜，乃對時育物之道也。○愚謂：對時育萬物者，乃王者法天而平治於天下也。故於治天下之道言之。

○「**明道先生言於神宗**」曰 明道文集論王霸劄子。○神宗，宋第六主。**霸者** 齊桓、晉文等，後世如唐太宗是也。○案，此劄子尚有數百字，朱子載之時節略之耳。**注** **熙寧**[二] 神宗年號。**大臣薦** 案年譜，呂公著薦也。時程明道年三十八。**太子中允** 官名也。詳于文獻通考六十卷。**權** 字彙：攝官曰權。**監察御史裏行** 詳于文獻通考五十三卷、事物紀原五卷。

王道如砥 詩云：「周道如砥。」如砥，言直。 **本人情** 愚謂：「民之所好，好之。民之所惡，惡之」也。○霸者，用私智，不本乎公理，故崎嶇反側云云。

故誠心而王 孟子曰：「堯、舜性之，湯、武身之，五霸假之。」又曰：「以力假仁者霸，以德行仁者王。」注云：「假仁者，本無是心，而借其事以爲功者也。」 **易所謂差云云** 此非周易經文，乃易緯文。○朱子曰：在學者身上論之，凡日用常行應事接物之際，才有一毫私心，便非王道，便是霸者之習，此不可不省察也。 **伯** 字彙：音霸。伯取伯長之義，後人恐與「侯伯」之「伯」相混，故借「霸」字以別之。 **注宣帝雜王伯云云** 前漢書元帝紀曰：宣帝所用多文法吏，以刑名繩下。云云。元帝嘗侍燕，從容言：「陛下持刑太深，宜用儒生。」宣帝作色曰：「漢家自有制度，本以霸王道雜之，奈何純任德教，用周政乎！」

○「**伊川先生曰當世**」章 **狃** 字彙：女九切，狎也，習也。○愚謂：不狃滯於近規，則以先王之治爲可必行也。不遷惑於衆口，則以聖人之訓爲可必信也。

○「**比之九五曰**」章 程傳曰：聖人以九五盡比道之正，取三驅爲喻，云云。禮所謂「天子不合圍」也。成湯之祝網，是其義也。天子之畋，圍合其三面，前開一路，使之可去，不忍盡物，好生之仁也。只取其不用命者，不出而反入者也，禽獸前去者皆免矣，故曰「失前禽」也。○易大全：徐進齋曰：「王者田獵，合三面之網而開其一面，以驅逐禽獸[三]。」

「**若乃**」節　**違道干譽**[四]　大禹謨：罔違道以干百姓之譽。

「**王者**」節　**煦煦**　小惠貌。**皞皞**　孟子盡心上曰：「霸者之民，驩虞如。王者之民，皞皞如也。」又曰：「民日遷善而不知爲之。」注：「不知誰之所爲也。」小注：「輔氏曰：『民日遷於善，而不知誰之使我如此也。』」**注天子不合圍**　禮王制之文也。陳澔注：「合圍，四面圍之也。」

○「**古之時**」章　**商賈**　孟子集注曰：行貨曰商，居貨曰賈。**皆有定志**　「皆」字，兼士民。**庶士**　下士也。○朝有幸位，則仕者日志尊榮。民無定制，則農工商賈日志於富侈。**欲其不亂難矣**　孟子曰：上下交征利而國危矣。

○「**泰之九二曰**」章　論語集注曰：馮河徒涉。○胡氏曰：若有包容而無斷制，非剛柔相濟之中也。○易説統云：太寧之世，人情安肆，法度廢弛，振作釐革之，宜矣。然驟振作則激，遽釐革則擾，故包荒先焉。詞曰：「包荒，用馮河。」言馮河之勇以包荒之道用之者也。〇愚謂：聖人非尚馮河，以誠子路之言可見之，此謂「用馮河」者，借以言剛果而已。

「**自古泰治之世**」節　程傳曰：用馮河，泰寧之世，人情習於久安，安於守常，惰於因循，憚於更變，非有馮河之勇，不能有爲於斯時也。馮河，謂其剛果足以濟深越險也。**因循**　字彙：無所作爲也。**英烈**　字彙：才勝萬人爲英。荀子注云：「倍千人曰英。」烈，火猛也，威也，又忠烈。**挺特**　字彙：「挺，超拔也。」又云：「挺立曰特。」**注陵夷**　漢書注：顏師古曰：「言山陵之漸平夷，謂頹替也。」

〇「**觀盥**」章　觀卦彖文曰：「觀盥不薦，有孚顒若，下觀而化也。」本義曰：「盥，將祭而潔手也。薦，奉酒食以祭也。顒若，尊敬之貌。」**顒**　韻會：魚容切，仰也。**若**　字彙：如也，又語辭。〇論語疏曰：「凡言如也者，皆謂如此義也。」洪氏曰：「易於形容所不能者，必曰如。」〇程傳云：「予聞之胡翼之先生曰：『君子居上，云云。必極其莊敬，則下觀仰而化矣。故爲天下之觀。』」又曰：「顒，仰望也。」**注繁縟**　韻會曰：「說文：『縟，繁采色也。』又數也，細也。」字彙：「而六切。」

○「**凡天下**」章　程傳：噬，齧也。嗑，合也。本義同。口中有物間之，齧而後合之也。

○彖曰：頤中有物，曰噬嗑，噬嗑而亨。○程傳：口中有物則隔其上下，不得嗑，必齧之則得嗑，故爲噬嗑。聖人以卦之象，推之於天下之事。在口則爲有物隔而不得合，在天下則爲有强梗或讒邪，間隔於其間，故天下之事不得合也。當用刑法，小則懲戒，大則誅戮，以除去之，然後天下之治得成矣。云云。去天下之間，在任刑罰，故卦取用刑爲義。

○「**大畜之六五曰**」章　徐進齋曰：牡豕攻其特而去之曰豶，所以去其勢也。豕之害物在牙，人不能去其牙之猛利，惟去其勢，以絶其剛躁之性，則牙雖存亦不能害物矣。○程傳曰：夫以億兆之衆，發其邪欲之心，人君欲力以制之，雖密法嚴刑，不能勝也。○説統曰：畜天下之健，不可以力勝也，在得其情而已，故衣食足而民不偷，男女足而民不亂。衣食非止偷之法，男女非懲亂之刑，而民自不至於偷且亂者，順其情，彌其源也。

「**家剛躁之物**」節　**不能止**　程傳曰：不能止其躁猛，雖縶之維之，不能使之變也。

○小補韻會曰：外腎爲勢。**不知教而迫於饑寒**　孟子曰：無恒産而有恒心者，惟士爲能。若民，則無恒産因無恒心。苟無恒心，放僻邪侈，無不爲已。云云。○愚謂：修政則民有農桑之業，修教則民知廉耻之道。○「雖賞之不竊矣」下，程傳曰：「故止惡之道，在知其本、得其要而已。不嚴刑於彼，而修政於此，是猶患牙之利，不制其牙而豶其勢也。」**注** **所謂止盜之法** 亦見語顏淵篇。**要害** 吾處之爲要，人處之爲害也。

○「**解利西南**」章　解卦彖文。○程傳，「乃其宜也」之下，曰：如是則人心懷而安之，故利於西南也。湯除桀之虐而以寬治，武王誅紂之暴而反商政，皆從寬易也。無所往，謂天下之難已解散，無所爲也。有攸往，謂尚有當解之事也。其，發語辭。○本義曰：解，難之散也。○程傳曰：早則往而有功，緩則惡滋而害深矣。**注** **文王八卦方位** 見說卦及易大全圖。**維** 字彙云：方偶也，天之四維，東南西北。

「**有攸往夙吉**」節　注張柬之云云[五]，通鑑唐紀：張柬之等，舉兵討武氏之亂，張易之、張昌宗伏誅。○案，通鑑：柬之與崔玄暉[六]、敬暉、桓彥範、袁恕己舉兵討内亂，迎太子於東宮，斬關入。斬易之、昌宗於廡下。**武三思** 則天武后姪也。又曰：「二張之誅也，薛季昶謂張柬之、敬暉曰：『二凶雖誅，産、禄猶在。比三思。去草不去根，終當復生。』二人曰：『大事已定，夫何能爲？』劉幽求亦謂桓彥範、敬暉曰：『武三思尚存，若不早圖，噬臍無及！』不從。」又曰：

「三思遂與后通，中宗后韋后。由是武氏之勢復振。張柬之等數勸上誅諸武，上不聽。」又大書曰：「敬暉、桓彦範[七]、張柬之、袁恕己、崔玄暉爲武三思所殺。」書法曰：「不書『三思殺』，書『爲所殺』，何咎暉等也！」

○「**夫有物**」章　艮卦彖曰：艮其止，止其所也。

○「**兑説**」章　程子曰：「爲説之道利於貞正，非道求説則爲邪諂。」又曰：「人君之道，以人心説服爲本。」

「**若夫違道**」云云　大禹謨曰：罔違道以干百姓之譽。

○「**天下之事**」章　既濟彖傳文也。○本義：既濟，事之既成也。○「初吉，終亂。」程傳曰：「終亂，濟極則反也。」○張中溪曰：彖曰「終止則亂」，非終之能亂也，於其終而有止心，此亂之所由生也。○丘建安曰：古今治亂之變，何有窮也。亂極生治，治極生亂，此雖天運，實人事也。人之常情，處無事則止心生，止則心有所怠，而不復進，此亂之所從起。處多事則戒心生，戒則心有所畏，而不敢肆，此治之所由兆。治亂者，天也。所以制其治亂者，人也。○易説統曰：既濟之初心尚警懼，及既濟之終，則怠心生而紀綱廢，釁孽萌矣，亂所必至。○胡雲峰曰：創業之主以憂勤而吉，守成之君以逸樂而亂。**注易大傳曰** 下繫辭曰：神農氏没，黄帝、堯、舜氏作，通其變，使民不倦。○易説統曰：黄帝、堯、舜當一元文明之會，太古朴陋之風當變矣。聖人因時通變，使民日用其道而不倦。○易鄉嬛云：三聖見時之當變，通以文明之治，民悦其化之更新，趨之不倦[八]。

○「**爲民立君**」章 **民力足則生養遂** 勤農桑而民食足也。**生養遂則教化行** 富而後教之也。所謂「禮義生于富足」是也。**興作不時** 朱子曰：農時，謂春耕、夏耘、秋收之時，凡有興作，不違此時，至冬乃役之也。**注夏城中丘** 林堯叟注：魯邑。○左傳曰：「夏，城中丘。書，不時也。」林注：「夏非城築之時，妨農事也。」○胡傳：使民不以時，非人君之心也。**冬城向** 左傳曰：「書，時也。」林注：「向，魯邑。」○胡氏無傳。**丹桓宫楹** 林注：桓公魯君。廟楹柱也。**築王姫館于外**[九] 林注：「王將嫁女于齊，既命魯爲主。」又曰：「天子嫁女於諸侯，使同姓之諸侯主之。」○左傳云：「爲外禮也。」穀梁傳云：「築之外，變之正也。仇讐之人，非所以接昏姻也，衰麻非所以接弁冕也，不使齊侯得與吾爲禮也。」○案，桓公爲齊所殺，方今莊公有父之讐，方居喪。

「**然有用民力**」節　**僖公修泮宮**　詩小序曰：泮水，頌僖公能脩泮宮也。○新安胡氏曰：泮宮，僖公因舊而修，是以不見於春秋。○鄭氏曰：辟廱者，外圓如璧。泮之言半也。○案，泮水、閟宮皆見魯頌之詩。　**毛氏曰**　詩之古注也。孟仲子之言，亦毛傳之文。○毛氏曰：閟，閉也。先妣姜嫄之廟，在周常閉而無事。○孔氏正義云：母死曰妣，姜嫄是周之先母，故謂之先妣。○史記周本紀曰：「后稷，其母曰姜源[一〇]，姜嫄爲帝嚳之元妃。」注疏：「嫄音元。」　**禖宮**　月令曰：祀高媒於南郊。○字彙曰：禖，天子求子祭名，變媒言禖[一一]，神之也。**孟仲子**　趙岐以爲孟子之從昆弟。孟氏譜云：「仲子名睪，孟子之子也。」○子夏作詩序以授魯申，申授李克，克授孟仲子。○愚案，孔氏正義：「姜嫄廟，魯亦有之，不唯在周也。」

○「**明道先生曰先王**」章　**注控**　字彙：音空，操制也。

○「**爲政**」章　**紀綱**　樂記曰：「聖人作爲父子君臣，以爲紀綱，紀綱既正，天下大定。」

陳澔注曰：「綱，維綱大繩[一二]。紀，附綱小繩。」○語類云：文章便是那謹權、審量、讀法、平價之類耳。**注章程** 漢高紀：張蒼定章程。○字彙：章者，歷數之章術。程者，權衡丈尺斗斛之平法。又品也，式也，限也，量也。**先有司** 語子路篇，孔子告仲弓之言。朱注曰：「宰兼衆職，然事必先之於彼，而後考其成功。則己不勞而事畢舉矣。」○小注：陳氏曰：「當以分任有司爲先。」**黨族閭比** 周禮地官大司徒：五家爲比，五比爲閭，四閭爲族，五族爲黨，五黨爲州，五州爲鄉。○地官：**黨正** 各掌其黨之政令教治。又曰：**族師** 各掌其族之戒令政事。又曰：**閭胥** 各掌其閭之徵令。又曰：**比長** 各掌其比之治。**州長** 各掌其州之教治其政令之法，正月之吉。云云。○注：所書乃周禮之文也。○鄭玄曰：二千五百家爲鄉。○疏云：**正月** 子之月。又曰：「德行道藝者，民之六德、六行，及六藝之道藝。」**賈師各**云云 地官之文。鄭玄司市注曰：「次，謂吏所治舍。」又曰：「展之言整也。成，平也，會平成市物者也。奠讀爲定。」疏云：「定物價，恐有豫爲誑欺。」**貨賄** 字彙：賄，財也。金玉曰貨，布帛曰賄。**辨其物**云云 愚案，辨察其物之好否，好否同則均平其價，整其價之平直，不使之貴，又不使之賤，各適其宜，而定其價也。**權五** 百黍爲銖，二十四銖爲兩，十六兩爲斤，三十斤爲鈞，四鈞爲石。**量五** 千二百黍曰龠，兩龠曰合，十合曰升，十升曰斗，十斗曰斛。

人各親其親　四書大全：陳氏曰：「『各親其親』，及『人不獨親其親』，二句本出禮運。程子引以爲喻，若曰『人各舉其所知之賢才，然後不獨舉其所知之賢才』。」

「**仲弓曰**」節　論語子路篇。○饒氏曰：仲弓以自己聰明爲聰明，故有「焉知賢才」之問。聖人則以天下之耳目爲耳目，故説「舉爾所知云云。」。○蒙引云：只是以用心之大小爲公私。

○「**治道**」章　前漢書董仲舒對策曰：爲人君者，正心以正朝廷，正朝廷以正百官。

○「**唐有天下**」章　「唐有天下」之下，一書有「如貞觀開元」之五字。**不賓**　謂不來朝也。案，安禄山、史思明等爲節度使而反也。○藩，外屏也。**跋扈**　通鑑：後漢質帝目梁冀曰：「此跋扈將軍也。」○集覽曰：「猶言彊梁也。」又云：「凶横自恣，陵人之貌。」**陵夷**　注解見前。○或問：「貞觀之治，不幾於三代乎？」程子曰：「關雎、麟趾之意安在。」**注**　**閨門之間又有慙德**　如太宗納弟妃之類是也。**使肅宗至靈武**云云　通鑑：玄宗天寶十五載七月，太子即位於靈武。**永王璘**　玄宗子也。○通鑑：天寶十四年，以永王璘爲山南節度使。又天寶十五年紀：永王璘反。上皇使高適等討之。**獗** 字彙：居月切，賊勢猖獗。○韻會及玉篇無「獗」字。**猖** 韻會：「狂也。」字彙：「猖獗。」**豎** 字彙：童僕未冠者之稱。**擅** 字彙：音善，自專也。○案，閹豎指宦者高力士等也。宦者之多，自玄宗始也。

「**漢之治**」節 **注** **世業** 通鑑：唐高祖武德七年大書曰：「初定均田租、庸、調法[一三]。」分注曰：「丁、中之民，給田一頃，篤疾減什之六，寡妻妾減七，皆以什之二爲世業。」**府兵** 困學紀聞云：唐府兵之數，兵志云「十道置府六百三十四，而關内二百六十一」。云云。神宗問：「何處言府兵最備？」王文公對曰：「李鄴侯傳言之詳備。」○通鑑：唐高祖武德二年，置十二軍，分統關内諸府，皆取天星爲名，每軍將副各一人，督以耕戰之務，由是士馬精强，所向無敵。**租庸調** 通鑑：隋恭帝皇泰二年，唐定租、庸、調法，每丁租二石，絹二匹，綿三兩。自兹以外，不得横斂。○集覽曰：有田則有租，有身則有庸，有户則有調。○綱鑑注云：此唐賦役之法也。租出穀，庸出絹，調出繒纊布麻。**省府** 通鑑：唐太宗貞觀元年二月，分天下爲十道。○分注曰：隋末喪亂，豪傑並起，擁衆據地，自相雄長。唐興，相師來歸[一四]，上皇爲之割置州縣，以寵禄之。由是州縣之數，倍於開皇、大業之間。上以民少吏多，思革其弊。二月，命大加併省，因山川形便分爲十道：一曰關内，二曰河南，三曰河東，四曰河北，五曰山南，六曰隴右，七曰淮南，八曰江南，九曰劍南，十曰嶺南。

○「**教人者**」章　愚謂：喻之醫療，攝養其元氣，則衆疾自除。

○「**明道先生曰**」章　關雎、麟趾，周南之篇名。　**周官**　周禮也。　**注衽**　卧席也。

○孟子曰：徒善不足以爲政，徒法不能以自行。

○「**君仁莫不仁**」章　此二句出孟子離婁上。○存疑曰：「莫不仁」，「莫不義」，指用人行政説。○愚謂：「離是」之「是」字，此「是非」之「是」也。指仁心。

「**昔者孟子**」節　荀子大略篇有此事，孟子無之。　**夫政事之失**云云　孟子離婁上篇曰：人不足與適也，政不足間也，惟大人爲能格君心之非。君仁。云云。一正君。云云。○小注：朱子曰：「此『大人』皆以德言，爲聖人之稱。」

○「**横渠先生曰**」章　論語學而篇，集注：時，謂農隙之時。言治國之要在此五者，亦務本之意也。○講述：此章自君心言之。○説統：時使，是愛養民力之心。**制數**制度數目也。

○「**法立**」章　論語衛靈公篇：放鄭聲，遠佞人。○張好古曰：四代禮樂，爲百王立此法也。戒以鄭聲、佞人，爲萬世保此法也。**注****四代之禮樂**行夏時，乘殷輅，服周冕，樂則韶舞。

○「**横渠先生答**」章　愚謂：道學所以行政術，政術是道學之所行也。無道學之政術，伯道是也；無政術之道學，異端是也。

「**巽之**」節　孟子離婁上云：「人不足與適也，政不足間也。」朱注：「人君用人之非，不足過讁。行政之失，不足非間。」**帝王之道**五帝三王治天下之道也。

【校勘記】

［一］注猜　「猜」，葉采近思録集解作「積」。

〔二〕注熙寧　「注」，益軒全集無。

〔三〕以驅逐禽獸　「以」，益軒全集無。

〔四〕違道干譽　「干」原作「于」，據葉采近思録集解改。

〔五〕注張柬之云云　「張柬之云云」，據近思録備考體例，當作「張柬之云云」。

〔六〕柬之與崔玄暉　「暉」，資治通鑑（四庫全書本）卷二百七作「暐」。

〔七〕桓彦範　「桓」原作「植」，據益軒全集改。

〔八〕趨之不倦　「趨」，益軒全集作「趍」。

〔九〕築王姬館于外　「姬」下，葉采近思録集解有「之」字。

〔一〇〕后稷其母曰姜源　「源」，史記周本紀作「原」。

〔一一〕變媒言禖　「言禖」，益軒全集無。

〔一二〕維綱大繩　「綱」，禮記集説（四庫全書本）卷七作「網」。

〔一三〕租庸調法　「租」原作「祖」，據益軒全集改。

〔一四〕相師來歸　「師」，資治通鑑卷一百九十二作「帥」。

近思録備考卷之九

治法類　語類曰：近思録九，制度。

○「**濂溪先生曰**」章　通書樂上第十七。**九疇**　蔡傳曰：洪範九疇，治天下之大法也。其類有九。**萬物咸若**　伊訓曰：鳥獸魚鼈咸若。○書經講義曰：順適其性，並育而並生焉。

注理而後和　通書十三章：禮，理也。樂，和也。陰陽理而後和，萬物各得其理然後和，故禮先而樂後。**八風**　見樂記及史記律書、通書小注等。○通書曰：樂者本乎政也，政善民安則天下之心和，故聖人作樂以宣暢其和心，達于天地。云云。**注朱子曰八音**云云**見國語**　案，國語周語下，景王二十三年。

「**故樂聲**」節　語八佾篇：「關雎樂而不淫，哀而不傷。」注：「淫者，樂之過而失其正者也。傷者，哀之過而害於和者也。」　**注理之發和之爲**　乃通書「理而後和」之「理」、「和」字之意。○朱子曰：古樂以和爲主，周子反欲其淡，蓋今之所謂和乃淫哇，非古之和，故以是矯之，乃得其平耳。

「**後世**」節　**紊**　字彙：音問，亂也。○周子曰：樂聲淡則聽心平，樂辭善則歌者慕，故風移而俗易矣。妖聲豔辭之化也亦然。

○「**明道先生言於朝曰**」章　案，此章明道文集二卷所載甚詳，文公略取之耳。小學善行篇所載亦與此同。○陳選曰：上者〔一〕，上所化；俗者，下所習。賢，有德者；才，有能者。得賢才，又正風俗之本也。○吴氏曰：百執事，謂朝之百職。○小學章句曰：百官也。○陳選曰：**推訪**　推求詢訪也。**延聘**　小學章句曰：以禮招延。聘，召也。**敦遣**　章句曰：厚其禮儀以送之也。**京師**　陳選云：京，大。師，衆。天子之都曰京師。**正學**　陳祚云：古昔聖人仁義中正之學也。○愚謂：本於人倫，明乎物理，聖人之道也。反是者爲異教。○小學衷旨曰：此專以得賢才爲主，見賢才得而風俗可正。

「**其教**」節　**周旋**　章句曰：動作之儀也。○吴氏曰：漸，如水之浸物也。摩，如石之攻玉。成就，謂成就其才器也。○小學句讀曰：「灑掃應對」以至「周旋禮樂」，小學之教也。「誘掖云云。」，成其始也。

「**其要**」節　句讀曰：「擇善修身」以至「化成天下」，大學之教也。「自鄉人而至云云。」，成其終也。**化成天下** 易文。**注孟子曰** 離婁篇。

「**其學行**」云云 句讀曰：以成德爲師，取材識明達者受其教。

「**擇其學明**」云云 句讀曰：及學之成，上者使教國學，其次以分教州縣之學也。

「**擇士**」節 小學句讀曰：縣謂縣學，州謂州學。**論其賢者能者** 王制云：論定而後官之。**注周禮**云云 周禮地官：鄉太夫之職，各掌其鄉之政教禁令。三年則大比，巧其德行道藝[二]，而興賢者、能者，鄉老及鄉太夫以禮禮賓之。○太司徒：以鄉三物教萬民而賓興之。**司馬論士** 王制曰：司馬論進士之賢者，以告于王，而定其論，論定然後官之。

凡選士之法 朱子曰：明道論學制最爲有味。○胡敬齋曰：「明道教養選舉法，簡易明白，復古得賢如反掌。」又曰：「得賢之道，須如周禮賓興、明道選舉，方無所遺。」

○**明道先生論十事** 見二程全書五十五卷論十事劄子。**師傅注古者**云云 文集本文也。十事注皆是明道語，葉采節略之也。○程子又曰：故舜、禹、文、武之聖，亦皆有所從學。

二曰六官 注天地四時之官 見于周禮。

四曰鄉黨　周禮大司徒：「五家爲比，使之相保。五比爲閭，使之相受。」又曰：「四閭爲族，百家也。使之相葬。五族爲黨，五百家也。使之相救。五黨爲州，二千五百家。使之相賙。五州爲鄉，一萬千五百家。使之相賓。」○遂人曰：四里爲鄰，里，二十五家。鄰，百家。五縣爲遂。縣，二千五百家也。遂，一萬二千五百家也。

五曰貢士　**注**　**道德不一**　伊川文集曰：古者一道德以同俗，苟師學不正，則道德何從而一。方今人執私見，家爲異説，支離經訓，無復統一，道之不明不行，乃在於此。

六曰兵役　**府史**　府，治藏。史，掌書。**胥徒**　民服徭役者。孟子集注云：「庶人在官者，府史胥徒也。」○愚謂：注「古者府史胥徒受祿公上」，與今府史之祿，自民而給之不同。「兵農未始判也」，言兵出于農而不費民俸也。

七曰民食　**注**　**古者民必**云云　王制曰：「國無九年之畜，曰不足。」又曰：「九年耕，必有三年之食。」

九曰山澤　周禮地官司徒：山虞掌山林之政令，物爲之厲，而爲之守禁。令萬民時斬材，有期日。澤虞掌國澤之政令，爲之厲禁，以時入之于王府[三]，頒其餘于萬民。**五官**　司五行之官也。**六府**　大禹謨曰：「六府，水火金木土穀也。」蔡傳云：「六者，財用之所由出也，故曰府。」又曰：「穀本在木行之數，禹以其爲民食之急，故別而附之也。」○周禮：掌川林謂之衡。

「**其言曰**」節　**灼**　字彙：音酌，昭也。

○「**伊川先生上疏**」章　師、傅、保之官，書周官曰：「立太師、太傅、太保，茲惟三公。」云云。」○賈誼保傅傳曰[四]：保，保其身體。傅，傅之德義。師，道之教訓。此三公之職也。

有剪桐之戲　史記晋世家。○案，此時哲宗冲幼，故云爾。

○「**伊川先生看詳**」章　伊川嘗充崇政殿説書，看詳國子監條制。○二程全書六十一曰：舊制，公私試，試上舍，試内舍[五]，蓋無虚月。○案，宋三舍，生徒初入外舍，月一私試，歲一公試，補内舍生，間歲又一試，補上舍生。○小學句讀：相先，猶相尚。月使之争，月有試以較其高下，是使之争也。

「**制尊賢堂**」節　**延**　小學章句：延，猶言尊禮也。　**行檢**　陳選曰：謂行誼名檢。

「**又云**」節　**元豐**　宋神宗年號。　**國學**　天子所都之學。○陳選曰：解，猶貢也。

額，猶數也。**注 偷苟得也** 字彙：偷，他侯切，苟且也。

「**今欲**」云云節 **三舍升補之法** 見上。

○「**明道先生行狀云**」章 **孤煢殘廢** 孟子曰：幼而無父曰孤。○詩經：「哀此煢獨。」朱子曰：「煢，困悴貌。」 **殘** 增韻：凋傷也，零落也。 **廢** 字彙：不舉也。

「**諸鄉**」節 **聚而教之** 之下，行狀云：去邑纔十餘年，而服儒服者，蓋數百人矣。

有耻 之下曰：邑幾萬室，三年之間，無强盜及鬥死者。 **社會** 周禮：二十五家爲社。

旌別 字彙：旌，表也。周禮：「旌別淑慝。」

○「**萃王**」章 程傳曰：王者萃聚天下之道，至於有廟，極。群生至衆。云云。○案，本義，「假」字爲「至乎宗廟之中」，與程傳異。 **人心莫知其鄉** 孟子曰：「出入無時，莫知其鄉，惟心之謂與？」朱注云：「其出入無定時，亦無定處如此。」

「**祭祀之報**」節 遺書八曰：問：「祭起於聖人之制作以教人否？」程子曰：「非也，祭先本天性，聖人因而裁成禮法以教人耳。」○月令：「季秋，豺乃祭獸。」又曰：「孟春，獺祭魚。」

○「**古者戍役**」章　**戍**　字彙：商遇切，守邊也。説文：「从人荷戈以戍。」○詩通解云：雖曰代者已至，然前尚未歸，故曰「復留備秋」。　**疆**　封疆。圉[六]，字彙：「與禦同，拒也。」○許東陽曰：防秋，宋遣戍之名。　**番**　小補韻會：更次也。　**注采薇**　詩小雅。○續韻符曰：秋氣至，膠可折，弓弩可用，匈奴常以此爲候而出軍。○案，采薇詩所謂玁狁，今之所謂韃靼也。蓋戍役者，邊塞爲防玁狁耳。

○「**聖人無一事**」云云章　復卦象曰：先王以至日閉關。○程傳云：先王順天道，當至日陽之始生，安静以養之，故閉關，使商旅不得行。○白虎通曰：冬至所以休兵不舉事，閉關商旅不行何？此日陽氣微弱，王者承天理物，故率天下静，不復行役，扶助微氣成萬物也。

○「**韓信多多**」章　前漢書列傳四韓信傳：上問曰：「如我能將幾何？」信曰：「陛下不過能將十萬。」上曰：「如公何如？」曰：「如臣多多益辨耳[七]。」云云。史記、漢書並無注。○困學紀聞曰：程子曰：「韓信多多益辨，是分數明。」按，孫子：「治衆如治寡，分數是也。」杜牧注：「謂韓信多多益辨。」　**注管轄**　見下注。

○「伊川先生曰」章

「嘗謂」節　軍中夜驚　事見前漢書及通鑑。　亞夫　周勃之弟也。○前漢書周勃傳：夜，軍中驚，内相攻擊擾亂，至於帳下。云云。　注七國反　通鑑：景帝三年，吴王、膠西王、膠東王、菑川王、濟南王、楚王、趙王反。

○「管攝天下人心」章　宗子法，見禮記喪服小記及文公家禮。注「繼高祖之適長子」，乃吾曾祖之兄也。三從兄弟者，曾祖伯叔父之曾孫也。再從兄弟者，曾祖父之曾孫，祖伯叔父之子也。同室兄弟者，伯叔父之子也。親兄弟者，吾昆弟也。

「又曰一年」云云　愚案，程子遺書七上文之本注也。蓋言治法有漸，須尚積累。

○凡人家法　花樹　唐詩訓解二卷，韋員外家花樹歌，岑參作：今年花似去年好，去年人到今年老。始知人老不如花，可惜落花君莫掃。君家兄弟不可當，列卿御史尚書郎。朝回花底恒會客，花撲玉缸春酒香。○事文類聚宗族部謝昌國之語，亦與此大同小異，見勸善録。

○困學紀聞十八：伊川曰：「凡人家法須月爲一會以合族，古人有花樹韋家宗會法，可取也。」

宗會法今不傳，岑參有韋元外家花樹歌：「君家兄弟不可當。云云。」韋元員失其名[八]，此詩見一門花鄂之盛。○蘇氏家語曰：宋劉宰，字子平，號漫堂先生，每月旦必治湯餅會族曰：「今日之集，非以酒食爲禮也。尋常宗族不睦，多起于情意不相通，間言入焉。今月必會飲，有善相告，有過相規。有故相牴牾者，彼此一見，亦相忘於杯酒從容間，豈小補哉！」有不至者，必再三招之曰：「寧適不來，微我弗顧。」

○「**冠昏喪祭**」云云章　陳選曰：理會，講而行之也。「此」字指「報本」言。奉養，曰奉養其親。○月令：孟春，獺祭魚。季秋，豺乃祭獸。 **六禮** 王制曰：六禮，冠、昏、喪、祭、鄉、相見。○陳選曰：此言祭禮之大略。

廟必有主　**注** **祧**　小補韻會：「遷廟也。遠廟爲祧，超上去意也。」主式，見伊川文集[九]，二程全書六十四卷也，又見于文公家禮。

冬至祭始祖　語類：問：「冬至祭始祖是何祖？」曰：「或謂受姓之祖，如蔡氏則蔡叔之類。或謂厥初生民之祖，如盤古之類。」○又曰：「『立春祭先祖，則何祖？』曰：『自始祖下之第二世，及己身上第六世之祖。』曰：『何以只設二位？』曰：『此只是以意享之而已。』」又曰：「伊川時祭止於高祖，高祖而上，則於立春設二位統祭之，而不用主。」○愚謂：初祖以下，高祖以上之祖，不能遍舉盡祭，故只舉其始終，設二位而祭之，以統其餘乎？然則所謂自始祖而下之第二世者，乃始祖之子也。己身上第六世之祖者，乃高祖之父也歟？○問始祖之祭。朱子曰：「古無此，伊川先生以義起。某當初也祭，後來覺得似僭，今不敢祭。」又曰：「始祖之祭似禘，先祖之祭似祫，今皆不敢祭。」○丘瓊山家禮儀節曰：冬至祭始祖，立春祭先祖，程子説也。朱子作家禮，多取温公，而此二祭則用程氏焉。楊氏謂朱子初年亦嘗行之，後覺其似僭，不敢祭。然于小學書亦既載程子斯言，借曰家禮未成之書，而小學則已成矣，而不删去之，必有其説。

注冬至陽之始立春生物之始季秋成物之時　小學集成曰：象其類而祭之。

「忌日」節　祭于正寢　集成曰：同室難以獨享也，於正寢可以盡思慕之意。○章句曰：存，常行而不廢也。

○「卜其宅兆」章　孝經曰：卜其宅兆而安措之。○吴臨川注云：卜，灼龜以視吉凶也。宅，墓穴也。兆，塋域也。厝，猶置也。將置柩於其處，必視生氣，無地風、水泉、沙礫、樹根、螻蟻之屬，及他日不爲城郭、溝池、道路，然後安。卜者决之於神也，不卜則擇之以人，葬書備言其術之理，可稽焉。中州土厚水深，不擇猶可。偏方土薄水淺，凡地不皆可葬。苟非其地，尸柩之朽腐敗壞至速，與舉而委之于壑同，孝子之心忍乎！先擇後卜，尤爲謹重，所謂謀及乃心，謀及士民，而後謀及卜筮也。案，士喪禮，筮宅卜日。大夫以上，則葬日與宅兆皆用龜卜，或亦用筮。此云卜，蓋通言之。　**注**【**塋**】字彙：音營，墓也。

地美則神靈安其子孫盛　伊川曰：「若培壅其根而枝葉茂，理固然。地之惡者反是。」又曰：「父祖子孫同氣，彼安則此安，彼危則此危。」　**注**【**窑**】字彙：音姚，燒瓦竈也。

○「**正叔云某家**」章　【**浮圖**】與浮屠同。魏志曰：今略曰佛。　【**一二人家**】小學合璧云：十中亦有一二家化之。○愚謂：此說鑿，勿用。　**注**【**彌天**】字彙：彌，偏也。　【**波吒**】梵語也。中華曰劫，見于佛說思益經。　【**斫**】字彙：音酌，刀斬也。

○「**今無宗子**」章

【**今父兄從子弟**】本注曰：子弟爲强。　【**如相如使蜀云云**】司馬相如論巴蜀檄，相如本傳載之，前漢書五十七卷。　【**移書**】文選四十三劉子駿移書讓太常博士。張銑注曰：「移，易也，謂以我情移易彼意。」

「然而又」節　諸侯奪宗　見乎白虎通。　注胙〔一〇〕字彙：靖故切，建置社稷曰祚。

○「邢和叔叙明道先生事」章　事見于伊洛淵源録。　上下與天地同流　孟子文。

注識其大者　論語子張篇注：識，記也。　寨　字彙：與砦同，音柴，木栅，又壘也。○壘，字彙：軍壁也。

○「介甫言」章　語類曰：「『「介甫言律」一條，何意也？』曰：『伯恭以凡事皆具，惟律不説，偶有此條，遂謾載之。』」又曰：「八分書，言八分方是。」又曰：「律是八分書，是欠些教化處〔一一〕。」　注刑統　通鑑：「後周世宗顯德四年，五月，周作刑統。」分注曰：「詔以律令文古難知，敕格煩雜不一，命侍御史張湜等訓釋删定爲刑統。」

○「横渠先生曰兵謀」章　注好謀而成　見論語。　師出以律　見易。

○「**肉辟**」章　**散之之久**　論語子張篇：「上失其道，民散久矣。」注：「民散，謂情義乖離，不相維繫。」　**注五刑**　見呂刑。　**至漢文帝始罷**云云　通鑑：漢文帝十三年，齊太倉令官名。淳于意有罪當刑，其少女緹縈上書曰：「死者不可復生，刑者不可復屬，願没入爲官婢，以贖父刑。」上憐其意，詔除肉刑。

○「**吕與叔撰横渠先生行狀云**」章　此行狀，伊洛淵源録載之。　**仁政必自經界始**　孟子滕文公篇文也。集注曰：「經界，謂治地分田，經畫其溝塗封植之界也。」○饒氏曰：「溝，溝洫之類。塗，道塗。封，土堠。植，種木爲界。」集注又曰：「此法不脩，則田無定分，而豪强得以兼并，故井地有不均，賦無定法，而貪暴得以多取，故穀禄有不平，此欲行仁政者之所以必從此始。」

「**世之病難行**」節　語類曰：「不審井議之行，於今果如何？」曰：「講學時且恁講，若欲行之，須有機會。經大亂之後，天下無人，田盡歸官，方可給與民〔一二〕。云云。若平世則誠爲難行。云云。莫道要奪他田，他豈肯。荀悦便道，行井田，須是大亂之後。」　**買田一方畫**云云　田一方，謂或方二里，或方三里。　**廣儲蓄**　三年耕，必有九年之食類也〔一三〕。　**菑**　謂水旱蝗疫之類。**患**謂盜賊之類。**本**謂爲農。**末**謂爲工商。

○「**横渠先生曰古者**」章　儀禮喪服云：有東宮，有西宮，有南宮，有北宮。「**又異宮**」節　愚謂：上「私」字專厚父之私也，下「私」字指宴息而言。○「子不私其父，則不成爲子」，是儀禮喪服之文。疏曰：「不成爲人子之法也。」

「**父子異宮**」節　内則曰：「由命士以上，父子皆異居。」儀禮喪服疏曰：「不命之士，父子同宮。縱同宮，亦有隔別，亦爲四方之宮也。」

「**故異宮**」節　**逐位**　愚謂：逐位者，逐一爲序，作各局也，非分財而離居。

○「**治天下**」章　**周道**　小雅大東篇：「周道如砥。」周道，大道也。

○「**井田卒**」云云章　封建者，封諸侯建國也。○語類九十七：朱子曰：「程先生幼年屢説，須要井田封建，到晚年又説難行，想是它經歷世故之多，見得事勢不可行。」○胡敬齋曰：封建乃古聖人擇賢以分治，公天下之心也。使生民各有主，主各愛其民，上下維持，以圖久安至善之法。天子又有慶讓錫命征討之法，以統御之，虐民者必更之，立賢主以養其民。秦以天下爲己私，乃立郡縣以爲治，此亦勢使然也。○案，秦壞井田，廢封建，自是而又不舉，至今尚然。封建，可考朱子語類百八卷，又柳子厚有封建論。

【校勘記】

［一］上者 「上」，據文意，疑當作「風」。

［二］巧其德行道藝 「巧」，周禮地官作「考」。

［三］以時入之于王府 「王」，周禮地官作「玉」。

［四］賈誼保傅傳曰 「傳」，益軒全集無。

［五］試内舍 「試」，二程文集（四庫全書本）卷八作「補」。

［六］圉 「圉」，據近思録備考體例，當作「圉」。

［七］如臣多多益辨耳 「辨」，漢書作「辦」。

［八］韋元員失其名 「韋元員」，當作「韋員外」。

［九］主式見伊川文集 「主式」，據近思録備考體例，當作「主式」。

［一〇］注胙 「注」，益軒全集無。

〔一一〕是欠些教化處　「欠」，益軒全集作「缺」。

〔一二〕方可給與民　「與」原作「興」，據益軒全集改。

〔一三〕必有九年之食類也　按：禮記王制：「三年耕，必有一年之食。」

近思録備考卷之十

語類曰：近思録十，君子處事之方。

○「**伊川先生上疏**」章　哲宗皇帝元祐元年上太皇太后書之文也。二程全書六十卷載之。○家語六本篇：孔子曰：「鐘之音，怒而擊之則武，憂而擊之則悲，其志變者，聲亦隨之，故志誠感之，通於金石，而況人乎！」

「**臣前後**」節　玉藻曰：將適公所，宿齋戒，居外寢，沐浴。○易古注：韓康伯曰：「洗心曰齋，防患曰戒。」

○「**伊川答人示奏藁書**」章　二程全書六十三卷載之，其所示之人未詳。○字彙：文草曰稾，从禾高聲，别作藁，非。

「**公方求財**」節　愚謂：「祈之」、「懼之」，兩「之」字及下節「有不忍之心」，皆指天子言。

○祈，求也。

注**恪**　字彙：音各，惜也。

「**古之時得丘民則**」節　孟子盡心下篇曰：「得乎丘民而爲天子。」集注曰：「丘民，田野之民，至微賤也，然得其心則天下歸之。」○王觀濤四書翼注云：得乎丘民，非只是得一丘民之心，即天下之民歸心也，只論個得民心可以有天下的道理。○愚謂：王説可據。葉氏注「得乎一丘之民則可以得天下」之説，恐未是。

○「**明道爲邑**」章　注**區**　字彙：分也。

「**盡誠**」節　注**悻悻**　孟子注：怒意也。

○「**明道先生曰一命之士**」章　明道行狀。○周禮太宗伯：「以九儀之命，正邦國之位，一命受職。」注：「始見命爲正吏，受職事。」○陳選小學注云：一命，如今之第九品。苟，誠也。物，即人也。一命猶然，況居大位者乎？○薛文清曰：凡事苟可用力者，無不盡心其間，則民之受惠者多矣。

〇「**伊川先生曰君子觀天水**」章　程傳曰：天陽上行，水性就下，其行相違，所以成訟也。〇訟卦象曰：「天與水違行，訟。君子以作事謀始。」本義：「天上水下，其行相違，作事謀始，訟端絶矣。」〇楊龜山曰：天左旋而水東注，違行也。作事至於違行而後謀之，則無及矣。

契券　字彙：「契，約也，券也，去計切。」又曰：「券，區願切，契也。以木牘爲要約之書，以刀剖之，屈曲犬牙，下从刀，不从力，與券不同，券下从力。」

〇「**師之九二**」章　師卦九二曰：在師，中吉，無咎。王三錫命。〇䷆程傳曰：師卦唯九二一陽，爲衆陰所歸，二乃師之主，專制其事者也。居下而專制其事，唯在師則可。自古命將，閫外之事，得專制之，在師專制而得中道，故吉而無咎。**注衛青**云云　前漢書五十五卷衛青傳載之。案，衛青爲大將軍，蘇建盡亡其軍，獨以身得亡去，自歸青。周霸曰：「今建棄軍，可斬，以明將軍之威。」青曰：「臣職雖當斬將，以臣之尊寵而不敢自擅專誅於境外，其歸天子，天子自裁之，於以風爲人臣不敢專權，不亦可乎？」**所謂將**云云　通鑑漢後主紀：諸葛亮謂姜維曰：「將在軍，君命有所不受。」

○「世儒有論」章　禮記明堂位篇曰：「成王以周公有大勳勞於天下，命魯公世世祀周公以天子之禮樂。」又祭統云：「成王、康王追念周公之所以勳勞，而欲尊魯，故賜之以重祭。」○程子曰：周公之功固大矣，皆臣子之分所當爲，魯安得獨用天子禮樂哉！成王之賜，伯禽之受，皆非也。

○「大有之九三曰」章　程傳曰：三居下體之上，在下而居人上，諸侯人君之象也。公侯上承天子［二］，天子居天下之尊，率土之濱，莫非王臣，在下者何敢專其有。凡土地之富、人民之衆，皆王者之有，此理之正也，故三當大有之時。云云。

○「人心所從」章　隨卦初九傳也。○初九，官有渝，貞吉，出門交有功。○程傳又云：出門，謂非私暱，交不以私，故其隨當而有功。**孥**　字彙：子也。廣韻：「妻子也。」**注暱**與昵同，尼乙切。

○「隨九五」章　九五曰：孚于嘉，吉。○傳云：九五居尊，得正而中實，是其中誠在於隨善，其吉可知。嘉，善也。隨道之吉，唯在隨善而已，下應二之正中，爲隨善之義。

○「**坎之六四曰**」章　程傳曰：夫欲上之篤信，唯當盡其質實而已，多儀而尚飾，莫如燕亨之禮，故以燕亨喻之，言當不尚浮飾，唯質實。所用一樽之酒，二簋之食，復以瓦缶爲器，質之至也。其質實如此，又須納約自牖。納約謂進結於君之道，牖有開通之義，室之闇也，故設牖，所以通明。自牖，言自通明之處，以況君心所明處。云云。**簋**　字彙：盛黍稷器，内員外方[二]，受斗二升。**缶**　字彙：俯九切，瓦器，所以盛酒漿。

「**人心有所蔽**」節　**艱險之時**　易曰：習坎，重險也。

「**且如**」節　**其蔽也故爾**　故，故素也。**訐**　字彙：古屑切，面斥人隱惡，攻發人陰私。

「**非唯**」節　「孟子所謂」云云，盡心上朱注曰：成德，如孔子之於冉、閔。達才，如孔子之於由、賜。

○「**恒之初六**」章　程傳曰：浚，深之也。浚恒，謂求恒之深也。守常而不度勢，求望於上之深，堅固守此，凶之道也。**象曰浚恒之凶始求深也**　程傳曰：居恒之始，而求望於上之深，是知常而不知度勢之甚也。○徐進齋曰：交際之道，自有淺深，若交淺而遽以深望之，豈常理哉。○易學蒙引載東坡言賈生事，最於此章相當，宜考之，今不贅于此。

○「**遯之九三**」章　程傳云：陽志説陰，三與二切比，繫乎二者也。遯貴速而遠，有所繫累，則害於遯矣，故爲有疾。遯而不速，是以危也。臣妾，小人女子。繫戀之私，懷恩小人女子之道也[三]。○問：「小人女子，近之則不遜，若專以私恩懷之，未必不有悔吝，而此爻以爲吉，何耶？」朱子曰：「御下而有以懷之，未爲失正，但恐所以懷之者，失其正耳。」○徐進齋曰：繫，戀也。比乎二陰，宜遯而係，故曰繫遯。○蔡清蒙引曰：係遯是危邦已不可入，亂邦已不可居，乃顧戀家族妻子及權利之類，而不能决去。○遯象曰：畜臣妾吉，不可大事也。

「**然君子**」節　問傳言「君子之待小人，亦不如是」。朱子曰：「君子小人，更不可與相接。若臣妾，是終日在自家脚手頭，若无以係之，則望望然去矣。」○易學蒙引云：臣妾亦是小人中人，係遯之情，於小人中，只可用於臣妾，若夫姦雄小人，遠之惟恐不遠，况可爲之係戀，而不能釋去哉？

是也。

○「睽象曰」章[四]　程傳曰：於秉彝則同矣，於世俗之失則異也。中庸曰「和而不流」是也。

○「睽之初九」章　初九曰：悔亡，云云。見惡人，无咎。○程傳：惡人，與己乖異者也。見者，與相通也。○張中溪曰：見者，遇而勿絶之辭，非必欲見之也。

○「睽之九二」章　九二：「遇主于巷，无咎。」程傳曰：「巷者，委曲之途也。遇者，會逢之謂也。當委曲相求，期於會遇，與之合也。所謂委曲者，以善道宛轉將就使合而已，非枉己屈道也。」

「之非枉道」章[五]　程傳曰：未非必也，非必謂失道也。○蒙引：道，正道也。

○「損之九二曰」章　注憸[六]　利口也，音暹。

○「**益之初九曰**」章　程傳曰：在至下而當大任，小善不足以稱也，必元吉然後得无咎。

注　**卦當損上益下**　彖云：「益，損上益下。」程傳：「爲卦巽上震下，二卦皆由下變，陽變而爲陰者損也，陰變而爲陽者益也。損上益下，所以爲益也。」

○「**漸之九三**」章　漸䷴艮下巽上。象曰：「利用禦寇，順相保也。」程傳曰：「非理而至者，寇也。」

○「**旅之初六**」章　本義：旅，羈旅也。○吴氏曰：凡客於外者皆是也。○初六，程傳又云：「六以陰柔在旅之時，處於卑下，是柔弱之人，處旅困而在卑賤，所存污下者也。瑣瑣，猥細之狀。」○爾雅曰：「瑣瑣，小也。」小補韻會云：「繁碎猥屑貌。」　**猥**　字彙：烏賄切，鄙也。

○「**在旅**」章　傳曰：處旅之道，以柔順謙下爲先，三剛而不中，又居下體之上與艮之上，有自高之象。

○「**兑之上六曰**」章　程傳曰：未，非必之辭，象中多用。非必能有光輝，謂不能光也。

○易鄉嬛曰：上六爻，此指破小人巧媚情狀。上六陰，居説極，是性極邪媚，而專務説人者，故欲二陽之歡心，從而引之聲色貨利之間，或巧爲逢迎，以導其欲，或曲爲承順，以適其私，小人之用情如此。上六象此鄙小人之心術，以爲君子防。

○「**中孚之象**」章　本義：孚，信也。

○「**事有時**」章　小過卦象曰：「山上有雷，小過。君子以行過乎恭，喪過乎哀，用過乎儉。」程傳曰：「當過而過，乃其宜也。」**注足恭**　語公冶長篇。注：「足，過也。」**毀瘠**　曲禮上曰：居喪之禮，毀瘠不形。**悋**　字彙：音吝，鄙也，慳也。

○「**周公至公**」章　**在危疑之地**　事見書金滕篇，蓋遇管、蔡流言之變也。

「**詩曰**」節　**赤舄**　鄭氏曰：舄有三等，赤舄爲上，冕服之舄。復下曰舄[七]，襌下曰屨。

○李氏曰：天子諸侯冕服用舄，他服用屨。

○「**明道先生與吳師禮**」章　萬姓統譜：吳師禮，錢塘人，徽宗時爲開封府推官，治蔡王獄，不使誣及王，人服其功。介甫，王安石，字介甫。

○「**天祺在司竹**」章[八]　文獻通考五十六，有司竹監。**貸**　小補韻會：施也，借也。

○「**因論口將言**」章　遺書四。○韓文十九送李愿歸盤谷序曰：口將言而囁嚅。**要他頭**　言乞求他人之頭也。要，求也。**本注云**　遺書自注也。**荊軻於樊於期**　荊軻傳見史記列傳二十六，及通鑑卷二秦王政二十五年紀。○荊軻謂樊於期曰：願得將軍之首以獻秦王，秦王必喜而見臣，則將軍之仇報，而燕見陵之愧除矣。於期遂自刎。**聽其言也厲**　語子張篇。

○「**須是就事上學**」章　蠱卦程傳曰：「蠱，事也。云云。」見前。○蠱象曰：「君子以振民育德。」程傳曰：「在己則養德，於天下則濟民，君子之所事，无大於此二者。」**何必讀書**云云　語先進篇。子路之言。

○「**先生見一學者忙迫**」章　張觀曰：世間甚事不因忙後錯了。

○「**安定之門人**」章　見于遺書。○胡安定，名瑗，字翼之，言行録前集十卷載。○陳選曰：稽古，經義齋之事。愛民，治事齋之事。何有，言不難也。

○「**門人有言**」章[九]　**誠意之交通云云**　語子張篇：子夏曰：「君子信而後諫，未信則以爲謗己也。」

○「**職事**」章　**注規避**　字彙曰：規避違法，以方爲員也。

○「**居是邦**」章　陳選曰：此古語而程子稱之。○案，家語曲禮子夏問篇及荀子子道篇，並有此語。

○「**克勤小物最難**」章　克勤小物，書經之文。○薛文清曰：雖細事亦當以難處之。

○「**凡爲人**」章　**拂**　戾也。

○「**居今之時**」章　語類云：不安今之法令，謂在下位者。**注　中庸曰非天子云云**　蒙引曰：天子，則德位時之兼備者。○章句曰：度，品制。文，書名。○許氏曰：書名者即字也，名則其字之聲也。

○「**伊川先生曰人惡多事**」章　程子曰：不是事累心，乃是心累心，當知天下無一物是合少得者，不可惡也。

○「**感慨殺身者易**」章　語類：朱子曰：「從容謂徐徐，但義理不精，則思之再三，或汩於利害却悔了，此所以爲難。」○程子粹言曰：感慨殺身，常人之所易。處死生之際，雍容就義，君子之所難。○宋謝疊山却聘書曰：司馬子長有言：「人莫不有一死，死或重於泰山，或輕于鴻毛。」先民廣其説曰：「慷慨赴死易，從容求義難。」　**注　曾子子思之避寇或不避**　見于孟子離婁下篇。

○「**人或勸先生**」章　論語里仁篇：子曰：「事君盡禮，人以爲諂也。」○蔡虛齋曰：集注云「孔子於事君之禮，非有所加也」，蓋盡者在禮之内，加者在禮之外，加則爲諂矣。加者固非，而不盡者亦非也。○節解云：盡其當然之禮，非有加於本分也。**注**孟子云云　見于離婁下。

○「**或問簿佐令**」章　陳選曰：「簿者，縣之佐。令者，縣之長。動，感動也。」又曰：「孟子曰：『至誠而不動者，未之有也。』」○吴氏曰：爭私意者，謂因私意而致競也。○程子曰：不能動人者，只誠不足也。

○「**門人**」章〔一〇〕　**人量隨識長**　胡氏傳家録曰：或問伊川：「量可學否？」曰：「可。學進則識進，識進則量進。」

「**有江河之量**」節　字彙云：川之大者曰江。

「**天資有量**」節　**鄧艾位三公**　案，通鑑：魏景元四年，鄧艾至成都，帝出降，漢亡。魏以鄧艾爲太尉，鄧艾在成都，頗自矜伐。云云。○案，鍾會忌其威名，搆成其事，遂見害。

謝安聞謝玄破符堅云云　通鑑：「晉武帝太元八年，秋八月，秦王堅大舉入寇，詔征討都督謝石、冠軍將軍謝玄等師帥拒之。冬十一月，謝石、謝玄等大破秦兵于淝水，殺其大將符融，秦王堅走，還長安。」又曰：「謝安得驛書，知秦兵已敗，方與客圍棋，攝書置牀上，了無喜色，圍棋如故。客問之，徐答之曰：『小兒輩遂已破賊。』既罷，還内過户限，不覺屐齒之折。」○案，謝石者，謝安之弟。謝玄者，謝安之姪。符堅者，秦王也。强者，强持也。注「魏晉史」，謂魏志、晉書。

○「人纔」章　**磨勘**　續通鑑綱目：「宋太祖淳化四年置審官院。」分注曰：「初帝慮中外官吏清濁混淆，命官考課，號磨勘院，至是改爲審官院，掌審京朝官。其幕職、州縣官，别置考課院主之。」○又仁宗慶曆三年，更定磨勘法。

「人言多」節　**本注少師**　案，二程全書：程伊川之父程珦。其曾王父贈太子少師，諱羽。○事文類聚薦舉部、太子少師部，及集事淵海選舉舉薦部，並無少師典舉之事。

明道薦才　明道行狀曰：神宗嘗使推擇人材，先生所薦者數十人，而以父表弟張載暨弟頤爲首。

○「**君實嘗問**」章　語類：厚之問：「伊川不答温公給事中，如何？」曰：「自是不容預，如兩人有公事在官，爲守令者來問，自不當答。問者已是失。」曰：「此莫是避嫌否？」曰：「不然，本原已不是，與避嫌異。」**給事中**　事物紀原曰：秦置，通典曰：「加官也。云云。」以有事殿中，故曰「給事中」。○給事中，詳乎文獻通考五十卷，今不贅于此。

○「**先生云韓持國服義**」章　韓維，名臣言行録曰：「字持國，忠獻公之子，蔭補事仁宗、英宗、神宗，官至門下侍郎。」**大資**　資猶品也。大資，大官也，指持國也。**范夷叟**　萬姓統譜曰：仲淹之子。

「**夷叟云**」節　**太執**　言甚執滯而泥古。○愚謂：求薦之事，習而成俗，如韓愈亦然，况他人乎。

○「**先生因言**」章　**今日供職**云云　愚謂：言今日在官者，以供官職之事，須爲第一件事，便專力務爲，勿做他底計較利害等事也。庶乎供爲臣之職。○轉運司，案，司水陸漕運之事，詳見于事文類聚二百十四卷、文獻通考六十一卷、事物紀原六卷。**押**　韻會：「乙甲切，署也。」又署字，注曰：「位之表也，謂表識也。」○歐陽公歸田録曰：俗以草書名爲押字。○事文類聚姓名部曰：唐人初未有押字，但草書其名以爲私記，故爲花書，王荆公押石字。○事物紀原「花押」條曰：古者書名，破真從草，取其便於書記，難於模倣。**簽**字彙：音僉，簽書文字也。

國子監古今原始曰：晉改大學爲國子監。**臺省**言在京師之官府，如御史臺、尚書省是也。國子監亦其一也。**外司**指轉運司，不在于朝廷之官也。言外司有事，則合行申狀於在朝廷之官也。

○**人無遠慮必有近憂**論語。孔子語也。

○「**伊川先生**」章　**注**　**貢助之法**見孟子滕文公篇。

○「**明道先生作縣**」章　二程全書六十七：書縣廳壁。○孟子離婁下曰：文王視民如傷。○左傳哀公元年：「陳太夫逢滑曰：『國之興也，視民如傷。』」林堯叟注云：「愛民如子，恐其有傷動。」

○「劉安禮云」章　劉安禮，伊洛淵源録載之。**媿**字彙：與愧同。**注附録**謂程子遺書之附録也。

○「劉安禮問臨民」章　陳選小學句讀曰：輸，猶盡也。平易近民，使下情各得上達，則所以處之者，自無不當矣。御，馭也。格，正也。○范氏曰：未有己不正，而能正人者也。○薛文清曰：爲政通下情爲急。○王雲鳳小學章句曰：正己格物，言己之身無不正，則德足感人，而後可以正人之不正，非謂全無防檢勸懲之道，而吏自皆如己之正也。

○「坎維心亨」章　易曰：「習坎有孚，維心亨，行有尚。」䷜程傳曰：「陽實在中，爲中有孚信。維心亨，維其心誠一，故能亨通。至誠可以通金石、蹈水火，何險難之不可亨也。行有尚，謂以誠一而行，則能出險，有可嘉尚，謂有功也，不行則常在險中矣。」

○「人所以不能行己」章　**齷**字彙：音握。**齪**測角切。齷齪，急促局陋貌。

○「姤初六」章　姤初六曰：羸豕孚蹢躅。○程傳曰：「姤，陰始生而將長之卦。一陰生則長而漸盛，陰長則陽消，小人道長也。制之當於其微而未盛之時。」又曰：「陰雖甚微，不可忽也。豕，陰躁之物，故以爲況。羸弱之豕，雖未能强猛，然其中心在乎蹢躅。小人雖微弱之時，未嘗无害君子之心，防於微則无能爲矣。」

「如李德裕」節　通鑑唐武宗會昌六年紀曰：三月，帝崩，太叔即位。初，憲宗生光王怡。云云。及上疾篤，旬日不能言，諸宦官密於禁中定策，下詔以皇子冲幼，立怡爲皇太叔。夏四月，李德裕罷爲荊南節度使。　閹　字彙曰：閹，衣炎切。宦人，男子去其勢者。　怗[一一]　字彙：他恊切，音怗[一二]，安也，服也，静也。　失其幾　言失機會也。

○「人教小童」章　不出入　檢束不踰閑也。或謂不妄出遊歟？　數數　字彙：音朔，頻也，屢也。○語類云：近思録大率所録雜，逐卷不可以一事名，如第十卷亦不可以事君目之，以其有「教小童」一段。

【校勘記】

[一一] 公侯上承天子　「承」原作「羕」，據益軒全集改。

[二]内員外方 「員」，益軒全集作「圓」。

[三]懷恩小人女子之道也 「懷恩」，易程傳作「恩懷」。

[四]○睽象曰章 「睽」下，葉采近思録集解有「之」字。

[五]之非枉道章 「之」，葉采近思録集解作「遇」。據近思録備考體例，此條獨立爲章，當作「○之非枉道章」。葉采近思録集解此條屬上「睽之九二」章。

[六]注[憸] 「憸」字，葉采近思録集解作「險」。

[七]復下曰爲 「復」，周禮天官冢宰屨人鄭玄注作「複」。

[八]天祺在司竹章 「祺」原作「祺」，據葉采近思録集解改。

[九]○門人有言章 「言」，葉采近思録集解作「曰」。

[一〇]○門人章 「門」，葉采近思録集解作「問」。

[一一][怗] 「怗」，葉采近思録集解作「帖」。

[一二]音怗 「怗」，字彙（哈佛大學哈佛燕京圖書館藏本）作「帖」。

近思録備考卷之十一

語類曰：近思録十一，教學之道。 **注得英才而教育之** 孟子盡心篇。

○「**濂溪先生曰**」章 通書師第七之文。○周子曰：性者，剛柔、善惡，中而已矣。不達，曰剛善，爲義。云云。 **幹固** 易乾卦文言曰：貞固足以幹事。○朱子曰：幹如版築之有楨榦，今人築墻，必立一木於中爲骨，無此則不可築。横曰楨，直曰榦。○字彙「榦」字注：徐鉉曰：「今別作幹，非是。」 **梁** 小補韻會云：梁者，金剛之氣，强梁。 **順** 又云：理也，不逆也，和也，從也。 **巽** 又云：柔也，卑也。翰韻，蘇貫切，順也。

「**惟中也者和也**」節 朱子曰：中庸之中，是兼以其「發而中節」、「無過不及」者得名，故周子曰：「惟中也者，和也，中節也，天下之達道也。」若不識得此理，則周子之言更解不得，所以程子謂「中者，天下之正道」。中庸章句以中庸之中，實兼中和之義。論語集注以「中者，不偏不倚，無過不及之名」。皆此意也。○問注「中」字處引「允執厥中」。朱子曰：「此只是無過不及之『中』，書傳中所言皆如此，只有『喜怒哀樂未發之中』一處是以體言。」又曰：「子思所謂中，以未發言也。周子之所謂中，以時中而言也。」○陳北溪曰：周子曰「中也者，和也」，是指已發之中而言也。

「**故聖人立教**」節　朱子曰：「剛柔一段亦須看，且先易其惡，既易其惡，則至其中在人。」又曰：「如子路可謂能易其惡矣。若至其中一節工夫則難。」○黄氏巖孫曰：張子曰「爲學大益，在自求變化氣質」，程子曰「學至氣質變，方是有功」，皆此意也。○空同子曰：人剛柔之偏，變之爲剛善柔善，有之矣。若欲剛爲柔，柔爲剛，能之乎？

○「**伊川先生曰古人生子**」章　内則曰：子能食，食教以右手。能言，男唯，女俞。○王雲鳳云：唯，速而强。俞，緩而柔。**注**【**唯諾**】諾亦應之緩也。

「**大學之法**」節　學記曰：「大學之法，禁於未發之謂豫。」陳澔曰：「豫者，先事之謂。」

【**聒**】字彙：音括。説文：「讙語也。」　**注**【**少成若天性習慣如自然**】家語，孔子之言也。

「**若爲之**」節　**注**【**靡**】字彙曰：滅也。

○「觀之上九曰」章　程傳曰：上九以陽剛之德處於上，爲下之所觀而不當位，是賢人君子不在位，而道德爲天下所觀仰者也。觀其生，觀其所生也，謂出於己者，德業行義也，既爲天下所觀仰，故自觀其所生，若皆君子矣，則无過咎也。苟未君子，則何以使人觀仰矜式，是其咎也。○朱子曰：「其生，謂言行事爲之見於外者。」注「矜式」之二字出于孟子。朱注云：「矜，敬也。式，法也。」

「不可以不在於位」節　程傳曰：是其志意未得安也，故云志未平也。平，謂安寧也。○本義曰：志未平，言雖不得位，未可忘戒懼也。

○「聖人之道」章　邈　字彙：末各切，遠也。

「事上臨喪」節　子罕篇：子曰：「出則事公卿，入則事父兄，喪事不敢不務，不爲酒困，何有於我哉？」○馬融云：困，亂也。○張南軒曰：此章視之若易能，然行之無憾則未易也。蓋於天理之當爲者，求盡其道，而於人情之易動者，不踰其則，雖聖人亦極乎是理而已。夫子教人，每指示之近，使人皆可勉焉。○雙峰饒氏曰：三件皆是大節目，不爲酒困，是至小底，然亦甚難，有時被人勸而稍多飲，便能使人神昏氣亂。常人往往忽視，以爲小事。聖人之心無時不存，亦因可以勉人耳。○講述：喪事不敢不勉，内盡其哀，外盡其禮。不爲酒困，是謹度内不喪德，外不喪儀也。○翼注云：此章雖皆庸行，而實則至理所寓，故夫子皆以爲歉，非僞謙也。

○「**明道先生曰憂子弟**」章　二程全書卷之四十粹言曰：人多以子弟輕俊爲可喜，而不知其爲可憂也。有輕俊之質者，必教以通經學，使近本，而不以文辭之末習，則所以矯其偏質，而復其德性也。○小學衷旨曰：子弟輕俊的，多自作聰明，令作文字，未必不恃小智以亂舊章。

「**子弟凡**」節　王羲之，晋人。虞、顔、柳皆唐人。

○「**胡安定在湖州**」章　**劉彝**　萬姓統譜曰：字執中，懷安人，幼介特，從胡瑗學。善治水，第進士，爲朐山令。恤孤寡，平賦役，抑奸猾，凡所以惠民者無不至。邑人紀其事，目曰治範。官終都水丞。著七經中義百七十卷，明善集、居陽集各三十卷。**注部伍**　部，分也，屬也。五人爲伍，又行伍。**堰**　字彙：伊甸切，壅水也。**九章**　九數也。

○「**教人未見意趣**」章　伊川之言也。○陳選曰：趣，指趣也。樂，喜好也。關雎等詩，爲教於閨門之内，乃正家之始，故當時通用之。簡奥者，辭簡約而意深奥也。以灑掃等事編爲韻語，令朝夕咏歌之，庶見意趣而好學矣。

○「**子厚以禮**」章　與「爲學類」「載所以使學者先學禮」章宜參看。

○「**語學者**」章　與論語雍也篇「中人以上」章可參考。

○「**舞射**」章　程子曰：射中鵠、舞中度，皆誠也。○中庸二十五章曰：誠者，非自成己而已也，所以成物也。

「**自灑掃**」節　問：「聖人事是甚麽樣子？」朱子曰：「如云『下學而上達』，當其下學，便上達天理是也。」○勉齋黄氏曰：灑掃應對雖至小，亦由天理之全體而著見於事物之節文。聖人之所以爲聖人者，初不外乎此理，特其事事物物皆由此理，而不勉不思，從容自中耳。○存疑曰：灑掃應對只是敬，敬者聖學所成始成終，故曰「便可到聖人事」。

○「**自幼子**」章　曲禮曰：幼子常視毋誑。○正義云：不宜示以欺誑，恐即學之。○陳澔注云：常示之以不可欺誑，所以習其誠。○愚謂：二説不同，學者宜詳之。

○「**先傳後倦**」章　語子張篇注及大全可參考，今不贅于此。

○「**伊川先生曰説書**」章　**漢時下帷講誦**　前漢書：董仲舒下帷講誦，弟子傳以久次相授業，或莫見其面。蓋三年不窺園，其精如此。

○「**古者**」章　**八歲入小學十五入大學**　斑固之白虎通[二]、前漢書藝文志之説也。

「**在學之養**」節　**注撥**　詩大雅曰：「本實先撥。」注：「絶也。」

○「**天下有多少才**」章　論語泰伯篇：子曰：「興於詩，立於禮，成於樂。」○真西山曰：莊敬者，禮之本也。和樂者，樂之本也。學者誠能以莊敬治其身，和樂養其心，則於禮樂之本得之矣，亦足以立身而成德也。三百篇之詩，雖云難曉，今諸老先生發明其義，了然可知，如能反復涵泳，真可以感發興起，則所謂「興於詩」，亦未嘗不存也。○胡氏曰：程子因世變而歎傷，學者當因其尚存者而深考之，不可以自畫也。○雲峰胡氏曰：無程子之説，後世不知所以成材之難。無真氏之説，後世遂真以成才爲難矣。況詩自性情中流出，非吾心外物。天高地下，合同而化，天地間自然禮樂。禮是敬，樂是和，亦非吾心外物也。

注感發其善心云云　論語注：朱子曰：「凡詩之言，善者可以感發人之善心，惡者可以懲創人之逸志。」○蒙引云：逸志，放心也。

「**古人有歌咏**」節　**注羽籥干戚**　朱子曰：武用干戚，文用羽籥。○劉氏曰：皆舞者所執之物。　**屈伸俯仰**云云　樂記曰：「屈伸俯仰，綴兆舒疾，樂之文也。」注：「綴，舞者行位相連綴也。兆，位外之營兆也。」

○「**孔子教人**」章　述而篇：孔子曰[二]：「不憤不啓，不悱不發。」○輔氏曰：憤者，鬱滯之意。悱者，屈仰之貌。○説統曰：此言教不可輕，正欲學者勉爲受教之地也。憤悱是能疑者，非聖人有所秘，欲學者之自得也。○翼注云：憤者意全未開，故啓以開其意。悱者意稍開，但詞未達，故發以達其詞。　**沛然**　孟子：由水之就下沛然。○孟子云：君子引而不發，躍如也。中道而立，能者從之。○朱子曰：康節學於李挺之，請曰：「願先生微開其端，毋竟其説。」

此說極好，學者當然須是自理會出來便好。

○「**橫渠先生曰恭敬**」章　正蒙至當篇也。○性理大全正蒙集解曰：恭敬者，不慢也。撙節者，不肆也。退讓，不亢也。能盡是三者，以明辨其禮，則筋骸謹束[三]，德性堅定，而私欲不萌矣，故爲仁之至。如是則天德既全，慈祥之心自不衰替，故又爲愛道之極。

○「**學記曰**」章　案，學記之文，止「不盡其材」。○陳澔注曰[四]：不顧其安，不恤學者之安否也。不由其誠，不肯實用其力也。不盡其材，不能盡其材之所長也。

「**教人至難**」節　**庖丁解牛**　莊子養生主曰：庖丁爲文惠君解牛，手之所觸，肩之所倚，足之所履，膝之所踦，砉然嚮然，奏刀騞然，莫不中音，合於桑林之舞，乃中經首之會。文惠君曰：「譆，善哉！技蓋到此乎？」庖丁釋刀對曰：「臣之所好者，道也，進乎技矣。始臣之解牛之時，所見無非牛者，三年之後，未嘗見全牛也。」

「**人之才**」節　注「朱子曰」之末，「與材」下，本有「他解此兩句，只作一意解，言人之材足以有爲，但以不由於誠，則不盡其材」之二十九字。

〇「**古之小兒**」章　曲禮上曰：長者與之提攜。云云。〇陳氏曰：提攜，謂牽行。捧手，所以承長者之意。掩口，謂以手障口，不使氣觸長者。

「**蓋稍**」節　張子曰：教小兒，先要安詳恭敬。〇小學衷旨曰：安詳，是和順從容不迫之意。恭敬，只是不敢放肆的意思。蓋後生小子血氣未定，做人多是荒錯傲慢，故教小兒，必須要安詳恭敬。

〇「**孟子曰**」章　離婁上篇。

【校勘記】

［一］斑固之白虎通　「斑固」，當作「班固」。
［二］孔子曰　「孔」，益軒全集無。
［三］則筋骸謹束　「謹」原作「譁」，據益軒全集改。
［四］陳澔注曰　「注」，益軒全集無。

近思録備考卷之十二

語類云：近思録十二，改過及人心疵病。

○「濂溪先生曰仲由」章　孟子公孫丑上曰：子路，人告之以有過則喜。○朱子曰：喜其得聞而改之。○規，規諫。悟，悔悟。噫，傷痛聲。○噫，後漢書梁鴻傳五噫之文勢也。

○「人之於豫樂」章　豫六二傳也。豫☷☳○程傳又曰：六二爻處中正，又无應，爲自守之象。當豫之時，獨能以中正自守，可謂特立之操，是其節介如石之堅也。介于石，其介如石也。

介　字彙曰：節介。

「處豫」節　見幾而作　下繫辭第五章，豫卦之説之文也。

○「人君致危亡」章　本義曰：當豫之時，以柔居尊，沉溺於豫。

「劉質夫曰頻復」節　劉質夫，伊洛淵源録八卷有傳。　迷復　復卦上六：「迷復，凶。」程傳：「以陰柔居復之終，終迷不復者也。」

○「睽極則」章〔二〕　本義曰：睽，乖異也。　咈　字彙：符勿切，違也，戾也。

「如人」節　猜　字彙：食采切，疑也。

○「解之六三曰」章　程傳曰：六三陰柔，居下之上，處非其位，猶小人宜在下以負荷，而且乘車，非其據也，必致寇奪之至，雖使所爲得正，亦可鄙吝也。

○「益之上九曰」章　程傳曰：九以剛而求益之極，衆人所共惡，故无益之者，而或攻擊之矣。

○「艮之九三曰」章　程傳曰：限，分隔也，謂上下之際。三以剛居剛而不中，爲成艮之主，決止之極也。已在下體之上，而隔上下之限，皆爲止義，故爲艮其限，是確乎止而不復能進退者也。在人身，如列其夤。夤，膂也，上下之際也。列絶其夤，則上下不相從屬，言止於下之堅也。○夤，引真切。

「人之固」節　**蹇**　字彙：屯難也。　**爍**　弋灼切，本作爚。爚，爇也。

○「**大率以説**」章　**注歸妹云云**　本義曰：婦人謂嫁曰歸。妹，少女也。兑以小女而從震之長男，而其情又爲以説而動，皆非正也，故卦爲歸妹。

○「**雖舜之聖**」章　**畏巧言令色**　見乎皋陶謨。

○「**治水**」章　堯典曰：「帝曰：『咨！四岳，湯湯洪水方割，蕩蕩懷山襄陵，浩浩滔天。下民其咨，有能俾乂？』僉曰：『於，鯀哉！』帝曰：『吁，咈哉，方命圮族。』岳曰：『异哉，試可乃已。』帝曰：『往，欽哉！』九載，績用弗成。」蔡傳曰：「方命者，逆命而不行也。猶今言廢閣詔令也。蓋鯀之爲人，悻戾自用，不從上令也。圮，敗。族，類也。言與衆不和，傷人害物，鯀之不可用者以此也。」

○「**君子敬以**」章　微生高事，見語公冶長篇。朱注云：「微生，姓。高，名。魯人，素有直名者。醯，醋也。人來乞時，其家無有，故乞諸鄰家以與之。夫子言此，譏其曲意徇物，掠美市恩，不得爲直也。」

○「**人有欲**」章　語公冶長篇：子曰：「棖也欲，焉得剛。」○胡氏曰：剛則己大物小，凡天下之可欲者，皆不足動之，所謂「伸於萬物之上」是也。欲則己小物大，隨其意之所貪，俯首下氣以求之，所謂「屈於萬物之下」是也。所以相對而相反，有此則莫彼也。

○「**人之過也**」章　語里仁篇。○「類」字作「黨」。注：「黨，類也。」○四書説統：此章夫子爲以過棄人者發。　**忍**　字彙曰：安於不仁曰忍。

○「**明道先生曰富貴**」章　史記：魏文侯子子擊，遭田子方於道，下車伏謁，子方不爲禮。○呂東萊曰：夫富貴不可以驕人，貧賤亦豈驕人得？蓋驕之一字，雖以周公之聖，尚不敢加之於身，若子方豈可以驕人乎？子擊欲以勢驕人，子方欲以學驕人，二者病則一般。蓋子方，子夏門人，歷於戰國，不免爲風聲氣習之所移，故有驕之失。其後子方之學，流爲莊周，傲物輕世，皆從驕之一字失也。

○「**人以料事**」章　語憲問篇：「子曰：『不逆詐，不億不信，抑亦先覺者，是賢乎。』」集注曰：「詐，謂人欺己。不信，謂人疑己。抑，反語辭。言雖不逆不億，而於人之情僞，自然先覺，乃爲賢也。」○愚謂：「詐」字，葉氏之注與朱注異，觀者詳之。**駸駸**　馬前進貌。注，楊子雲之語見于法言，周子之言見于通書。

○「**人於外物**」章　小學陳選注曰：外物之奉身者，如飲食衣服宮室之類。身不好，謂身不檢也。心不好，謂心不收也。○鄭氏曰：覽鏡而目有污，則必滌之。振衣而領袖有垢，則必濯之。居室而几案窗壁有塵，則拂之。不如此，則不能安矣。至於方寸之中，神明之舍，污穢垢塵日積焉，而不知滌濯振拂之，察小而遺大，察外而遺內，其爲不能充其類，不亦甚乎？○章句曰：但欲得外物之好，則身不檢而心逐於物矣，故身與心已先不好也。**注** **以小害大**云云　孟子告子篇。

○「**人於天理**」章　莊子言，見于大宗師篇。林希逸曰：「嗜欲者，人欲也。天機者，天理也。曰深淺者，即前輩所謂天理人欲隨分數消長也。」

○「**伊川先生曰**」章　**注** **莊子曰**　見于天地篇。林注：「機械，器也。用之則爲機事，所以用之者，心也。」

○「**疑病者未有事至**」章　**注** **兜**　小補韻會：當侯切，惑也。**攬**　撮持也。

○「**較事大小**」章　**枉尺直尋**　見于孟子滕文公篇。

○「**做官**」章　朱子大全趙致道問書曰：「程子曰『仕官奪人志[二]』，或言爲富貴所移也。愚意以爲，不特言此，但才仕官，則於窒礙處，有隨宜區處之意，浸浸遂入于隨時狥俗之域，與初間立心各别，此所謂奪志也。不知程子之意，果出於此否？又不知人未免仕官而有此病，又何以救之？敢乞指誨。」朱子答書曰：「所論奪志之説是也，若欲救此，但當隨事省察，而審其輕重耳，然幾微之間，大須著精彩也。」

○「**驕是**」章　語泰伯篇：子曰：「如有周公之才之美，使驕且吝，其餘不足觀也已。」

○案，存疑、講述及諸注，俱與程説不同，故不引用。 **歉** 字彙：音謙，食不飽也。

○「**邢七云**」章〔三〕 **邢七** 案，伊洛淵源録：邢恕也。七者，恕之輩行之數也。

○「**横渠先生曰**」章 **下民** 陳選曰：下民，下等之人也。一致，猶言同歸。踰，過也。

○「**孟子言反經**」章　見盡心下篇。

【校勘記】

［一］〇睽極則章　「睽」上，葉采近思録集解有「伊川先生曰」。

［二］仕官奪人志　「官」，晦庵先生朱文公文集卷五十九作「宦」。

［三］邢七云章　「七」，葉采近思録集解作「恕」。

近思録備考卷之十三

○「**明道先生曰楊墨之害**」章　**申不害韓非**　見史記列傳曰：「申子之學，本於黄、老，而主刑名，著書二篇，號曰申子。韓非喜刑名法術之學，而其歸本於黄、老。」注：「新序曰：『申子之書，言人主當執術無刑，因循以督責臣下，其責深刻，故號曰術。商鞅所爲號曰法。皆曰刑名，故號曰刑名法術之書。』」索隱曰：「著書三十餘篇，號曰韓子。」　**注自漢以來**云云　後漢明帝時，遣使之天竺求其道，事見于通鑑。　**老者周柱下史**　史記老子列傳：「老子，周守藏室之史也。」索隱云：「乃周藏書室之史也。」又張湯傳：「老子爲柱下史，即藏室之柱下，因以爲官名。」

「**楊氏爲我**」節　近思録以爲楊氏疑於仁，墨氏疑於義。今案，二程全書及孟子滕文公下注，皆作楊氏疑於義，墨氏疑於仁。○問：「墨氏兼愛疑於仁，此易見。楊氏爲我，何以疑於義？」朱子曰：「只是他自愛其身，界限齊整，不相侵越，微似義耳。」○孟子注曰：楊朱但知愛身，而不復知有致身之義，故無君。墨子愛無差等，而視其至親無異衆人，故無父。○楊朱之事見莊子、列子。列子有楊朱篇。墨翟之事見呂氏春秋及鄒陽書、説苑等。又有墨子十六卷。○孟子闢楊、墨，事見乎滕文公下篇。○孟子曰：「能言距楊、墨者，聖人之徒也。」朱注曰：「邪説害正，人人得而攻之，不必聖賢。如春秋之法，亂臣賊子人人得而誅之，不必士師也。聖人救世立法之意，其切如此，若以此意推之，則不能攻討，而又倡爲不必攻討之説者，其爲邪説之徒、亂賊之黨，可知矣。」○尹氏曰：學者於是非之原，毫釐有差，則害流於生民，禍及於後世，故孟子辨邪説，如是之嚴，而自以爲承三聖之功也。當是時，方且以好辨目之，是以常人心而度聖賢之心也。○朱子曰：「纔説道要距楊、墨，便是聖人之徒，如人逐賊，有人見之，若説道『賊當捉當誅』，這便是主人邊人。若説道『賊也可恕』，這便喚做賊之黨。」又曰：「不討亂逆，而謂人勿討者，凶逆之黨也。不距楊、墨，而謂人勿距者，禽獸之徒也。聖賢立法之嚴，至於如此，可不畏哉！」

○「伊川先生曰儒者」章　師也過商也不及　語先進篇。　無父無君　孟子之語。滕文公下篇。

○「明道先生曰道之外」章　朱子曰：佛老之説，不待深辨而明，廢三綱五常一事，已是極大罪名，其他更不消説。○詹艮卿曰：道即親嚴别序信之當然者也。物指父子、君臣、夫婦、長幼、朋友也。人倫，即親嚴别序信之倫理也。**注幻假**　廣韻：幻，幻化。

「**故君子**」節　論語里仁篇：「子曰：『君子之於天下也。云云。』」注：「適，專主也。莫，不肯也。」○蒙引曰：君子於天下一切之事，初無必爲之心，亦無必不爲之心，顧義之所在何如，而惟義是從耳。**注無可無不可**　見微子篇。注：「孟子曰：『孔子可以仕則仕，可以止則止，可以速則速，可以久則久。』所謂無可莫不可也。」○説統云：諸人各守一節，夫子不拘一節，故曰「無可無不可」也。可不可，以迹言，道則必從其可，惟以道爲可，則無可不可也。○蒙引云：佛老之心，雖似乎莫適莫，而實散漫無根著，所以爲異也。

「**彼釋氏**」節　語類云：游定夫編明道語，言釋氏有「敬以直内」，無「義以方外」。呂與叔編則曰：「有『敬以直内』，無『義以方外』，則與直内底也不是。」○問：「佛家如何有『敬以直内』？」朱子曰：「他有個覺察，可以敬以直内，然與吾儒亦不同。」

「**又曰佛有一個覺之理**」章〔二〕　詹艮卿曰：佛氏默坐澄心，雖曰是敬，蓋其覺之理亦似是而非也。他只默坐澄心，亦是死法，若敬則該動静，真是活法。如居處恭、執事敬，以至動容周旋，皆是敬之事，亦覺之理也。但吾儒之覺，覺於實理，佛氏之覺，覺於虚妄，苟覺於虚妄，何有於制事之宜哉！

○「**釋氏本怖**」章　程子曰：聖賢以生死爲本分事，無所懼，故不論死生。佛之學惟怕死生，故只管説不已。下俗之人固多懼，易以利動。○詹艮卿曰：死生有命，非人所能移易者，聖賢格物窮理，但知修身以俟命，未嘗他有所事，以免死求生。彼老氏流弊，雖曰煉形養氣，其説未甚惑人。若佛氏，以死生禍福爲説，以懼愚生，使愚民事佛以免死禍，而求生福。雖深山窮谷之人，婦人女子，亦皆爲之所惑。有淪肌浹髓，牢不可解者，其爲害甚矣。雖然，其害有兩般，此一般固是説死生禍福，以欺罔愚民。又一般是高談性命道德，以眩惑士夫。然死生禍福之説，只是化得不讀書明理之人，性命道德之説又較玄妙，雖高明之士，皆爲所動，是佛氏之説，爲害無涯之甚也。今人須是自家理明義精，胸中有定見，方不爲所動焉。

「**孟子曰**」節　**盡其心者**云云　此一句見于盡心篇。**注** **怳惚**　字彙曰：失意也。

○居業録曰：釋氏見道，只如漢武帝見李夫人，非真見者也。釋氏只想像這道理，故勞而無功，儒者便即事物上去窮究。

「**彼固曰**」節　程子曰：釋氏有出家出世之説，家本不可出，却爲他不父其父，不母其母，自逃去可也。至於世則迮生出得，既道出世，除是不戴皇天，不履后土，始得然。又渴飲而飢食，戴天而履地。

「**或曰釋氏地獄**」節　異端辨正曰：嘗考之，佛之國在極西之境，其所居謂之天，嘗猶後世天朝、天闕之稱，其犯法者皆掘地爲居室而處之，謂之地獄。如南宋主子業因其諸王爲地牢，亦此類耳。其法有剉燒舂磨之刑，如書所載九黎、三苗之爲也。閻羅則後世之刑官也，金剛則後世之衛士也，皆其蕃國處生人之制，而學佛者不察，謂施於已死者，則世相傳流，本非佛氏真教也。所謂夜叉、羅刹鬼國者，皆其西方之土名，其地去中國既遠，風化不及，故其所生，亦多異狀，無復人類，如史所謂狗國、羅施鬼國者，可攷也。此雖其初學佛者，不察本非中國之所有者，而流傳之久，後之異教者，亦以爲真。愚民亦不覺其爲僞，而水陸道場、寫經造像、修建塔廟者[二]，皆懼此苦楚之禍，以求快樂之福，何異教中之僞以陷愚民之不知如此耶？嗚呼哀哉[三]！

〇「**學者於釋氏之説**」章　程子曰：佛氏如淫聲美色，易以迷人。〇程子遺書曰：正叔一生不曾看莊、列、佛書，非禮勿視。〇讀書録云：異端欲知其得失，亦不可不觀其書，但吾學已明，雖觀其書，不爲所惑。苟吾學未明，而先觀之，鮮不陷溺其中。**顏淵問爲國**[四]語衛靈公篇。**至於禹之言曰**云云　見乎臯陶謨。

○「**所以謂萬物**」章　**生生之謂易**　上繫辭第五章之文。本義云：「陰生陽，陽生陰，其變無窮。」○程鉅夫曰：生生之謂易，剥初盡而復已生，生生不息。

「**人只**」節　**大小**　幾許也。

「**釋氏以不知此**」節　詹艮卿曰：雖上智不能無人心，聖人所謂無欲，非若釋氏盡去塵根，但人心之得其正者即道心，以其不流於人欲之私，所謂無欲也。若欲如枯木死灰，必欲去之，豈理也哉！

「**釋氏其實**」節　**負販之蟲**　柳文十七蝜蝂傳曰：蝜蝂者，善負小蟲也。行遇物輒持取，卬其首負之，背愈重，雖困劇不止也。其背甚澀，物積因不散，卒躓仆不能起。人或憐之，爲去其負，苟能行，又持取如故。

○「**人有語導氣者**」章[五]　**葛**　葛布也。字彙曰：「藤可作布。」　**節嗜欲定心氣**

月令仲夏。注長生久視 見于老子第五十九章。林希逸注：「久視，精神全，可以久視而不瞬也。今之服氣者，或有此術，雖非老子之學，可以驗老子之言。」

○「佛氏不識」章 形而上 上繫辭十二章：形而上者謂之道，形而下者謂之器。

○「釋氏之説」章 王通言云云 王通曰：徽所問者，迹也；吾告汝者，心也。心迹之判久矣。

○「問神僊之説」章 歐陽公有「無仙」説，可考見。鑪 與爐同。○朱子感興詩曰：飄飄學仙侶，遺世在雲山。盜啓玄命秘，竊當生死關。金鼎蟠龍虎，三年養神丹。刀圭一入口，白日生羽翰。我欲往從之，脱屣諒非難。但恐逆天道，偷生詎能安？楊子言云云 法言君子篇。

○「橫渠先生曰」章 範圍 繫辭上：「範圍天地之化而不過。」本義曰：「範，如鑄金之有模範。圍，匡郭也。天地之化無窮，而聖人爲之範圍，不使過於中道，所謂裁成者也。」○朱子曰：「範是鑄金作範，圍是圍裹。如天地之化，都没個遮攔。聖人便將天地之道，一如用範來範成個物包裹了，試舉一端，如一歲分四時節候之類，以此做個塗轍，更無過差。此特其一耳。」問：「範圍天地之化而不過，如天之生物，至秋而成，聖人則爲之斂藏。人之生也，欲動情勝，聖人則爲之教化防範，此皆是範圍而使之不過事否？」曰：「範圍之事闊大，此亦其一事也。今且就身上看如何。」或曰：「如視聽言動，皆當存養，使不過差，此便是否？」曰：「事事物物無非天地之化，皆當有以範圍之，就喜怒哀樂而言，喜其所當喜，怒其所當怒，哀其所當哀，樂其所當樂，皆範圍也。」　**因緣**　法華經：世尊以一大事因緣，故出現於世。

○「**其過於大**」節〔六〕　**窮理盡性**　見乎説卦傳。　**注**　**一切有爲法如夢幻泡影**　出于金剛經。

○「**大易不言有無**」章　語類曰：無者無物，却有此理，有此理則有矣。老氏云「物生於有，有生於無」，和理也無，便錯了。

〇「**浮圖明鬼**」章　**浮圖**　魏志曰：「正號同佛陀，或云部多，楚夏並稱爲淨覺，今略稱佛。」袁宏漢記云：「浮屠，佛也。漢言覺，以覺悟群生也。」〇浮圖與浮屠同。**注**　**澌**　字彙：音斯，盡也。**神識不散**云云　南齊范鎮曰[七]：形者神之質，神者形之用也。神之於形，猶利之於刀也，未聞刀没而利存，豈容形亡而神在哉？

「**孔、孟所謂**」節　**遊魂爲變**　上繫辭：「精氣爲物，遊魂爲變。」本義曰：「陰精陽氣聚而成物，神之伸也；魂游魄降散而爲變，鬼之歸也。」〇朱子曰：「精氣合，則魂魄合而凝結爲物，離則陽已散，而陰無所歸，故爲變。」又曰：「變是魂魄相離，雖獨説游魂，而不言魄，而離魄之意自可見。」**劇論**　字彙：甚也，艱也。**注**　**本注云**云　繫辭曰：「通乎晝夜之道而知。」本義曰：「晝夜即幽明、死生、鬼神之謂。」〇程子曰：晝夜者，死生之道也。知生之道，則知死之道。

「**自其説熾**」節　**淪胥**　字彙云：淪，没也。淪胥，相牽引也。**臧獲**　字彙曰：奴婢也。方言：「荆淮海岱之間，罵奴曰臧，罵婢曰獲。」**間氣**　間出之才氣也。**恬習**　字彙：恬，徒廉切，安也。**人倫不察**云云　孟子離婁下曰：「舜明於庶物，察於人倫。」朱注云：「物，事物也。明則有以識其理也，察則有以盡其理之詳也。物理固非度外，而人倫尤切於身，故其知之有詳略之異。」**治所以忽**益稷曰：「在治忽。」蔡傳：「忽，治之反也。」「**異言滿耳**」節[八]**詖淫邪遁**見于孟子公孫丑篇。**翕然**字彙：翕，音吸，起也。

注 **詭服**字彙：詭音癸，異也。

【校勘記】

[一] 又曰佛有一個覺之理章　據近思録備考體例，當有「○」，或者「章」當作「節」。

[二] 修建塔廟者　「建」，益軒全集無。

[三] 鳴呼哀哉　「鳴」，據文意，當作「嗚」。

[四] 顔淵問爲國　「國」，葉采近思録集解作「邦」。

[五] ○人有語導氣者章　「人」，葉采近思録集解作「又」。

[六] ○其過於大節　據近思録備考體例，句前帶○，當爲獨立章，當作「○其過於大章」。或者也有可能此處誤衍「○」。

[七] 南齊范鎮曰　「鎮」，據文意，當作「縝」。

[八] 異言滿耳節　「滿」，葉采近思録集解作「入」。

近思録備考卷之十四

○「明道先生曰堯與舜」章　孟子盡心下：「堯、舜性者也，湯、武反之也。」注云：「反之者，修爲以復其性。」　注　文王不識不知順帝之則　詩大雅皇矣篇。○朱傳云：能不作聰明以循天理。○華谷嚴氏曰：不識不知，不作聰明也。天理自然謂之則，謂理之不可踰也。

禹克勤克儉不矜不伐　大禹謨：帝曰：來禹，洚水儆予，成允成功，惟汝賢。克勤于邦，克儉于家，不自滿假，惟汝賢。汝惟不矜，天下莫與汝争能；汝惟不伐，天下莫與汝争功。

○「仲尼元氣也」章　語類曰：顏子方露出春生之意，如「無伐善，無施勞」是也，使此更不露，便是孔子。孟子便如秋殺，都發出來，露其才，如所謂英氣，是發用處都見也。　注　涯涘　字彙：涯音崖，水際。涘，音詞，水涯。　坱圠　字彙：「坱，於黨切。圠，乙黠切。坱圠，無垠際貌。」楚辭：「坱兮圠。」王逸注：「雲霧氣昧也。」賈誼賦：「坱圠無垠。」　衆善之長也　易文言曰：元者，善之長也。

「**仲尼無所不包**」節　語類：問「時然而已」。直卿曰：「或曰非常如此，蓋時出之耳；或曰戰國之習俗如此；或曰世衰道微，孟子不得已焉耳。三者孰是？」曰：「恐只是習俗之説較穩，大抵自堯、舜以來至於本朝，一代各自是一樣，氣象不同。」○語類：問：「『孟子露其才，蓋亦時然而已』，豈孟子亦有戰國之習否？」曰：「亦是戰國之習，如三代人物，自是一般氣象。左傳所載春秋人物，又是一般。」　**顏子不違如愚**　語爲政篇。　**注**　**嘿而成之**云云　上繫辭曰：默而成之，不言而信，存乎德行。

○「**仲尼天地也**」節[一]　**慶雲**　西京雜記曰：「瑞雲曰慶雲，曰景雲。」初學記曰：「雲五色曰慶。」　**巖巖**　朱子詩傳曰：「巖巖，積石貌。」字彙：「巖，險也。」　**注**　**協氣**　字彙：胡頰切，合也，同衆之和也。

「**仲尼無迹**」節　或問顏子之微有迹處。朱子曰：「如『願無伐善，無施勞』，皆是。」　**注**　**渾然天成**　朱子文集程伯子贊：元氣之會，渾然天成。　**爲仁之間**　語雍也篇：子曰：「回也，其心三月不違仁。」　**喟然之嘆**　子罕篇。

「**孔子儘是**」節　**豈弟**　詩蓼蕭篇：「孔燕豈弟。」朱傳：「豈，樂。弟，易也。」　**注**

清明在躬 禮記孔子間居篇[二]：清明在躬，辭氣如神[三]。 **顏子有若無**云云 語泰伯篇。曾子之言也。 **息邪説距詖行**云云 孟子滕文公下篇。

○「**曾子傳**」章 **吾得正而斃** 檀弓篇。

○「**傳經爲難**」章 愚謂：子夏傳之田子方，田子方傳之莊子，是聖人之後百年已差，於如此之類而可見。 **幽厲** 案史記，幽王名宮涅，周宣王之子，武王十二世孫也。厲王名胡，夷王之子，武王十世之孫。○朱子曰：幽，暗。厲，虐。皆惡謚也。○謚法：動靜亂常曰幽，殺戮無辜曰厲。 **注纘** 字彙：作管切，繼也。

○「**荀卿才高**」章 荀卿傳，見史記。揚雄傳，見于前漢書。

○「**荀子極偏駁**」章 **駁** 雜也。 **性惡** 荀子性惡篇曰：人之性惡[四]，其善者僞也。○楊子不知性。楊子法言脩身篇曰：「人之性也，善惡混，脩其善則爲善人，脩其惡則爲惡人。」

○「**董仲舒曰**」章　仲舒本傳見于史記、前漢書。**正其義**云云　是董子答于江都易王之語，見于本傳。注解見「爲學類」。○真西山曰：西漢儒者惟一仲舒，其學純乎孔、孟，其告君亦必以堯、舜。蓋七篇而後，未有及者。**度越**　字彙：獨故切，徒，去聲，過也。○李退溪自省録曰：「董子此言，本以君子心術精微處言之，未説到衆人陷溺處，故朱子引孔子義和之説以明之。」又曰：「利字初非不好，緣被謀之之心，便成不好了。」又曰：「此處若非先生如此研精停當，細意説出，則人將麄著眼看，以此利字爲貪欲之利[五]，謀字爲營求之謀，其於仁人心法，毫釐之辨，相去遠矣。」

○「**漢儒如毛萇**」章　**注毛萇治詩**云云　前漢書儒林傳毛公傳之文也。河間獻王者，景帝之子也。膠西王者，武帝之兄也。**楊雄以清净寂寞爲道**　見于法言。**性者生之質**云云　董子本傳對策之文。**關雎所謂**云云　關雎毛傳之文也。正義曰：「夫婦有別，則性純子孝，故能父子親也。孝子爲臣必忠，故父子親，則君臣敬。君臣既敬，則朝廷自然嚴正。朝廷既正，則天下無犯非禮，故王化得成也。」

法言。

○「林希謂楊雄」章　萬姓統譜：林希，宋人，字子中，事徽宗。　禄隱　見于楊子

○「孔明有王佐之心」章　朱子曰：孔明學不甚正。○問：「取劉璋一事如何？」朱子曰：「此却不是。」　行一不義云云　孟子公孫丑篇文。　取劉璋　後漢書列傳：劉焉，魯恭王後也。○案，焉之子爲璋，先主取劉璋事，見于後漢書列傳六十五劉焉傳。

「若劉表子琮」節　後漢書列傳六十四劉表傳曰：劉表字景寂［六］，魯恭王之後也，初平元年，長沙太守孫堅，詔書以表爲荆州刺史。云云。　六年，劉備自袁紹奔荆州，表厚相待結。十三年，曹操自將征表，未至，八月，表疽發背，卒。

○「諸葛武侯」章　注　諮諏　詩小雅皇皇者華篇。朱傳：「諮諏，訪問也。」

○「**孔明庶幾**」章　范氏曰：事得其序之謂禮，物得其和之謂樂。　**注**　**文中子**云云　中説王道篇文也。「亮之治國」以下，葉氏之言也。

○「**文中子本是**」章　文中子，字仲淹，門人私謚爲文中子。○中説有十篇。　**爽**　小補韻會曰：「説文：『明也。』」增韻曰：「清快也。」

○「**韓愈亦**」章　語類：問：「退之一文士耳，何以從祀？」朱子曰：「有闢佛、老之功。」曰：「如程子取其原道一篇，蓋嘗讀之，只打頭三句，他又未穩。」曰：「且言其大概耳。」○程子遺書一曰：「韓愈近世豪傑，楊子雲豈得如愈。」○語類：朱子曰：「自古罕有人説得端的，惟退之原道，庶幾近之，却説見大體[七]。」又曰：「他資才甚高，然那時更無人制服他，便做大了，謂『世無孔子，不當在弟子之列』。」　**孟氏醇乎醇**　韓文十一讀荀子説。○字彙：醇，音純，厚也。　**又曰荀與楊**云云　原道篇文。

○「**學本是**」章　**有德然後有言**　語憲問篇曰：「有德者必有言。」朱注曰：「有德者和順積中，英華發外。」

「**如曰軻之死**」節　語類：朱子曰：「如他謂『軻之死，不得其傳』，程子以爲非見得真實，不能出此語。」　**鑿空**　前漢書張騫傳云：「西北國始通於漢，然騫鑿空。」注：「鑿，開也。空，通也。騫始開通西域道也。」師古曰：「空，孔也。猶言始鑿其孔穴也。」

○「**周茂叔**」章　**光風**　初學記：「爾雅曰：『春晴，日出而風，曰光風。』」初學記注云[八]：「楚辭注：『天霽日明，微風動摇草木，皆令有光。』」　**注潘延之孔經父**　伊洛淵源録、萬姓統譜不載之。　**玉色金聲**　朱子贊明道文。

○「**伊川先生撰**」章　明道行狀見于伊洛淵源録。○呂氏約曰：讀明道行狀，可以觀聖賢氣象。　**注撙節**　曲禮正義：撙者，趨也。節，法度也。　**盎**　字彙：於浪切，盛貌。

浩乎　字彙：浩浩，廣大貌。　**滄溟**　字彙：海也。　**居廣居**云云　孟子滕文公下曰：「居天下之廣居，立天下之正位，行天下之大道。」集注：「廣居，仁也。正位，禮也。大道，義也。」

「**先生爲學**」節　**慨然**　大息也。　**泛濫**　字彙：「濫，音藍，汎濫也，又水延漫也。」孟子：「氾濫。」注：「横流貌。」**注先生爲安南軍**云云　伊洛淵源録之文也。程公珦見于前。

「**明於庶物**」云云　出于孟子，既見于前。

「**知盡性至命**」云云　見于前。○語類曰：問：「盡性至命，是聖人事，然必從孝弟做起否？」朱子曰：「固是。」又問：「伊川説『就孝弟中，便可盡性至命』，『今時非無孝弟人，而不能盡性至命者，由之而不知也』，謂即孝弟便可至命。看來孝弟上面，更有幾多事，如何只是孝弟便至命？」曰：「知得這孝弟之理，便是盡性至命，也只如此。若是做時，須是從孝弟上推將去，方始知得性命。如孝弟爲仁之本，不成孝弟便是仁了，但是爲仁自孝弟始。若是聖人，如舜之孝、王季之友，便是盡性至命事。」○又曰：明道行狀説孝弟禮樂處，上兩句説心，下兩句説用。

窮神知化　易下係詞曰：「窮神知化，德之盛也。」朱子本義：「張子曰：『氣有陰陽，推行有漸爲化，合一不測爲神。』」　**注樂記曰**云云　陳澔注：劉氏曰：「此申明禮者天地之序，樂者天地之和。高下散殊者質之具，天地自然之序也，而聖人法之則禮制行矣。周流同化者氣之行，天地自然之和也，而聖人法之則樂興焉。」

「**辨異端**」節　**因其高明**　程子粹言：或問：「『昔之惑人，乘其迷暗。今之惑人，因其高明。』竊有疑焉，夫既曰高明，而可惑乎？」明道先生曰：「語其質云爾。彼深於佛氏之學，其質開透，亦必加人數等，所謂『知者過之』也，非中庸所謂『極高明』者也。聖人極高明，道中庸，其照無偏，何過之有？」○詹艮卿曰：明道以質言，高明之惑爲智者之過，此語切中高明惑異端之膏肓，何也？質之高明，必厭世事之冗，而樂於虛静，又好奇妙而忽於卑近，又力去做静中工夫，掃除物欲，屏絶思慮，是其存心工夫，不得其真。先做空了，不覺入於禪。蓋緣不曾著實體驗，而窮理工夫不到如此。若因其高明之資，加以窮理之功，反而求夫聖人之道，又何高明之累哉！○王雲鳳曰：佛氏空寂之教，本非窮神知化。程子特借以言其自謂高妙耳。○上繫辭十二章曰：夫易開物成務，冒天下之道如此而已者也[九]。○朱子曰：物只是人物，務只是事務。○陳選曰：**言爲** 夏氏曰：所言所爲也。佛氏空寂之教，自謂通神明之德，知變化之道，語大包法界，語小入微塵。或陳説道德，指陳心性，皆朱子所謂「彌近理而大亂真」者也。開物，謂人所未知者開發之。成務，謂人之知欲爲者成全之。如三皇五帝造書契，教稼穡，制衣服、宫室之類是也。倫理，謂父子、君臣、夫婦、朋友之倫，有親義別序信之理也，堯、舜之道即倫理也。○李春培曰：邪誕妖妄者，蓋佛氏於脩性養心之外，又有天堂地獄、因果禍福之説以欺世也。○又曰：異端之道不熄，聖人之道不著，故曰「闢之而後可以入道」。

「**先生進**」節 **早世** 案，行狀：明道元豐八年以疾終，享行五十有四。 **學者之所傳耳**

言未及明之書。

「**先生之門**」節　**自致知至於知止**　陳選曰：格物、致知，所以求知所止。誠意、正心、修身、齊家、治國、平天下，所以求得所止。灑掃應對，小學之教也。窮理即致知至於知止之事，盡性即誠意至於平天下之事，大學之教也。循循，有次序貌，謂先習之於小學，而後進之於大學，而大學之教又自有其序矣。○吴氏曰：行遠自近，升高自下，學之序也。自大小之序言之，灑掃應對，近者、下者也。窮理盡性，高者、遠者也。以大學之序言之，格物、致知、誠意、正心、修身，非近而下者乎？齊家、治國、平天下，非高而遠者乎？

「**先生接物**」節　**狡僞**　字彙：狡，古巧切，狂也，猾也。**注醇酎**　字彙：醇音純，醲也，厚也，不澆酒也。酎音宙，醇也。**注當時用事者**　案，伊洛淵源録三曰：王荆公後來逐不附己者，而獨不怨明道，且曰：「此人雖未知道，亦忠信人也。」**懿**　字彙：美也。

「**先生爲政**」節　**綽然**　字彙曰：綽，尺約切，寬也，緩也。**沛然**　小補韻會：流貌。

○「**明道先生曰周茂叔**」章　語類：問：「周子窗前草」云云。此是取其生生自得之意邪？抑於生物中欲觀天理流行處邪？」朱子曰：「此不要解，到那田地自理會得，須看自家意思與那草底意思如何是一般〔一〇〕。」〇又曰：問：「周子窗前草不除去，即是謂生意與自家一般？」曰：「他也只是偶然見與自家意思相契。」又問：「横渠驢鳴，是天機自動意思？」曰：「固是，但也是偶然見他如此。如謂草與自家意思一般，木葉便不與自家意思一般乎？如驢鳴與自家呼喚一般，馬鳴便不與自家意思一般乎？」云云。問：「觀雞雛可以觀仁，謂是生意初發見處？」曰：「只是爲他皮殼尚薄可觀，大雞非不可以觀仁，但爲他皮殼粗了。」

〇「**張子厚聞生皇子**」章　語類云：皆是均氣同體，惟在我者至公無私，故能無間斷，而與之同休戚。　**注**〔**蹶**〕字彙：居月切，速也。又音貴，行急遽也。

〇「**伯淳嘗與子厚**」章　伊洛淵源録七：呂原明嘗曰：「往與二程諸公遊，一日，會相國寺，論事詳盡，伯淳忽歎曰：『不知此地自古至今，更嘗有人來此地説此話邪？』蓋此處氣象，自有合得如此人説此等話道理也。」〇相國寺，「相」字，淵源録之中或作「興」字。

〇「**謝顯道云**」章　〔**泥塑**〕字彙：塑，埏土象物。　**注**〔**所謂望之**云云〕語子張篇。

○「**侯師聖云**」章　**師聖光庭**　並見于伊洛淵源録。**游楊**　游酢、楊時，並程子之高弟。**瞑**　字彙：閉目也。**及出門**云云　言侍立之久也。**掞**　字彙：以冉切，又音閃。

○「**劉安禮云**」章　**盎於面背**　孟子曰：「見於面，盎於背。」朱子注云：「盎，豐厚盈溢之意。」**樂易**　安樂和易。

○「**呂與叔撰**」章[一一]　「强識」之「識」，音志。**涣**　呼玩切，流散，解釋也。「**其致於一**」節　**聖人復起**云云　孟子滕文公下曰：聖人復起，不易吾言矣。**注**　**百世以俟**云云　中庸之文也。朱注曰：「百世以俟聖人而不惑，所謂『聖人復起，不易吾言』者也。」

○「**呂與叔撰横渠先生行狀**」章　行狀見于伊洛淵源録。**康定用兵**　案，通鑑續篇[一二]：宋仁宗寶元元年，趙元昊稱帝于夏州。康定元年，元昊寇延州，自此以後，國家多事。

〇康定亦仁宗之年號也。**嘉祐**宋仁宗年號也。案，嘉祐元年，程伯子二十四歲，張子三十餘歲。〇朱子贊張子像曰：蚤悅孫吳，晚逃佛老。勇撤皋比，一變至道。精思力踐，妙契疾書。訂頑之訓，示我廣居。〇性理大全注：熊氏曰：「先生初喜孫臏、吳起用兵之法，後來盡棄佛氏、老子虛寂之教。皋比，虎皮。中夜妙契於此心，秉燭速記其所得。」

盡棄異學云云　朱子曰：按，行狀今有兩本，一云「盡棄其學而學焉」，一云「於是盡棄異學，淳如也」。其他不同處亦多，要皆後本爲勝，疑與叔後嘗刪改如此。〇程子遺書曰：呂與叔作橫渠行狀，有「見二程，盡棄其學」之語，尹子言之，先生曰：「表叔平生議論，謂頤兄弟有同處，則可。若謂學於頤兄弟，則無是事。頃年屬與叔刪去，不謂尚存斯言，幾於無忌憚矣。」〇朱子曰：橫渠之學實亦自成一家，但其源則自二先生發之耳。

「**晚自崇文**」節　性理大全集覽曰：張載嘗爲崇文殿校書，故云。〇昆陵陳濟曰：移疾，今案，移文稱病爲是。〇前漢書劉向傳注：師古曰：「移病者，移書言病也。一曰以病移出，不居官府。」〇朱子曰：他做正蒙時，或夜裏默坐徹曉，他直是恁地勇，方做得。

知禮成性　詳于第二卷橫渠語「知崇天也」章。**精義入神**　亦見第二卷。

○「横渠先生曰」章[一三]　注遊山諸詩[一四]　二程全書五十四卷明道文集遊鄠縣山詩十二首并序載之。案，此年嘉祐五年，明道二十九歲。

【校勘記】

[一]○仲尼天地也節　據近思録備考體例，句前帶○，當爲獨立章，當作「○仲尼天地也章」。或者也有可能此處誤衍「○」。

[二]禮記孔子間居篇　「間」，據文意，當作「閒」。

[三]辭氣如神　「辭氣」，禮記孔子閒居作「氣志」。

[四]人之性惡　「之」，益軒全集無。

[五]以此利字爲貧欲之利　「貧」，益軒全集作「貪」。

[六]劉表字景寂　「寂」，據三國志，當作「升」。

[七]却説見大體　「見」，益軒全集作「有」。

[八]初學記注云　「注」，益軒全集無。

[九]冒天下之道如此而已者也　「如」，益軒全集無。

[一〇]須看自家意思與那草底意思如何是一般　「看」，益軒全集作「有」。

［一一］○吕與叔撰章「吕」原作「吴」，據葉采近思録集解改。
［一二］通鑑續篇「通鑑續篇」，當作「通鑑續編」。
［一三］○横渠先生曰章「先生」，葉采近思録集解無。
［一四］注遊山諸詩「遊山諸詩」，葉采近思録集解無此條注釋。

近思録跋備考

此跋載于朱子大全八十一卷。**淳熙** 孝宗之年號，二年乙未，朱子四十五歲，呂伯恭三十八歲。○朱子年譜曰：淳熙二年乙未五月，東萊呂公來訪，講學于寒泉精舍，編次近思録成。東萊留止旬日，相與掇周、程、張子書之要切者，彙次成十四篇，號近思録。先生嘗語學者曰：「四子，六經之楷梯；近思録，四子之楷梯[一]。」以言爲學當自此而進也。又曰：「其後守臨漳日，又添入數條。」**寒泉精舍** 大明一統志曰：文公之書院三、精舍三：考亭書院、同文書院、武夷書院，滄州精舍、朱熹晚年築室於此，扁曰「竹林精舍」，後更名「滄州」。寒泉精舍、淳熙中呂祖謙來訪於此，共編次近思録。武夷精舍。○事物紀原曰：今人以佛寺爲精舍，不知乃儒者教授之所，晦菴有武夷精舍。○書言故事曰：稱書齋爲精舍。**閎** 字彙：音横。**梗概** 字彙：梗，古杏切。概，居太切。爾雅注云：「梗概，大略也。」**沉潛反覆** 韓文上李巽書曰：沉潛乎訓義，反覆乎句讀。**優柔厭飫** 杜豫左傳序曰[二]：「優而柔之，使自求之；厭而飫之，使自趨之。」林堯叟注：「飫，于顧反。」○葉采曰：優柔而不迫，厭飫而有餘。**宗廟之美百官之富** 語子張篇。

「**近思録既成**」云云　東萊全集卷之七載之。○語類云：「近思録首卷難看。某所以與伯恭商量，教他做數語以載於後，正謂此也。」又曰：「看近思録，若於第一卷未曉得，且從第二卷、第三卷看起。久久後看第一卷，則漸曉得。」**茫然**　廣大貌。**底止**　爾雅釋詁：「底止，相待也。」疏：「音止。」**自卑升高**云云　中庸十五章曰：君子之道，辟如行遠必自邇，辟如登高必自卑。

【校勘記】

［一］四子六經之楷梯近思録四子之楷梯　兩「楷梯」，當作「階梯」。

［二］杜豫左傳序曰　「豫」，據文意，當作「預」。

書近思録備考之後

近思録之爲書，於周、程、張子之道，既足見其梗概。學者熟讀而有得，則於道亦思過半矣。竊惟子朱子以爲「義理精微，近思録詳之」，是豈可以訓詁求哉？然又聞之，學者之於經，未有不得於辭而能通其意者，是以敢私記，以予嘗伏讀其書，於此搜索有資于訓詁者，妄輯而爲一書。備他日之考索云爾。

寛文戊申六月十日筑前後學貝原篤信謹識

寛文八年歲次戊申七月日柳馬場二條下町吉野屋權兵衛新刊

近思録訓蒙輯疏

（日本）安褧 著
鄭春汛 校點

校點説明

安褧（一七七八—一八四五），日本江户時代會津藩（今福島縣會津若松市）人，又名安部井帽山，據其四書訓蒙輯疏序，他自幼便就學於會津藩校。當時的會津藩校學制齊全，設有小學（素讀所）、大學（講釋所）。藩校規定，講釋所中等生（相當於大學二年級）優秀者可選送到江户（今東京）遊學三年。安褧「幸被命得遊學江户，入於述齋、精里二先生之門」（四書訓蒙輯疏序）。可知安褧曾從當時著名的朱子學家、昌平阪學問所大學頭林衡（號述齋），寬政三博士之一的古賀樸（號精里）問學。安褧門人高津泰在近思録訓蒙輯疏序中説：「吾公懼學中子弟多岐亡羊，命儒臣安褧改注此書。」知安褧曾任會津藩儒臣，且撰著近思録訓蒙輯疏，另有四書訓蒙輯疏。

江户時代初期，在新的幕藩制度下，武士成爲統治階級，需要能够維護這種身份制度的文化來穩定新的社會制度關係，朱子學於是被幕府尊爲官學，大力推行。會津藩作爲與德川幕府有血緣的親藩，擔任護衛、輔佐德川幕府的職責，與幕府關係密切。會津藩祖（土津公）保科正之（一六四一—一六八〇）受將軍德川家光臨終托孤，參與幕政，輔佐德川家綱，在文化上推行朱子學，將幕府統治政策從「武治」轉向「文治」。而保科正之本人也是朱子學的堅定追隨者，如安褧在活板近思録序中所説，「藩祖土津公既讀小學，焚棄異説，專崇正學，既使山崎嘉講四子而後及於是書」，保科正之於一六六五年延聘日本朱子學名儒山崎闇齋（即山崎嘉）作爲自己的賓師，在藩中講學並參與藩政。一六六八年，在山崎闇齋的協助下，保科正之制定了著名的家訓十五條，要求歷代藩主學習貫徹「忠君」、「愛民」的儒家思想，藩士們則以「修身」、「忠恕」等儒家品行來規範自己的行爲。因此在江户時代的二百七十藩中，會津藩在朱子學文獻傳播上的表現尤爲突出，歷代藩主多次以官方名義主持朱子學文獻的刊刻，如山崎嘉訓點近思録、澤田希近思録説略、安褧四書訓蒙輯疏等，均是流傳較廣、影響較大的代表作。

近思録訓蒙輯疏也是會津藩官刻圖籍的一種。其刊刻原因，據高津泰序文所言：「惟怪葉氏私淑於北溪陳氏，其説宜得朱子之意，而其注往往不滿於人意。故我先儒闇齋山崎氏盡除之，單以白文行于世。要之，博洽精通如闇齋可矣，他人則不可也。以是，益軒貝原氏有備考，遯庵宇都宮氏有鼇頭，惕齋中村氏有鈔説，習齋澤田氏有説略，其言人人殊而無所統一。吾公懼學中子弟多岐亡羊，命儒臣安褧改注此書。」由此可察安褧撰著此書的三點原因：一是學者們對通行的葉采注不滿意，需要更好的注解；二是已有的日本各家新注解，衆説紛紜，思想不統一；三是會津藩主（第八代藩主松平容敬）擔心藩校的初學者們面對衆説，難於抉擇而被誤導。因此，松平容敬授命儒臣安褧改注一本新的、代表官方正統思想的近思録注本。遺憾的是「安子僅注二篇，未卒業則没焉，因使門人泰等校而上梓，將以省子弟謄寫之勞也」（高津泰近思録訓蒙輯疏序）。由於著者安褧的意外逝世，近思録訓蒙輯疏成爲一部尚未完成的注本，僅有二卷。

雖僅有此二卷，却難掩其獨特的光芒。陳榮捷簡評曰：「日本注家所少引之宋儒，帽山引之。」（陳榮捷朱學論集，華東師範大學出版社二〇〇七年版）這確是安褧注的一個特點。此前的日本注家如中井竹山、澤田希、中村習齋等徵引的宋、明儒者，多爲朱熹、黄榦、真德秀、薛瑄等理學名家，而不及其他學者，更鮮有引清儒者。而安褧此書的注引用十分弘富，除了徵引程子、朱子、黄榦、陳淳、薛瑄、胡居仁這些知名宋、明大儒，更多的是徵引諸如南宋的李果齋、輔潛庵、鄭亨仲、蔡九峰，元代許白雲、史文璣、程勿齋、倪仲弘，明代方子謙、李邦直、蔡虚齋、陳天台，清代李兆恒、周聘侯、汪武曹、仇滄柱等這些不及前者知名的宋、元、明、清理學家。除了中國歷代注家，安褧還徵引了日本中村惕齋、精里先生（古賀樸）、貝原益軒、山崎闇齋，朝鮮李退溪等朱子學名家的語録，所引注家多達七十人。如此，此書原計劃庶幾是將中、日、朝三國性理學家的精要論説徵引彙聚一處，這既體現了安褧宏大的學術視野，也對研究東亞理學思想傳播有一定價值。

另據四書訓蒙輯疏的安褧自序可知，安褧「竊取章句集注讀之，猶苦未能得其要領而無所就正焉。幸被命得遊學江户，入於述齋、精里二先生之門，首以爲問，述齋先生曰：『朱子解釋意精語簡，宋元明清諸家間有發明，非遍閲之則無能會其旨也。』精里先生曰：『章句集注的確精微，宜先精究以爲權衡，以較諸説而取舍之也。』」可見安褧曾在述齋先生的指導下遍閲了宋元明清諸家論説，在精里先生指導下探究過諸家之説，明確取捨之道，這大概也是爲什麼藩主在衆多儒臣中選擇安褧來撰著此書的原因。

本次校點以現藏日本國立公文書館的近思録訓蒙輯疏日本弘化四年（一八四七）二卷刻本爲底本。該本經文刻作單行大字，注文刻作雙行小字。「本注」部分大字單行低一字。每半葉八行十六字，雙行小字注文同，左右雙欄，白口，單魚尾。卷一卷端首行頂格刻「近思録訓蒙輯疏卷之一」，次行低八字格題「後學會津安褧著」，第三行低一字格刻卷名、語録條目數及解題，隨之另起一行頂格刻印正文，卷末有尾題。刻有日文訓點。

原刻本存在異體字混用的情況，如並用「迹」與「跡」、「注」與「註」、「脈」與「脉」、「卻」與「却」、「裏」與「裡」、「趨」與「趍」等。點校時改用現在的通行字。古人往往混用「太」、「大」，本次整理不做統一。明顯的形近而誤則徑改。整理中，近思録原文部分參考程水龍點校本宋葉采近思録集解（中華書局二〇二〇年版）。注文部分，參考葉采近思録集解、熊剛大性理群書句解（華東師範大學出版社二〇一八年版）、朱子語類（上海古籍出版社朱子全書本二〇〇二年版）、朱子全書（上海古籍出版社二〇〇二年版）、胡居仁居業録（福州正誼堂本）、張伯行近思録集解（華東師範大學出版社近思録專輯二〇一四年版）、陳淳北溪字義（中華書局一九八三年版）、史記（國圖藏明嘉靖四年王延喆刻本）、二程遺書（上海古籍出版社二〇二〇年版）、晦庵先生朱文公文集（四部叢刊本）、中村惕齋近思録鈔説（日本國立公文書館藏一九六三年版）。

校點不當之處，顓此就正於方家。

二〇二二年春　鄭春汎於上海大學

近思録訓蒙輯疏序

朱子曰：「四子，六經之階梯；近思録，四子之階梯。」然則學者苟志聖賢之道，而欲窮洙泗之淵源者，舍此書而無他途也。其急於學者如此，而注此書者，平巖葉氏之外不多見，何也？蓋元明以降，取士惟於四書，故四書之説汗牛充棟，而其他則舍而不講也乎。惟怪葉氏私淑於北溪陳氏，其説宜得朱子之意，而其注往往不滿於人意。故我先儒闇齋山崎氏盡除之，單以白文行于世。要之，博洽精通如闇齋可矣，他人則不可也。以是，益軒貝原氏有備考，遯庵宇都宮氏有鼇頭，惕齋中村氏有鈔説，習齋澤田氏有説略，其言人人殊而無所統一。吾公懼學中子弟多岐亡羊，命儒臣安褧改注此書。惜乎安子僅注二篇，未卒業而没焉，因使門人泰等校而上梓，將以省子弟謄寫之勞也。或問於余曰：「安子注雖詳確，惟此二篇不能盡全書之旨，將若之何？」余應之曰：「二篇不能盡全書之旨固也，然第一篇論性命之理，以極斯道蘊奥。第二篇則論爲學之方，以示學者入德要道，故朱子曰：『若於第一卷未曉得，且從第二、第三看起，久久後看第一卷，則漸曉得。』由是觀之，此二篇雖謂爲學者成始成終亦可也。且安子前奉命採擇宋元明清諸家之説裨朱説者，著四書訓蒙輯疏二十有九卷。學者若熟讀二篇，而其餘注之所未備，參考諸前書，推類旁通，則庶幾足以盡其義乎！是豈非吾公所以有是命之微意乎？」問者唯唯而退，遂録是語以弁簡首。

弘化三年十月朔旦高津泰謹序

門人田垣書

近思録訓蒙輯疏卷之一

後學會津安聚著

道體類 凡五十一條

道體，謂道之形體也，用程子語，與淮南子所謂字同而義異。道本無體之可見，與有形之氣妙合爲體，謂之道體，猶火之無體，附著於炭而爲體也，合天地人物而爲言也。「體」字，朱子謂形體，是定説；謂骨子，非定説。勉齋謂體段，葉注謂體統，俱不是。愓齋從葉注，誤。

濂溪先生曰：朱子曰：先生姓周氏，名惇實，字茂叔，後避英宗舊名，改惇頤。無極而太極。此一節説太極。張儀封曰：「上五節言天道之本，然欲人觀太極於造化。」朱子曰：「無極而太極，只是一句。」又曰：「『而』字輕，無次序故也。」又曰：「不是太極之外別有無極。」又曰：「正謂無此形狀而有此理耳。」又曰：「正恐人將太極做一個有形象底看[二]，故又説『無極』。」又曰：「老子復歸於無極，無極乃無窮之義，如莊生『入無窮之門，以遊無極之野』云耳。非若周子所言之意也。」饒雙峰曰：「凡謂之極者，如南極、北極、屋極、商邑四方之極之類，皆有形狀之可見，方所之可指，而此極獨無形狀無方所，故周子復加

「『無極』二字以明之。」蔡節齋曰：「實有得於夫子之一言，而或以爲周子妄加者，謬也。」陳北溪曰：「柳子曰『無極之極』，康節亦曰『無極之前，陰含陽也』，是以氣言。周子則專以理言之耳。」又曰：「古經書說太極，惟見於易繫辭曰『易有太極』。」又曰：「『太極』字義不明，直至濂溪作太极圖，方始說得明白。」又曰：「外此百家諸子，都說差了，都說屬形氣去，如漢志謂『太極函三爲一』，乃是指做天地人三個氣形已具而混淪未判底物。莊子謂道『在太極之先』，所謂太極，亦是指三才未判混淪底物，而道又別是一個懸空底物，在太極之先，則道與太極分爲二矣，不知道即是太極。」又曰：「若太極云者，蓋總天地萬物之理，到此湊合更無去處。」黃勉齋曰：「極之得名，以屋之脊棟爲一屋之中居高處，盡爲衆木之總會，四方之尊仰，而舉一屋之木莫能加焉。」胡敬齋曰：「太是尊太之義。」今按，「極」字兼總會、至極二義，「無極而太極」，猶曰無爲極之形狀，而爲無以加之極也。葉平巖曰：「易以卦爻言，圖以造化言。」精里先生曰：「就理氣混合中拆開說，非說天地開闢之時也。」**太極動而生陽，動極而靜。靜而生陰，靜極復動。一動一靜，互爲其根。分陰分陽，兩儀立焉。**此一節說陰陽。朱子曰：「動靜非太極，而所以動靜者乃太極也。」又曰：「有這動之理便能動而生陽，有這靜之理便能靜而生陰。」又曰：「纔動便屬陽，靜便屬陰。」黃勉齋曰：「生陰生陽，亦猶陽生陰生。」今按，太極無形象，何以曰動靜？蓋太極，理也。理當動，則氣動爲陽，理當靜，則氣靜爲陰，氣無理則不能動靜也。故說氣之動靜，而冠以「太極」二字。又按，互，交互也。熊氏曰：「靜極則爲動之根，動極則爲靜之根，交互爲根，運行不息。」朱子曰：「陰陽作一個看亦得，做兩個看亦得。若論流行底，則只一個消長而已，如『一動一靜，互爲其根』是也。若對峙底，則有兩個，『分陰分陽，兩儀立焉』是也。」又按，兩個「生」字，兩個「分」字，俱做「爲」字看。蔡虛齋曰：「兩儀者，即是那陰陽之儀形也。」孔穎達曰：「謂兩體容儀也。」精里先生曰：「兩儀，是陰陽。語類謂『是天地』也，未定之說不可從。」又按，惕齋從語類，誤。**陽變陰合，而生水、火、木、金、土，五氣順布，四時行焉。**此一節說五行。朱子曰：「五行者，質具於地而氣行於天者也。」今按，「陽變陰合，而生水、火、木、金、土」，以質言，言氣變動凝合而生五行之質。

「五氣順布，四時行焉」，以氣言。熊氏曰：「五行之氣順序而布，木行於春，萬物以生；火行於夏，萬物以齊；金行於秋，萬物以遂；水行於冬，萬物以藏。土則交旺於四時，而四時行矣。」又按，以上三節分說太極、陰陽、五行，以明其界分不雜之體。**五行，一陰陽也；陰陽，一太極也；太極，本無極也。五行之生也，各一其性。**此一節合說五行、陰陽、太極，以見其混合不離之實。朱子曰：「却是陰陽二氣截做這五個，不是陰陽外別有五行。」又曰：「以質而語，其生之序則曰水、火、木、金、土，而水、木，陽也，火、金，陰也。以氣而語，其行之序，則曰木、火、土、金、水，而木、火，陽也，金、水，陰也。」又曰：「陰陽異位，動静異時，而皆不能離乎太極。」又按，「太極，本無極也」，此句內包有太極理也，所以爲五行人物之性者也之意。朱子曰：「五行之生，各一其性，氣殊質異，各一其太極[二]，無假借也。」又曰：「性即太極之全體。」又曰：「專主理而言。」張儀封曰：「五行之生也，又各得乎太極之理以成性。水之潤下，火之炎上，木之曲直，金之從革，土之稼穡是。」又按，五行以質言，五行之質，陰陽所爲，而太極則在陰陽裏面者，故五行成質，則各具一太極以爲其性。人物之生，亦各具一太極，而性之無不善又可見矣。**無極之真，二五之精，妙合而凝。乾道成男，坤道成女。二氣交感，化生萬物。萬物生生，而變化無窮焉。**朱子曰：「無極之真，已該得太極在其中，『真』字是太極。」又曰：「真以理言，無妄之謂也；精以氣言，不二之名也。」又曰：「凝只是此氣結聚，自然生物。」今按，二，陰陽；五，五行；不二，純粹不雜也。熊氏曰：「理與氣混融無間，是所謂妙合而凝者。」朱子曰：「陽而健者成男，則父之道也；陰而順者成女，則母之道也。是人物之始，以氣化而生者。」又曰：「『乾道成男，坤道成女』，通人物言之，在物如牝牡之類，在植物亦有男女，如有牝麻及竹有雌雄之類。」陳潛室曰：「氣化謂未有種類之初，以陰陽之氣合而生。」又按，乾道指受氣之陽健可爲父者，坤道指受氣之陰順可爲母者。陽勝陰，則陽爲主而陰爲佐，故成男；陰勝陽，則陰爲主而陽爲佐，故成女。成男成女，指衆男衆女，不止一人，物亦然。語類「兩個人」以男女言。

謂「一個人」，恐聞者誤録也。熊氏曰：「陰陽二氣凝聚成形，形交氣感，遂以形化而生人若物。」薛敬軒曰：「氣化言男女而萬物在其中，形化言萬物而男女在其中，互文也。」又按，生生，化生不已也。變，變動也，氣之動也。化，化生也，人物之生也。**惟人也，得其秀而最靈。形既生矣，神發知矣，五性感動，而善惡分，萬事出矣。**張儀封曰：「後五節言人道之當然，欲人體太極於吾心。」朱子曰：「只一個陰陽五行之氣衮在天地中，精英者爲人，查滓者爲物，精英之中又精英者爲聖爲賢，精英之中查滓者爲愚不肖。」又曰：「人之所稟，獨得其秀，故其心爲最靈，而有以不失其性之全，所謂天地之心而人之極也。」今按，秀，美也。靈，善也。指不失性之全，言形是四支百骸，神是精神魂魄。熊氏曰：「神氣之發，心知之啓。」又按，發，發用也。朱子曰：「五常之性，感物而動，而陽善陰惡，又以類分，而五性之殊，散爲萬事。」又曰：「以象類言之，則陽善而陰惡。」又曰：「合下只有善，惡是後一截事。」又曰：「直出者爲善，旁出者爲惡。」又按，惡是爲氣稟物欲所礙不能直出者，萬事兼善惡言。朱子曰：「『惟人也，得其秀而最靈』，純粹至善之性，此所謂太極也。『形生神發』，則陽動陰靜之爲也。『五性感動』，則『陽變陰合，而生水火木金土』也。『善惡分』，則『成男成女』之象也。『萬事出』，則萬物化生之義也。」中村氏曰：「蓋太極、二五、男女、萬物之在人者如此，人是一個小天地爾。」**聖人定之以中正仁義，**聖人之道，仁義中正而已矣。**而主靜，**無欲，故靜。**立人極焉。**朱子曰：「此言聖人全動靜之德，而常本之於靜也。蓋人稟陰陽五行之秀氣以生，而聖人之生，又得其秀之秀者。是以一動一靜，莫不有以全夫太極之道而無所虧焉。」又曰：「中正即是禮智。」又曰：「中仁是動，正義是靜。」又曰：「是以正與義爲體，中與仁爲用。」李果齋曰：「五性感動而善惡分，惟聖人能定其性而主於靜，故動罔不善，而人心之太極立焉。」今按，定，安也。謂全五性之德也。是聖人自定，以自然言，張儀封兼定天下之人看，誤。「之」字，指五性。中、仁，指五性當動而動。正、義，指五性當靜而靜。與他書言仁義禮智稍不同。其變禮智曰「中正」者，用易中語，而其意亦可見矣。又按，

「主」字、「立」字，俱以自然言。貝原氏曰：「本注，周子自注也。」又按，「聖人之道，仁義中正而已矣」，出通書第六章，言聖人之道廣大精微，不可測知者，只是動静不失其時故爾。中村氏曰：「『無欲，故静』，此四字出論語『仁者静』孔注。」李果齋曰：「此立極之要領也。」饒雙峰曰：「唯聖人之心，天理渾然，無少私欲，故能寂然不動，以爲感而遂通之本。」故聖人與天地合其德，日月合其明，四時合其序，鬼神合其吉凶。出易乾文言。「故」字緊承上節。次句以下無「與」字，省文，無異義。朱子曰：「將天地對日月、四時、鬼神説，便只是指形而下者言。」蔡虚齋曰：「以形體言。」吴臨川曰：「日月、四時、鬼神，皆天地之氣所爲。氣之有象而照臨者爲日月，氣之循序而運行者爲四時，氣之往來屈伸而生成萬物者爲鬼神。命名雖殊，其實一也。」張儀封曰：「上覆下載，德莫大於天地也，而聖人之覆物載物，與天地合其德焉；光輝照臨，明莫並於日月，而聖人之照臨四方，與日月合其明焉；春夏秋冬，四時有其序也，而聖人之措施咸宜，與四時合其序焉；福善禍淫，鬼神司其吉凶也，而聖人之彰善癉惡，與鬼神合其吉凶焉。」今按，熊氏、薛氏説，未的當。君子脩之吉，小人悖之凶。脩，脩爲也。悖，逆也。「之」字指人極。脩之而人極立，則真個成人，故曰吉；悖之而人極廢，則入於禽獸，故曰凶。不必以禍福言，脩之則不悖，不脩則悖，互文也。故曰：「立天之道，曰陰與陽。立地之道，曰柔與剛。立人之道，曰仁與義。」出易説卦。「故」字承上五節。朱子曰：「陰陽成象，天道之所以立也；剛柔成質，地道之所以立也；仁義成德，人道之所以立也。道一而已，隨事著見，故有三才之别，而於其中又各有體用之分焉。其實則一太極也。」又曰：「陽也、剛也、仁也，所謂陽也；陰也、柔也、義也，所謂陰也。」蔡虚齋曰：「所謂立天之道，非有以立之者，謂天道之立以陰陽也。餘倣此。」黄勉齋曰：「天之道不外乎陰陽，寒暑往來之類是也，地之道不外乎柔剛，山川、流峙之類是也，人之道不外乎仁義，事親從兄之類是也。」今按，道以理言，太極也。此以陰陽之對待者言體也，以證太極動而生陽、静而生陰之義。又曰：「原始反終，故知死生之説。」出易上繫辭。朱子曰：「原者推之於前，反者要之後。」又曰：「『反』如摺轉來，謂方推原其始，却摺轉來看其終。『原』字、『反』字皆就人説，『反』如回頭之意。」丘行可曰：「人能推原其始于未生之前，而反觀其終于已死之後。則始何爲而生，終何爲而死，而死生之理可得而見矣。説，謂原其理也。」蔡虚齋曰：「原夫人物之始而即以反其終，則知始之所以生者，氣化之凝，而陰變爲陽也；終之所以死者，氣化之盡，而陽變爲陰也。是知死生之説矣。」熊氏曰：「原始則知生之説，反終則知死之説，可觀變化不窮之妙矣。」貝原氏曰：「始、終當作兩平看，不可專主知死邊説，故下曰『知死生之説』矣。」又按，此以陰陽流行者言用也，以證動極而静、静極復動之義。**大哉易也，斯其至矣！**太極圖説。○朱子曰：「易之爲書，廣大悉備。然語其至極，則此圖盡之，其指豈不深哉。」精里先生曰：「『斯』字指此圖，『其』字指易。」今按，張儀封謂「斯」字指大極，稍差。

○誠無爲，朱子曰：「誠是實理，無所作爲，便是『天命之謂性』，『喜怒哀樂未發之謂中[三]』。」又曰：「無爲，猶寂然不動也。」又曰：「即太極也。」今按，實理，以仁義理智實有者言。**幾善惡。**朱子曰：「幾者動之微，此陰陽之象也。」又曰：「誠無爲則善而已，動而有爲則有善有惡。」今按，纔動便氣質用事，故不能無善惡也。**德：愛曰仁，宜曰義，理曰禮，通曰智，守曰信。**精里先生曰：「『德』字管到『信』字。」朱子曰：「道之得於心者，謂之德。其別有是五者之用，而因以名其體焉，即五行之性也。」又曰：「仁、義、禮、智、信者，德之體；愛、宜、理、通、守者，德之用。」黄勉齋曰：「『曰』者，因情以明性。」張儀封曰：「温然慈愛者曰仁，裁制得宜者曰義，各有條理者曰禮，通達無蔽者曰智，敦篤能守者曰信。」今按，各有條理以待人言。又按，與退之「博愛之謂仁」，只説得用，遺了體者不同。**性焉、安焉之謂聖。**黄勉齋曰：「性，如『堯舜，性之也』。」朱子曰：「性者得全於天，無所污壞，不假脩爲。」又曰：「此言聖人合下清明完具，無所虧失。此對了『復』字説，『安』字對了『執』字説。安是自然。」又曰：「聖者，大而化之之稱，此不待學問勉强而誠無不立，幾無不明，德無不備者也。」又曰：「此三句就人所到地位而言，即盡夫上三句之理，而所到有淺深也。」朱克升曰：「此『性』字以天理自然而言，非指性而言也。」復焉、執焉之謂賢。黄勉齋曰：「復，如『湯武，反之也』，是既失了却再復得。」朱子曰：「執者，保而持之。賢者，才德過人之稱。此思誠研幾以成其德，而有以守之者也。」發微不可見、充周不可窮之謂神。通書。○朱子曰：「發，動也。微，幽也。言其不疾而速也。一念方萌，而至理已具，所以微而不可見也。充，廣也。周，徧也。言其不行而至，蓋隨其所寓而理無不到，所以周而不可窮也。」又曰：「神只是聖之事，非聖外又有一個神，別是個地位也。」又曰：「神即聖人之妙而不可測者[四]。」黄勉齋曰：「性也、復也、發微也，主性而言；安也、執也、充周也，主情而言。」葉平巖曰：「幾之動而神也。」

○伊川先生曰：姓程氏，名頤，字正叔，明道先生之弟也。「喜怒哀樂之未發謂之中。」中也者，言「寂然不動」者也。故曰「天下之大本」。「發而皆中節謂之和。」和也者，言「感而遂通」者也。故曰「天下之達道」。文集。下同。○朱子曰：「喜怒哀樂，情也，其未發，則性也。無所偏倚，故謂之中。發皆中節，情之正也。無所乖戾，故謂之和。大本者，天命之性，天下之理皆由此出，道之體也。達道者，循性之謂，天下古今之所共由，道之用也。」今按，發，發動也。林次崖曰：「這時心下無一物，雖有喜怒哀樂之理，初未有喜怒哀樂之可言，以其四者一無偏倚，而恰在其中間，故名之曰中。」朱子曰：「如處室中，東南西北不倚於一方，只是在中間。」吴氏曰：「大者無所不包，本如木根，枝葉華實，雖曰未形，而生意森然而具在也。」陸稼書曰：「玩注兩『天下』字，一是以理言，一是以人言。」胡斐才曰：「困學録：『合喜怒哀樂言[五]，則件件中節；舉其一面言，則處處中節。「皆」字義乃盡。』」陳北溪曰：「節者，限制也。」張泰嶽曰：「道是道路。」盧未人曰：「人人都當由天理當然之節，恰似通行的大路一般。」朱子曰：「『寂然不動，感而遂通天下之故』，本是説易，不是説人，諸家皆是借來就人上説，亦通。」又曰：「寂然者，感之體；感通者，寂之用。」又按，寂，無聲也。程子曰：「因不動，故曰寂然，雖不動，感便通，感非自外也。」又曰：「感只是自内感，不是外面將一件物來感于此也。」又按，感，感發也。通，達也。蔡虚齋曰：「『遂』字亦見得『神』字意。」潘氏曰：「一有所感則天下之故无不通者。」朱子曰：「中、和以性情言者也。寂、感以心言者也。觀『者』字可見其微意矣。」又按，中和、大本、達道，出中庸首章；「寂然不動」、「感而遂通」，出易上繫辭。程子合説之，以明性情、體用之分也。猶言中庸所謂中，指人心未發之時，所謂和，指人心已發之時也。

○心一也，有指體而言者，「寂然不動」是也。有指用而言者，「感而遂通天下之故」是也。惟觀其所見何如耳。此章明人心體用之分也，言人心只是一個，而有體用也。兩「指」字，就聖賢所説上言。精里先生曰：「所見猶言所指。」貝原氏曰：「本注，伊川自注。」孔穎達曰：「故謂事故，言通天下萬事。」

○乾，天也。天者，乾之形體；乾者，天之性情。乾，健也，健而無息之謂乾。張儀封曰：「此程子指天之名義以示人也。」熊氏曰：「乾即天也，以其穹然在上，形體可見，曰天。以其運行不息，是爲性情。」朱子曰：「健之體爲性，健之用是情。」又曰：「該體用、動静而言也。」夫天，專言之則道也，「天且弗違」是也。分而言之，則以形體謂之天，以主宰謂之帝，以功用謂之鬼神，以妙用謂之神，以性情謂之乾。易傳。下同。○專，獨也，無所對之謂。「天且弗違」，出易乾文言。問：「『天，專言之則道也，「天且弗違」是也。』此語何謂？」朱子曰：「程子此語，某亦未敢以爲然。」曰：「知性則知天，此『天，專言之則道』者否[六]？」曰：「是。」又按，「天且弗違」對人與鬼神而言，非專言之，程子偶誤引之。朱子曰：「『惟皇上帝降衷于下民』，是説帝便似以物給付與人，便有主宰之意。」又曰：「鬼神只是往來屈伸，功用只是論發見者。所謂『神也者，妙萬物而爲言』，妙處即是神。其發見而見於功用者，謂之鬼神。至於不測者則謂之神。」又曰：「功用言其氣也，妙用言其理也。」又曰：「功用是有迹底，妙用是无迹底。」中村氏曰：「按，功用，指功效運用。妙用，謂其所以運用者微妙不測也。」

○四德之元，猶五常之仁。偏言則一事，專言則包四者。此借五常之仁，發明四德之元，通貫於亨、利、貞三者之中也。「專言」、「偏言」及「包四者」，俱就仁上説，而其意則在元上。葉平巖曰：「在天爲四德，元亨利貞也；在人爲五常，仁義禮智信也。」朱子曰：「偏言是指其一端，因惻隱之發而知其有是愛之理。專言則五性之理兼舉而言之，而仁則包乎四者是也。」又曰：「元者，生意。在亨則生意之長，在利則生意之遂，在貞則生意之成。若言仁，便是這意思。」

○天所賦爲命，物所受爲性。此發明性、命之别也。朱子曰：「理，一也。自天之所賦與萬物言之，故謂之命；以人物之所禀受于天言之，故謂之性。其實所從言之地頭不同耳。」又曰：「命猶誥敕，性猶職任，天以此理命於人，人禀受此理則謂之性。」又曰：「賦，猶俗語云分俵均敷之意。」

○鬼神者，造化之迹也。陳北溪曰：「『造化之迹』，以陰陽流行著見天地間言之。」袁誠夫曰：「自無而出有，曰造，造屬陽；自有而入無，曰化，化屬陰。」蔡虚齋曰：「造化，指天地之作爲處言。」李兆恒曰：「鬼神爲造化之迹，不是指迹爲鬼神，以其所以有造化之迹者，乃鬼神也。故朱子曰：『微鬼神，則造化無迹矣。』」熊氏曰：「迹者以其著見，如日往月來、萬物屈伸之類。」今按，迹，步處也。如草木春而開花，秋而結實，造化之迹也。所以開花結實者，鬼神之爲也。然造化之迹可見而鬼神不可見，故指其可見者，而不可見者自見矣。譬如，見霜上人迹，知有人行也。

○剥之爲卦，諸陽消剥已盡，獨有上九一爻尚存。如碩大之果不見食，將有復生之理。朱子曰：「剥，落也。五陰在下而方生，一陽在上而將盡，陰盛長而陽消落，九月之卦也。」吴臨川曰：「下五陽皆已剥，獨存一陽在上，如木之果實皆已落，獨一碩大之果不爲人所食而猶在木末。」丘行可曰：「木末猶有碩大之果不爲人所食，則亦剥爛墜而已矣。墜則生之所起，果中有核實也，核中有仁故也。」精里先生曰：「『復生』之『復』，去聲，又也，下同。」今按，所以上九有「碩果不食」語。上九亦變則純陰矣。然陽無可盡之理，變於上則生於下，無間可容息也。聖人發明此理，以見陽與君子之道不可亡也。熊氏曰：「若上九一爻亦變，則爲六陰之坤。」今按，上下以一時言。貝原氏曰：「淮南子曰『時之反側，間不容息』，高誘注云：『不容氣息，促之甚也。』」又按，熊氏以止息解之，誤。聖人，指周公。發明，指「碩果」一句。熊氏曰：「以見陽固無可盡之理，君子亦陽類，其道亦不可亡。」或曰：剥盡則爲純坤，豈復有陽乎？曰：以卦配月，則坤當十月。以氣消息言，則陽剥爲坤，陽來爲復，陽未嘗盡也。剥盡於上，則復生於下矣。故十月謂之陽月，恐疑其無陽也。若以卦配月，則坤當十月，上下六陰，似無陽也。然以氣消息言，則剥之陽，自九月之霜降，每日剥一分，剥十五分而爲十月，又剥十五分盡於小雪。復之陽，自十月之小雪，每日生一分，生十五分而爲十一月，又生十五分成於冬至。是小雪前有十五分未剥之陽，小雪後有十五分方生之陽，陽未嘗盡也。貝原氏曰：「十月謂之陽月，出于爾雅。」陰亦然。聖人不言耳。敬軒薛氏曰：「夬之上六，不言陰有復生之理，獨于剥之上九，言陽有復生之理，聖人扶陽抑陰之意也。」今按，陰亦無可盡之理，但陰類爲小人，故聖人於夬上六陰將盡之時，不發明其理耳。

○一陽復於下，乃天地生物之心也。先儒皆以静爲見天地之心，蓋不知動之端，乃天地之心也。非知道者，孰能識之？復卦彖曰：「復，其見天地之心乎？」程子解之也。朱子曰：「復，陽復生於下也，剥盡則爲純坤，十月之卦，而陽氣已生於下矣。積之踰月，然後一陽之體始成而來復，故十有一月其卦爲復。」又曰：「萬物未生，冷冷静静，而一陽既動，生物之心闖然而見，雖在積陰之中，自藏掩不得。此所以必於復見天地之心也。」又曰：「十月純坤，當貞之時，萬物收斂，寂無蹤迹，到此一陽復生便是動。然不真下『動』字〔七〕，却云『動之端』，端又從此起，雖動而物未生，未到大段動處。凡發生萬物，都從這裏起，豈不天地之心〔八〕！」今按，王弼曰：「動息地中乃天地之心見也。」孔穎達曰：「天地養萬物以静爲心，不爲而物自爲，不生而物自生，寂然不動，此天地之心也。」所謂「皆以静爲見天地之心」也。「非知道者，孰能識之」，贊其理之妙也，非指先儒亦非自誇也。

○仁者，天下之公，善之本也。李守約曰：「天下之公是无一毫私心，善之本是萬善從此出。」中村氏曰：「公屬心，善屬理。」今按，仁以專言者言。

○有感必有應。凡有動皆爲感，感則必有應，所應復爲感，所感復有應，所以不已也。感通之理，知道者默而觀之可也。熊氏曰：「凡見於動者，皆感之事。此有所感，彼必有所應。應於此復感於彼，感於彼復應於此，其機不暫息也。」朱子曰：「凡在天地間无非感應之理，造化與人事皆是感應，且如雨暘，雨不成只管雨，便感得個暘來[九]。暘不成只管暘，暘已是應處，又感得雨來。寒暑晝夜无非此理。如人夜睡，不成只管睡，至曉須着起來。一日運動，向晦亦須當息。凡一死一生，一出一入，一往一來，一語一默，皆是感應。」又曰：「如風來是感，樹動便是應。樹拽又是感，下面物動又是應。」又曰：「感是事來感我，通是自家受他感處之意。」今按，此合造化人事言。語類謂「似以有情者言」，恐是未定之說。通字在於感應之間。默不語，謂潛心也。

○天下之理，終而復始，所以恒而不窮。恒非一定之謂也，一定則不能恒矣。惟隨時變易，乃常道也。天地常久之道，天下常久之理，非知道者，孰能識之？程子曰：「恒者，常久也。」朱子曰：「恒非一定之謂，故晝則必夜，夜而復晝，寒則必暑，暑而復寒。若一定，則不能常也。」今按，「乃常道也」以上，合造化人事而言。「天地常久之道」以造化言，若寒暑日月往來屈伸之類是也。「天下常久之理」以人事言，若「可以仕則仕，可以止則止」，「冬日則飲湯，夏日則飲水」之類是也。

○人性本善，有不可革者，何也？曰：語其性，則皆善也；語其才，則有下愚之不移。「不可革」，謂只革其面不能心化也。陸稼書曰：「此『性』字乃天命之性，此『才』字即當氣質之性看。」葉平巖曰：「性無不善。才者，性之所能。合理與氣而成氣質，則有昏明、强弱之異。其昏弱之極者，爲下愚。」又按，不移，非不可移也，不肯移也。所謂下愚有二焉：自暴也，自棄也。「自暴」、「自棄」，出孟子離婁篇。葉平巖曰：「自暴者，咈戾而不信乎善，是自暴害其性也。自棄者，雖知其善，然怠廢而不爲，是自棄絶其性也。此愚之又下者。」人苟以善自治，則無不可移者，雖昏愚之至，皆可漸磨而進。言人苟爲善以治其氣質之偏，未有不可變移而歸諸善者也。漸，浸也。磨，研也。借言漸次克治也。惟自暴者拒之以不信，自棄者絶之以不爲。雖聖人與居，不能化而入也。仲尼所謂下愚也。拒，捍也，違也。朱子曰：「『拒之以不信』，只是説没這道理［一〇］。『絶之以不爲』，是知有這道理［一一］，自割斷了不肯做。」又按，言若此二者，縱與聖人同居，亦不能化而入於善也。熊氏就聖人言，誤。此段言小人只革面不能心化者，自暴自棄不肯移也，非有不可革者也。然天下自棄自暴者，非必皆昏愚也，往往强戾而才力有過人者，商辛是也。聖人以其自絶於善，謂之「下愚」，然考其歸，則誠愚也。以下以自暴者言，往往言非一也。强，弓有力也。戾，違也。史記殷本紀：「帝乙之子辛即帝紂，資辯捷疾，聞見甚敏，才力過人，手格猛獸，知足以距諫，言足以飾非。」葉平巖曰：「其勇於爲惡，而自絶於善，要其終，則真下愚耳。」又按，「之」字，指自暴者不止紂一人。言既是錯愚之至，其能革易其外以順從君上之教令者，何也？曰：心雖絶於善道，其畏威而寡罪，則與人同也。惟其有與人同，所以知其非性之罪也。葉平巖曰：「下愚，小人自絶於善，然畏威刑而欲免罪，則與人無以異。」今按，言唯其畏懼有與人同者，所以知非其性之不可爲善，而氣質之偏使之然也。

○在物爲理，處物爲義。事物各有理，心裁制事物，而使合乎理者爲義。朱子曰：「彼事之宜雖若在外，然所以制其宜則在心也。非程子一語，則後人未免有義外之見。」又曰：「如這卓子是物，於理可安頓物事，我把他如此用，便是義。」

○動静無端，陰陽無始。非知道者，孰能識之？經說。下同。○動静以用言，陰陽以體言，其實一也。端，始也。熊氏曰：「無有止息，故無其端；無有間斷，故無所始。」朱子曰：「如循環之無端。」

○仁者天下之正理，失正理則無序而不和。朱子曰：「仁只是正當底道理。」黄勉齋曰：「將正理字頓在人心裏面，方説得個仁字全。」今按，序、和就人心裏面之理説。序，有次序之謂。和，無乖争之謂。語類以作爲言，恐是未定之説。饒雙峰説稍差。李岱雲説不可從。胡斐才依之，非。

○明道先生曰：先生名顥，字伯淳，姓程氏，潞公文彦博題其墓曰「明道先生」。天地生物，各無不足之理。「物」字指人言，言天地生人，各授之以仁義禮智之性，無一理之虧欠也。常思天下君臣、父子、兄弟、夫婦，有多少不盡分處。遺書。下同。○熊氏曰：「分者，天理之則。人之處物不能盡理，如四者之間一毫不當乎理，是爲不盡分。」

○「忠信所以進德」，「終日乾乾」，君子當終日對越在天也。「忠信所以進德也」，出易乾文言傳。「終日乾乾」，乾卦九三爻辭。問：「忠信進德，莫只是實理否？」朱子曰：「此説實理未得，只是實心，有實心則進德自無窮。」又曰：「『忠信』二字與別處説不同。」今按，乾乾，猶健健也。「對越在天」，詩清廟篇。越，於也。在天，在天之神。對，猶配也。言人苟實心行道，則德日進而可至「終日乾乾」地位也。故君子當實心行道而配乎天行也。蓋「上天之載，無聲無臭」，其體則謂之易，其理則謂之道，其用則謂之神，朱子曰：「一段皆是明道體無乎不在。名雖不同，只是一理發出，是個無始無終底意。」又曰：「便是説，許多事都只是一個天。」又曰：「此皆就天上説。」又曰：「載，事。」許白雲曰：「載者，發育萬物之事，於發育之中有無聲臭之妙。」熊氏曰：「無聲可聞，無臭可接。」今按，熊氏「載」字做「道」字説，誤。朱子曰：「體是形體也。」又曰：「造化功用不可測度，則謂之神。」又按，就造化功用中，指有不可測度處説，故謂之神，以理言。惕齋做鬼神看，非。其命于人則謂之性，率性則謂之道，脩道則謂之教。朱子曰：「是就人身上説。」又曰：「命，猶令也。」孫詒仲曰：「性，乃心所具之理。」朱子曰：「率，循也。」又曰：「率，非人率之也。」又曰：「只是隨性去，皆是道。」又曰：「脩，品節之也。」今按，聖人品節乎道也。盧未人「品節氣禀」之説不可從。以上二節言理貫乎天人。葉注貼説「對越在天」，不可從。孟子去其中又發揮出浩然之氣，可謂盡矣。精里先生曰：「去，向也，猶言『自』。」朱子曰：「浩然，盛大流行之貌。」程子曰：「天人一也，更不分別。浩然之氣，乃吾氣也。」此節言氣貫乎天人。葉注亦不可從。故説神「如在其上，如在其左右」，大小大事，而只曰「誠之不可揜如此夫」。徹上徹下，不過如此。「如在其上，如在其左右」，出中庸第十六章。大小大，關中俗語，猶言「如何樣」。遺書云：「只介父一個，氣艷大小大。」葉注謂「大小，猶多少」，謬。葉平巖曰：「誠者，實理。」朱子曰：「故説神如在其上，如在其左右，又皆是此理顯著之迹，看甚大事小事都離了這個事不得，上而天地鬼神離這個不得，下而萬事萬物都不出此，故曰『徹上徹下，不過如此』。」形而上爲道，形而下爲器，須著如此説，器亦道，道亦器。但得道在，不繫今與後，己與人。「形而上」、「形而下」，見繫辭第十二章。孔穎達曰：

「形是有質之稱。」朱子曰：「形而上者指理而言，形而下者指事物而言。」又曰：「此言最的當。設若以有形无形言之，便是物與理相間斷了。」又曰：「即就形處離合分別，此是界至處［一二］。」又曰：「形而上者無形無影是此理，形而下者有情有狀是此器。然有此器則有此理，有此理則有此器。未嘗相離，却不是於形器之外別有所謂理。亘古亘今，萬事萬物皆只是這個，所以説『但得道在，不係今與後，己與人』。」葉平巖曰：「不繫，猶不拘。」精里先生曰：「『但得道在』，承上道器説，言道無乎不在也。」葉注以體道説，非。

○醫書言手足痿痺爲不仁，此言最善名狀。見素問風論、痹論、痿論諸篇。吳伯章曰：「痿，肢廢弱也，一云兩足不能相及。痹，體頑麻也。皆風濕之疾，氣不流貫者。」今按，一身之氣有所不貫，而爲痿痹之病，猶一心之德有所不貫，而爲不仁之人也。故醫書借用之，程子以爲善名狀，以爲下文言仁、不仁張本。善名狀以病名言，熊氏以仁道言，不是。仁者以天地萬物爲一體，莫非己也。認得爲己，何所不至？陳定宇曰：「仁者之心視人物即己身也。體認得人物皆爲己，則此心之仁周流貫通，何所往而不至乎！」若不有諸己，自不與己相干。如手足不仁，氣已不貫，皆不屬己。陳定宇曰：「又反言之，若視人物而不屬於己，自不相干。」今按，屬，附也。干，預也。「皆」字指四肢如手足之不仁，以下轉借氣不貫之不仁，以明心不貫之不仁也。言己與天地萬物本一體也，人欲間之，故心不相貫，似身與手足本一體也，外邪間之，氣不相貫一般。故博施濟衆，乃聖之功用。仁至難言，故止曰：「己欲立而立人，己欲達而達人。能近取譬，可謂仁之方也已。」欲令如是觀仁，可以得仁之體。由是觀之，仁當求之心體上，故博施濟衆，聖人之功用。而就事上説，於求仁爲遠。然仁至難言，是以止曰云云，而欲因恕以令觀仁，以可以得仁之體也。程子蓋以二節以下總作推己之恕看。吾聞諸精里先生。又按,「博施濟衆」及「己欲立而立人」以下四句,論語雍也篇語。程説立人、達人,是用力語。陳定宇曰:「玩文意,當是博施於民,而又能所濟者衆。蓋博施,自我之施恩澤而言;濟衆,自衆人之被吾恩澤者而言。」許白雲曰:「博施是每人與之多,濟衆是人人皆博施。濟衆大概以地言,天之所覆,地之所載,含齒戴髮者皆濟之,是衆也。」又按,濟,賙救也。體是體段,非本體也。愓齋説不可從。

○「生之謂性」,性即氣,氣即性,生之謂也。朱子曰:「生之謂性,是生下來喚做性底,便有氣稟夾雜。」又曰:「有此氣爲人則理具於身,方可謂之性。」葉平巖曰:「性與氣本不相離也,故曰『性即氣,氣即性』。」今按,氣是氣質,生是生下之生,非生活之生,與告子語同而意別。「生之謂也」,句内包「性與氣質不能相離」之意。人生氣稟,理有善惡,然不是性中元有此兩物相對而生也。精里先生曰:「人生非人之生,猶言人也。」今按,氣稟是氣質之稟,熊氏做天地之氣看,誤。朱子曰:「理只作合字看。」又按,「相對而生」,「生」字亦非人之生,言不是性中元有善惡兩物而並生出來也。性中只有善,無惡也。有自幼而善,有自幼而惡。后稷之「克岐克嶷」,子越椒始生,人知其必滅若敖氏之類。是氣稟有然也。中村氏曰:「自幼而善惡既見者,則雖似性體元有善惡,亦是自稟氣之初,善惡既相遠而不待習染者也。」朱子曰:「岐嶷,峻茂之狀。」今按,后稷之事見詩生民篇,此只引成語耳,不必就狀貌而明稟性也。子越椒之事見左傳宣公四年,楚司馬子良之子人,子良之兄子文,若敖氏,子良族。善固性也,然惡亦不可不謂之性也。此善惡就事上説。朱子曰:「明道又云:『善恶皆天理,謂之惡者本非惡,但或過或不及,便如此。』蓋天下無性外之物,本皆善而流於恶耳。」敬軒薛氏曰:「氣質濁雜而有所蔽,則仁流爲耽溺,義流爲殘忍,禮流爲矯僞,智流爲譎詐,所謂『惡亦不可不謂之性』也。」蓋「生之謂性」,

「人生而静」以上，不容説。才説性時，便已不是性。葉平巖曰：「此重釋『生之謂性』。」今按，「人生而静」出樂記。中村氏曰：「『静』字，不重。」朱子曰：「『人生而静』以上，是人物未生時。」又曰：「『不容説』者，未有性之可言。『不是性』者，已不能無氣質之雜矣。」又按，才，始也。凡人説性，只是説「繼之者善也」。孟子言性善是也。夫所謂「繼之者善也」者，猶水流而就下也。「繼之者善也」，出上繫辭第五章。問：「這『繼』字莫是主於接繼承受底意思否？」朱子曰：「主於人之發用處言之。」又曰：「易中以天命言，程子就人言。蓋人便是一個小天地耳。」又曰：「善言性者不過即其發見之端而言之，而性之韞因可默識矣，如孟子之論四端是也。觀水之流而必下，則水之性下可知。觀性之發而必善，則性之韞善亦可知也。」皆水也，有流而至海，終無所污，此何煩人力之爲也。有流而未遠，固已漸濁；有出而甚遠，方有所濁。有濁之多者，有濁之少者。清濁雖不同，然不可以濁者不爲水也。葉平巖曰：「此重釋『善固性也，惡亦不可不謂之性』。」朱子曰：「此又以水之清濁譬之，水之清者，性之善也。流至海而不污者，氣禀清明，自幼而善，聖人性之而全其天者也。流未遠而已濁者，氣禀偏駁之甚，自幼而惡者也。流而既遠而方濁者，長而見異物而遷焉，失其赤子之心者也。濁有多少，氣之昏明純駁有淺深也。不可以濁者不爲水，惡亦不可不謂之性也。」如此，則人不可以不加澄治之功。故用力敏勇則疾清，用力緩怠則遲清。及其清也，則却只是元初水也。不是將清來換却濁，亦不是取出濁來置在一隅也。水之清，則性善之謂也。故不是善與惡在性中爲兩物相對，各自出來。葉平巖曰：「此重釋『不是性中元有兩物相對而生』。」熊氏曰：「人雖爲氣所昏，而性則未嘗不在其中，故不可不加澄清克治之力，惟能學以勝之。用功敏速勇猛則清之速，用功緩慢怠惰則清之遲，及到清了，則此理渾然，初未嘗損，所謂『元初水』也。雖濁而清者存，不是將清來換濁，既清則本無濁，故非取濁置在一邊。如此則性本善也。」

此理，天命也。順而循之，則道也。循此而脩之，各得其分，則教也。自天命以至於教，我無加損焉，此舜「有天下而不與焉」者也。此指人所以爲性之理言。朱子曰：「脩道雖以人事言，然其所以脩之者，莫非天命之本然，非人私智所能爲也。然非聖人有不能盡，故以舜事明之。」熊氏曰：「循此道而品節之，使人倫各盡其分。」又曰：「无所增益，無所虧損。」又按，「有天下」，舉個大事業也。「不與」，謂只循其性之自然者，而我無所與焉。舉舜引論語成語，其實群聖人皆然。

○觀天地生物氣象。天地生物，天地之大德，所謂「顯諸仁」者也。「觀」字不重。氣象，猶模樣。周茂叔看。所謂「周茂叔窗前草不除去，問之，云『與自家意思一般』」是也。亦不重。

○萬物之生意最可觀，此「元者善之長也」，斯所謂仁也。此章與前章同意，明天地生萬物者，天地之仁也。但前章就天地上説，此章就萬物上説，其意則一也。朱子採入此篇，則自當輕看兩「觀」字，不然當入爲學篇。朱子曰：「只如元亨利貞皆是善，而元則爲善之長，亨利貞皆是那裏來。」

○滿腔子是惻隱之心。朱子曰：「腔子猶言軀殼耳，只是俗語，非禪語也。滿腔子，只是言充塞周徧，本來如此。」又曰：「只是滿這個軀殼，都是惻隱之心。纔築著，便是這個物事出來，大感則大應，小感則小應。」又曰：「不特是惻隱之心，滿腔子是羞惡之心，滿腔子是辭遜之心，滿腔子是是非之心，彌滿充實，都無空闕處。」又曰：「惻隱之心，頭尾都是惻隱。三者則頭是惻隱，尾是羞惡、辭遜、是非。若不是惻隱，則三者都是死物。蓋惻隱是個頭子，羞惡、辭遜、是非便從這裏發來。」又曰：「纔是有些子不通，便是被些私意隔了。」又曰：「惻，傷之切也。隱，痛之深也。此即所謂『不忍人之心』也。」

○天地萬物之理，無獨必有對，皆自然而然，非有安排也。每中夜以思，不知手之舞之，足之蹈之也[一三]。熊氏曰：「無獨立，必有對待。」朱子曰：「有陰便有陽，有仁便有義，有善便有惡，有語便有嘿，有動便有靜。」中村氏曰：「安排者，安措布排也。」陳定宇曰：「以私意揣度之，而不順其自然也。」今按，「不知手之舞之，足之蹈之」，見孟子離婁篇及禮記樂記篇。形容人心真樂之至耳，非真舞蹈也。

○中者，天下之大本。天地之間，亭亭當當、直上直下之正理。出則不是，惟「敬而無失」最盡。問「亭亭當當」之説。朱子曰：「此俗語也，蓋不偏不倚、直上直下之意也。」又曰：「皆是形容中之在我，其體段如此，『出則不是』者，出便是已發，發而中節，只可謂之和，不可謂之中矣。故曰出便不是。」今按，言唯敬，而久不失其敬，則於以全中之本體最盡。

○伊川先生曰：公則一，私則萬殊。人心不同如面，只是私心。言人心無私則皆同，及至有私而後始殊，子産所謂者，是私心而非本心也。「人心之不同如其面」，鄭子産語。見左傳襄公三十一年。

○凡物有本末，不可分本末爲兩段事。灑掃應對是其然，必有所以然。凡一物上亦有本末，理爲本，事爲末，別是一様説。雙峰説可從。吳伯章、林次崖説，誤。段，片段也。所以不可分本末爲兩段事，以事即理，理即事，本是一條底物事。譬如一株之木，自根本至枝葉一貫故也。黃勉齋曰：「然之爲言，猶曰如此也。其如此者，謂灑掃應對之節文也。」史文璣曰：「言其然者，是事所以然者是理。」

○楊子拔一毛不爲，墨子又摩頂放踵爲之，此皆是不得中。至如子莫執中，欲執此二者之中，不知怎麽執得。楊、墨、子莫之事出孟子盡心篇。蔡虛齋曰：「拔一毛而利天下不爲，對『摩頂放踵』，便是假借辭，非實説。拔一毛而利天下不爲，總是言，凡可以利天下者皆不爲也。摩頂放踵利天下爲之，總言其，凡苟可以利天下者皆必爲也。」朱子曰：「摩頂，摩突其頂也。放，至也。子莫，魯之賢者也。」張泰嶽曰：「摩頂放踵，是擦磨頭頂直至足跟，喫受辛苦的意思。」林次崖曰：「楊子一於我，更不爲人；墨子一於爲人，更不爲我。子莫見二子之各有偏也，故度二者之間而執其中；其爲我不至楊子之固，苟可以利天下亦爲之；其爲人不至墨子之過，尚有爲己之意在是也。要爲己，也要爲人，兩邊平執以爲中。只此就不是。」葉平巖曰：「懲二者之偏，欲於二者之間而取中。夫中者隨時而立，不能隨時以權其宜，而膠於一定之中，則所執者亦偏矣。」今按，三個「中」字，第一是聖人之中，無過不及之中。第二、第三是子莫之中，爲我、兼愛之中。中村氏曰：「怎麽，猶何如也。」識得則事事物物上，皆天然有個中在那上，不待人安排也，安排著則不中矣。葉平巖曰：「物格而知至，則有以識夫時中之理，而於事事物物各有天然之中，不用著意安排也[一四]。若事安排，則或雜以意見之私，而非天然之中矣。」

○問：時中如何？時中，隨時以處中之謂，見中庸第二章。曰：「中」字最難識，須是默識心通。熊氏曰：「『中』之一字最難識得，須必潛心默會。」且試言，一廳則中央爲中，一家則廳中非中而堂爲中，言一國則堂非中而國之中爲中，推此類可見矣。方子謙曰：「廳，屋也。古者治官處謂之聽事，後語省，直曰聽，加『广』作『廳』。」毛氏曰：「聽事，言受事察訟。」又曰：「蘇氏演義曰：『謂當正向陽之屋。』」今按，言以此類推之，亦自可見中不一定，隨時而移之義。如三過其門不入，在禹、稷之世爲中，若居陋巷，則非中也。居陋巷，在顏子之時爲中，若三過其門不入，則非中也。「三」字，孟子集注無音，不止三次也。金仁山曰：「過，平聲，經過也。」盧未人曰：「平世之時，理當救民，禹、稷過門不入，固隨時而合當然之理。亂世之時，理當修己，顏子簞瓢陋巷，亦隨時而合當然之理。」陸稼書曰：「『雙峰謂禹三過其門，稷是帶説，此太拘，焉知稷當年無此事？』」又按，居陋巷以退處言。葉平巖曰：「是二者若違時而易務，則皆失其中矣。」

○無妄之謂誠，不欺其次矣。李邦直云「不欺之謂誠」，便不欺爲誠。徐仲車云「不息之謂誠」，中庸言「至誠無息」，非以無息解誠也。或以問先生，先生曰云云。○無妄者實理之自然，而無一毫僞妄也。朱子曰：「無妄，自是我無妄，故誠。不欺者，對物而言之，故次之。」今按，此一條是定説，分貼天道人道者，恐是未定之説。葉平巖諸家從之，不是。無妄是體，不欺是用，故曰次。李清臣字邦直，宋史有傳。徐積字仲車，見宋名臣言行録。

○冲漠無眹，萬象森然已具，未應不是先，已應不是後。冲，虛也，無形也。漠，無聲也，出楊倞荀子注。

眹者，目未開而有其縫也，出性理字訓注。冲漠，正言之也，無眹，反言之也，猶言無聲無臭也。森，木多貌。朱子曰：「此言未有這事，先有這理。如未有君臣，已先有君臣之理；未有父子，已先有父子之理。」又曰：「未應是未應此事，已應是已應此事，未應固是先，却只是後來事。已應固是後，却只是未應時理。」精里先生曰：「此章以理言，兼造化人心説。」今按，薛敬軒謂「已具」以上言造化，「未應」，以下言人心，胡敬齋一以人心説。俱不可從。闇齋謂「具」、「未」之間，恐有脱文。褧嘗質之先生曰：「似不必然？」先生曰：「然。」如百尺之木，自根本至枝葉，皆是一貫。不可道上面一段事，無形無兆，却待人旋安排，引入來教入塗轍。既是塗轍，却只是一個塗轍。葉平巖曰：「道有體用而非兩端，猶木有根本，是生枝葉，上下一貫，未嘗間斷。」朱子曰：「今人只見前面一段事，無形無兆，將謂是空蕩蕩，却不知道『冲漠無眹，萬象森然已具』。如釋氏便只是説空，老氏便只是説無，却不知道莫實於理。」又曰：「不成無此理〔一五〕，直待有君臣父子，却旋將道理入在裏面。」又曰：「塗轍是車行處，且如未有塗轍，而車行必有塗轍之理。」又曰：「所謂塗轍，即是所由之路，如父之慈、子之孝，只是一條路從源頭下來。」又曰：「恐是記者欠了字，亦曉不得。」

○近取諸身，百理皆具。屈伸往來之義，只於鼻息之間見之。屈伸往來只是理，不必將既屈之氣復爲方伸之氣。生生之理，自然不息。朱子曰：「此段爲横渠『形潰反原』之説而發也。」問：「『近取諸身，百理皆具』，且是言人之一身與天地相爲流通，無一之不相似。至下言『屈伸往來之義，只於鼻息之間見之』，却只是説上意一脚否？」朱子曰：「然。」又曰：「氣雖有屈伸，要之方伸之氣，自非既屈之氣。氣雖屈，而物亦自一面生出。此所謂『生生之理，自然不息』也。」葉平巖曰：「不是以既屈之氣爲方伸之氣。如釋氏所謂輪回者也。」如復卦言「七日來復」，其間元不斷續，陽已復生，物極必返，其理須如此。有生便有死，有始便有終。蔡節齋曰：「陽自建午之月漸消漸剥，至建子之月而爲復，在卦經七爻，于時經七月，故曰『七日來復』。不言月而言日者，猶詩所謂『一之日』、『二之日』也。」今按，五月卦爲姤，一陽爻剥；六月卦爲遯，二陽爻剥；七月卦爲否，三陽爻剥；八月卦爲觀，四陽爻剥；九月卦爲剥，五陽爻剥；十月卦爲坤，六陽爻剥盡；十一月卦爲復，一陽爻復生。故曰「在卦經七爻，于時經七月」。鄭亨仲曰：「七者陽數，日者陽物，故於陽長言七日。」朱子曰：「復，陽復生于下也[一六]。」又曰：「『七日來復』者，終不是已往之陽重新將來復生，舊底已自過了[一七]，這裏自然生出來。」

○明道先生曰：天地之間，只有一個感與應而已，更有甚事？朱子曰：「事事物物皆有感應，寤寐、語默、動靜亦然。譬如氣聚則風起，風止則氣復聚。」又曰：「一爲感則一爲應，循環相代，所以不已也。」熊氏曰：「外此更無別事。」

○問仁，伊川先生曰：此在諸公自思之，將聖賢所言仁處類聚觀之，體認出來。諸公，指弟子。認，辨識也。熊氏曰：「體驗以究其實。」孟子曰：「惻隱之心，仁也。」後人遂以愛爲仁。愛自是情，仁自是性，豈可專以愛爲仁？葉平巖曰：「仁者，愛之性；愛者，仁之情。『以愛爲仁』，是指情爲性。」又曰：「後之論仁者，無復知性情之別，故程子以示人[一八]，欲使沿流而溯其源也。」孟子言「惻隱之心，仁之端也」，既曰仁之端，則不可便謂之仁。退之言「博愛之謂仁」，非也。仁者固博愛，便以博愛爲仁則不可。葉平巖曰：「端之云者，言仁在中而端緒見於外也。」今按，「博愛之謂仁」見韓退之原道。問：「原道起頭四句，恐説得差。且如『博愛之謂仁』，愛如何便盡得仁？」朱子曰：「只爲他説得用，又遺了體。」

〇問：仁與心何異？熊氏曰：「或人問，仁與心何所異。」曰：心譬如穀種，生之性便是仁，陽氣發處乃情也。熊氏曰：「心猶禾穀種子。」朱子曰：「包裹底是心。」黄勉齋曰：「『生之性』，謂其具此生理而未生也，若陽氣發動，生出萌芽後，已是情。」

〇義訓宜，禮訓别，智訓知，仁當何訓？説者謂訓覺、訓人，皆非也。義、禮、智、仁，以性言；宜、别、知，以心具其理言。訓者，謂假一字訓解，以明其義也。當合孔孟言仁處，大概研窮之，二三歲得之，未晚也。大概，大率也。熊氏曰：「必當合孔子、孟子論仁所在，研究窮考，久而得之，未爲遲也。」又按，言不必用一字訓釋，但研窮久之，曉得其義而可也。

〇性即理也。天下之理，原其所自，未有不善。喜怒哀樂未發，何嘗不善？發而中節，則無往而不善。朱子曰：「『性即理也』一語，自孔子後惟伊川説得盡，攧撲不破。性即是天理，那得有惡？」蔡虚齋曰：「指心中之理也。」今按，言性即理也，故天下事物之理，本只善而無惡，但發不中節，然後流而爲惡耳。凡言善惡，皆先善而後惡；言吉凶，皆先吉而後凶；言是非，皆先是而後非。

○問：心有善惡否？曰：在天爲命，在物爲理[一九]，在人爲性，主於身爲心，其實一也。心本善，發於思慮，則有善有不善。若既發，則可謂之情，不可謂之心。葉平巖曰：「天道流行，賦與萬物，謂之命。事物萬殊，各有天然之則，統而名之，謂之理。人得是理以生，謂之性。是性所存，虛靈知覺，爲一身之主宰，謂之心。實則非二也。推本而言，心豈有不善？自七情之發，而後有善惡之分。」朱子曰：「『既發則可謂之情，不可謂之心』，此句亦未穩。」譬如水，只可謂之水。至如流而爲泒[二〇]，或行於東，或行於西，却謂之流也。泒，別水也。此譬亦不切。流，亦水也。

○性出於天，才出於氣。氣清則才清，氣濁則才濁。才則有善有不善，性則無不善。天字包理字，氣字包天字。朱子曰：「才，人之能也。」又曰：「能爲之謂才。」又曰：「張子所謂『氣質之性』是也。」

○性者自然完具，信只是有此者也。故四端不言信。性，指仁、義、禮、智四者。「此」字指性。言仁、義、禮、智四者，人之所稟乎天而自然無一欠缺者也。若夫信則實有是四者也，非四者之外別有之也。故孟子說四端而不及之者，信在其中也。

〇心，生道也。有是心，斯具是形以生。惻隱之心，人之生道也。朱子曰：「『心，生道也』，此句是張思叔所記，疑有欠闕處，必是當時改作行文，所以失其意[二一]。」又曰：「生亦是生生之意。」今按，猶言天地生物之心，生生道理而不窮也。朱子曰：「『有是心，斯具是形以生』，是心乃屬天地，未屬我在。」又按，猶言天地有是心，而人具是形以生，因接得此天地之心以爲仁，故惻隱之心，人之生生道理而亦不窮也。語類諸説恐是未定之説。

〇横渠先生曰：姓張氏，名載，字子厚。氣坱然太虚，升降飛揚，未嘗止息。此虚實動静之機，陰陽剛柔之始。熊氏曰：「陰陽二氣絪緼於太空之中，上騰下降，運轉流動，無時不然。」朱子曰：「所以虚實動静、陰陽剛柔者，便是這升降飛揚爲之[二二]。」又曰：「實與動便是陽，虚與静便是陰，但虚實動静是言其用，陰陽剛柔是言其體而已。」朱子曰：「機，發動所由也。」又曰：「始，是如生物底母子相似[二三]，萬物都從這裏生出去。」中村氏曰：「以上説未成形時。」浮而上者陽之清，降而下者陰之濁。其感遇聚結，爲風雨，爲霜雪，萬品之流形，山川之融結。糟粕煨燼，無非教也。正蒙。下同。〇熊氏曰：「陽氣輕清而上浮，指天而言；陰氣重濁而下降，指地而言。」中村氏曰：「感者，彼來通此，遇者，此往合彼，乃聚結而成形質也。此句包下風雨、霜雪、萬品、山川，萬品兼人物説。『融』字貼『川』，『結』字貼『山』。」今按，易乾彖傳「品物流形」，正義曰：「品類之物流布成形。」融，鎔也。糟粕，酒滓也。煨，盆中火。燼，火之餘末。「無非教」，禮記孔子閒居語。熊氏曰：「此句總結上文，自『風雨』以下，『煨燼』以上，言陰陽二氣無大無小，無精無粗，皆至理之所寓也。」朱子曰：「『教』便是説理，禮記中『天道至教，聖人至德』，與孔子『予欲無言』，天地與聖人都一般。」

〇游氣紛擾，合而成質者，生人物之萬殊。其陰陽兩端循環不已者，立天地之大義。朱子曰：「此一段專説氣，未及言理。『游氣紛擾』，此言氣到此已是查滓麤濁者去。生人物，蓋氣之用也。動靜兩端，説氣之本。上章言『坱然太虚』一段，亦是發明此意。」又曰：「游氣是氣之發散生物底氣，游亦流行之意。紛擾者，參錯不齊。」又曰：「晝夜運而無息，便是陰陽之兩端。」又曰：「如麪磨相似，其四邊只管層層散出[二四]。天地之氣運轉無已，只管層層生出人物。」又曰：「譬如一個扇相似，扇便是立天地之大義底，扇出風來便是生人物底。」葉平巖曰：「陰陽推移無窮者[二五]，天地大經所以立也。游氣紛擾，緯也。陰陽循環，經也。」

〇天體物不遺，猶仁體事而無不在也。「禮儀三百，威儀三千」，無一物而非仁也。朱子曰：「體物，猶言爲物之體也，蓋物物有個天理。體事，謂事事是仁做出來。」熊氏曰：「體之而無所遺。禮儀，經禮也，三百言其多也。威儀，曲禮也，三千言其多也。」今按，天以理言，仁以心言。愓齋謂體事亦在體物之中，未是。「昊天曰明，及爾出王。昊天曰旦，及爾游衍」，無一物之不體也。詩大雅板篇。朱子曰：「王、往通。言出而有所往也。旦，亦明也。衍，寬縱之意。」熊氏曰：「凡人往來游息之所，此理無往而不在，因是以證『體物不遺』之義。」

〇鬼神者，二氣之良能也。徐德夫曰：「二氣，陰陽也。」朱子曰：「只是二氣之自然者耳，屈伸往來，是二氣自然能如此。」又曰：「氣之方來皆屬陽，是神；氣之反皆屬陰，是鬼。午前是神，午後是鬼；草木方發生是神，凋落是鬼。」今按，良能，孟子本以人言，此借來説鬼神，此就天地上説鬼神。

〇物之初生，氣日至而滋息。物生既盈，氣日反而游散。至之謂神，以其伸也。反之謂鬼，以其歸也。此就人物上説鬼神，物兼動植言。熊氏曰：「凡物之生，自少以至壯，氣日至而進，故滋長生息。滋息，言生而就滿也。凡物之生，自壯而至老，氣日反而退，故游往而消散。游散，言消而就盡也。日至而伸則謂之神，以其生意之方達也。日反而歸則謂之鬼，以其生意之將盡也。」

〇性者，萬物之一源，非有我之得私也。萬物之性出於一源，言其同也。「非有我之得私也」，言不獨我盡之，又當使人得盡之也。惟大人爲能盡其道。是故立必俱立，知必周知，愛必兼愛，成不獨成。盡其道，兼盡己之性、盡人之性言，下四句是其目。立，立於道也。知，知道也。愛，得所愛也。成，成己也。上四字以己言，下四字以人言。周，盡也。兼，并也。彼自蔽塞而不知順吾理者，則亦末如之何矣。高雲從曰：「無我然後盡性，此爲大人。彼牿於形骸之私，一膜之外皆若胡越者，亦可哀矣。」葉平巖説似未是。徐德夫、張儀封從之，誤。

〇一故神。此解易上系辭第十章「唯神也，故不疾而速，不行而至」也。「一」以理言，一物上只是一理，無有二也。葉注謂「純一」，非。神，謂能自然應用也。譬之人身，四體皆一物，故觸之而無不覺，不待心使至此而後覺也。言人心只是一個，故能覺。此是喻意。此所謂「感而遂通」，「不行而至，不疾而速」也。横渠易説。〇言物理只是一個，故能應。此是正意。吴臨川曰：「不待疾之而自速，不待行之而自至，謂自然而然，非待所能爲也。」程子曰：

「神无速亦无至，須如此言者，不如是不足以形容故也。」

○心，統性情者也。橫渠語録。下同。○朱子曰：「性是静，情是動，心則兼動静而言。」又曰：「『統』如『統兵』之『統』，言有以主之也。」又曰：「心，主宰之謂也。動静皆主宰，非是静時無所用，及至動時方有主宰也。」陳定宇曰：「『性』、『情』字皆從『心』，心涵養此性，心統性也，心節制此情，心統情也。性如在營之軍，情如歸陣之軍，皆將實統之，心統性情，當以是觀焉。」今按，新安説極好，涵養節制以人心之自然者言，緒言當人功看，非是。

○凡物莫不有是性。由通蔽開塞，所以有人物之別。貝原氏曰：「『凡物』，『物』字兼人物。『人物』，『物』字指禽獸而言。」今按，通蔽、開塞以稟氣言，通開者是人，蔽塞者是物。由蔽有厚薄，故有知愚之別。此言人也，蔽之薄者是知，蔽之厚者是愚。塞者牢不可開。此言物也。牢，牢固也。厚者可以開，而開之也難，薄者開之也易，開則達於天道，與聖人一。此亦言人也。上四個「開」字是變化氣質之謂。下一個「開」字是氣質變化之謂。天道，天理之本然也。

【校勘記】

［一］正恐人將太極做一個有形象底看　「正」，朱子語類卷九十四作「蓋」；「底」下，朱子語類卷九十四有「物」字。

〔二〕各一其太極　「太極」二字，朱熹太極圖説解作「○」圖形。
〔三〕喜怒哀樂未發之謂中　「未發之謂中」，禮記中庸作「之未發謂之中」。
〔四〕神即聖人之妙而不可測者　「妙」，朱子語類卷九十四作「德」。
〔五〕困學録合喜恕哀樂言　「恕」，據文意，似當作「怒」。
〔六〕此天專言之則道者否　「天」下，朱子語類卷六十九有「便是」二字。
〔七〕然不真下動字　「真」，朱子語類卷第七十一作「直」。
〔八〕豈不天地之心　「不」下，朱子語類卷七十一有「是」字。
〔九〕便感得個暘來　「暘」下，朱子語類卷七十二有「出」字。
〔一〇〕只是説没這道理　「説」下，朱子語類卷十三有「道」字。
〔一一〕是知有這道理　「這」字，朱子語類卷十三無。
〔一二〕即就形處離合分别此是界至處　「即」，朱子語類卷九十四作「只」；「此」下，朱子語類卷九十四有「正」字。
〔一三〕足之踏之也　「踏」，二程遺書、葉采近思録集解作「蹈」。
〔一四〕不用著意安排也　「用」，葉采近思録集解作「待」。
〔一五〕不成無此理　「無」上，朱子語類卷九十五有「元」字。

〔一六〕陽復生于下也　「于」原作「干」，據周易本義改。

〔一七〕舊底已自過了　「過」下，朱子語類卷五十九有「去」字。

〔一八〕故程子以示人　「子」下，葉采近思録集解有「發此義」三字。

〔一九〕在物爲理　「物」，葉采近思録集解作「義」。

〔二〇〕至如流而爲泒　「泒」，葉采近思録集解作「派」。

〔二一〕所以失其意　「其」下，朱子語類卷九十五有「文」字。

〔二二〕便是這升降飛揚爲之　「揚」下，朱子語類卷九十八有「者」字。

〔二三〕是如生物底母子相似　「是如」，朱子語類卷九十八作「只是説如個」。

〔二四〕其四邊只管層層散出　「散」，朱子語類卷九十八作「撒」。

〔二五〕陰陽推移無窮者　「無」上，葉采近思録集解有「循環」二字。

近思録訓蒙輯疏卷之二

後學會津安褧著

爲學類 凡百十一條

論語先進篇：「子路曰：『有民人焉，有社稷焉，何必讀書，然後爲學？』」「爲學」字出于此。葉平巖曰：「此卷總論爲學之要。」

濂溪先生曰：聖希天，賢希聖，士希賢。朱子曰：「希，望也。字本作『睎』。」又曰：「『明王奉若天道』，無非法天者。」張儀封曰：「期至于是而不敢自畫也。」熊氏曰：「士則志於學者。」今按，希聖謂希望聖之大而化之也；希賢謂希望賢之充實而有光輝也。伊尹、顔淵，大賢也。伊尹恥其君不爲堯、舜。一夫不得其所，若撻于市。顔淵「不遷怒，不貳過」，「三月不違仁」。張儀封曰：「此以下皆言希賢之事。」今按，舉大賢以爲之準的也。伊尹之事出書說命下。顔子之事出論語雍也篇。「不得其所」，謂不得分願也。蔡九峰曰：「撻于市，恥之甚也。」朱子曰：「遷，移也。貳，復也。怒於甲者不移於乙，過於前者不復於後。」又曰：「三月言其久。仁者心之德，心不違仁者，無私欲而有其德也。」中村氏曰：「甲乙以彼此言，人與事皆有。」又按，林次崖以日言，刁蒙吉以時言，俱不可從。又按，前後是同一過，非謂無他過也。又按，周子皆以工夫言。志伊尹之所志，學顏子之所學，過則聖，及則賢，不及則亦不失於令名。通書。下同。○熊氏曰：過此則可爲聖，及此則可爲賢。令，善也。

○聖人之道，入乎耳，存乎心，蘊之爲德行，行之爲事業。彼以文辭而已者，陋矣。熊氏曰：「蘊蓄於內則爲德行，發見於外則爲事業。彼不知有道德之重，而專以文辭爲事者，其卑陋可知矣。」精里先生曰：「德行，『行』字非帶言。德之行也，脩身、齊家之類是也。事業，治國、平天下之類是也。」朱子曰：「欲人真知道德之重而不溺於文辭之陋也。」

○或問：聖人之門，其徒三千，獨稱顏子爲好學。夫詩、書六藝，三千子非不習而通也，然則顏子所獨好者，何學也？以上胡安定爲國子監直講時試諸生策文，而蓋節略載之也。聖人，指孔子。徒，謂徒弟。六藝，即六經也。詩、書在六經中而謂之「詩、書六經」，猶吳楚在七國中而謂之「吳楚七國」，麟鳳在五靈中而謂之「麟鳳五靈」也。言七十子莫不通詩、書六經者，而夫子獨以顏子爲好學，則顏子好底之學，似不指通詩、書六經也。然則顏子好底之學，果指何學歟？伊川先生曰：此下乃伊川十八歲時在大學所作顏子所好何學論也。安定得此論，大驚異，稱賞之，召處以學職。學以至乎聖人之道也[一]。「學」字活，下文「學之道」，「學」字亦同。與上文「好學」、「何學」之「學」不同，讀作死字者不可從。陳定宇曰：「聖人之道不是一串意。」饒雙峰曰：「道者，方法之謂，言『學以至乎聖人』底方法也。下文言『學之道』與學之得其道，皆是此意。」又按，「學以至乎聖人之道」八字，即上文一「學」字，此一字已答了發問之大意。聖人可學而至歟？曰：然。學之道如何？曰：天地儲精，得五行之秀者爲人。張儀封曰：「此節先言人爲萬物之靈也。人之一身乃陰陽五行之精英所萃也，是以能通於道而爲聖爲賢。」朱子曰：「儲，儲蓄。精，精氣。」又曰：「天地儲蓄得二氣之精聚，故能生出人物[二]。」今按，「五行之秀」即上文「精」字。其本也真而靜，其未發也五性具焉，曰仁、義、禮、智、信。此言未發之性。朱子曰：「本是本體，真便是不雜人僞，静便是未感。」又曰：「五性便是真，未發時便是静，只是疊説。」葉平巖曰：「曰『真而静』者，謂其天理渾然[三]，寂然不動，而所具之理[四]，其目有是五者。」中村氏曰：「兩『其』字指性。」形既生矣，外物觸其形而動其中矣。上既言静，此説動。外物如聲色、臭味之類是。其中動而七情出焉，上既言性，此説情。曰喜、怒、哀、懼、愛、惡、欲[五]。中村氏曰：「『形既生』只是説人既稟生則有個形體也。此兩段以未發、已發對説，勿泥『形既生』三字，而以上段爲人未生時事，『中』字對形説，是言心而包性。」輔潛庵曰：「古所謂七情，喜、怒、哀、樂、愛、惡、欲也，今程子以『懼』字易『樂』字，蓋嫌喜、樂二者相似而不及於懼也。其義精矣。」陳北溪曰：「愛則心中好之，然未有取之之意；欲則貪意直注於彼，必挐將來矣。」今按，情有四端七情，而此獨以七情言，蓋四端是理之發，七情是氣之發，其發而不中節者最甚，故子思以七情言已發之和，而程子因之歟。情既熾而益蕩，其性鑿矣。熾，火盛也，謂情之偏勝也。蕩，波浪動蕩也，謂情之踰閑也。朱子曰：「性固不可鑿，但人不循此理，任意妄作，去傷了他耳。鑿與孟子所謂鑿一般。」又按，雖情是氣之發，然必有理貫焉。故情蕩則性鑿。是故覺者約其情，使合於中，正其心，養其性；許白雲曰：「『故覺者』以下，方是工夫，緊要只是『約』字。約情合中者，正其心也，正其心者，養其性也，作一串説。下然。又當以致知爲先，故下文曰『必先明諸心，知所往』。下面力行雖是就事上説，其實只是約其情。」朱子曰：「養謂順之而不害。」葉平巖曰：「明覺之士以禮制情，使不失乎中，故能正其心而不流於邪僻，養其性而不至於梏亡。」饒雙峰曰：「約是工夫，中是準則。」愚者則不知制之，縱其情而至於邪僻，梏其性而亡之。縱，約之反。邪僻，流而爲惡也，正心之反。梏，械也。亡，雖有若無。梏亡，養性之反。然學之道，必先明諸心，知所養，一作「往」。○朱子曰：「『往』字爲是，與『行』字相應。」然後力行以求至，所謂「自明而誠」也。朱子曰：「『覺者約其情』云云，『正其心，養其性』，方是大綱說。『學之道，必先明諸心，知所往，然後』云云，便是詳此意。」又曰：「知所往如識路，力行求至如行路。」今按，「自明而誠也」，中庸第二十一章語。中村氏曰：「『自明而誠』，蓋謂先明乎善而後誠其身，只是說爲學之序。」誠之之道，在乎信道篤。信道篤則行之果，行之果則守之固。葉平巖曰：「此因上文言所以『誠之之道』也。」張儀封曰：「真知此道而篤信之，如性命肌膚之不可易，則以聖人爲必可學，而其行乎道者，必果決而不惑，行之果則所以守乎道者，必堅固而不搖。」仁義忠信不離乎心，「造次必於是，顛沛必於是」，出處語默必於是，此言「守之固」也。葉注分貼，不可從。以工夫言，惕齋作效看，誤。「仁義忠信不離乎心」，兼常、變言，造次顛沛以變言，出處語默以常言。朱子曰：「造次，急遽苟且之時。顛沛，傾覆流離之際。」薛方山曰：「造次，對從容看；顛沛，對安常言。」周聘侯曰：「傾覆，死也；流離，亡也。」久而弗失，則「居之安」，「動容周旋中禮」，而邪僻之心無自生矣。張儀封曰：「是其操存之功永久勿失，則始由勉强而終造於自然，能復其性之本然，而情之發無不中節焉。此『誠之之道』，而學聖人工夫極於至精至密者也。」熊氏曰：「舉動、容貌，周旋之間無不合禮，淫邪非僻之念無自而起矣。」故顏子所事，則曰：「非禮勿視，非禮勿聽，非禮勿言，非禮勿動。」仲尼稱之，則曰：「得一善，則拳拳服膺而弗失之矣。」又曰：「不遷怒，不貳過。」「有不善未嘗不知，知之未嘗復行也。」此其好之篤、學之道也〔六〕。此舉顏子事實以證其學之正、好之篤也。「非禮勿視」云云，出論語顏淵篇。「得一善」云云，出中庸第八章。「不遷怒」云云，出論語雍也篇，「有不善」云云，出易下繫辭第五章。朱子曰：「非禮者，己之私也。勿者，禁止之辭。」山崎氏曰：「『非禮者，己之私也』，與前『己謂身之私欲也』貫來解之，乃謂身之非禮，不指外之非禮也。若曰謂邪色、惡聲，則勿視聽與勿言動，語意離矣。感興詩『顏生躬四勿』，謂身勿非禮。」朱子曰：「拳拳，奉持之貌。服，猶著也。膺，胸也。奉持而著之心胸之間，言能守也。」又按，「好之篤」指「仲尼稱之」二條，「學之道」指「四勿」一條。張儀封、惕齋分貼，俱不可從。然聖人則不思而得，不勉而中，顏子則必思而後得，必勉而後中。其與聖人相去一息，所未至者，守之也，非化之也。以其好學之心，假之以年，則不日而化矣。張儀封曰：「此又言聖人、顏子之分，以明顏子所學乃聖人之道。而篇首言『聖人可學而至』者，於此蓋可見也。」又曰：「其與聖人勞逸相去只在一息之間，以其好學之心，日進不已，更加之以年歲之長，涵泳從容，優入聖域，將不日而化其思勉之勞，與聖人爲一矣。則信乎聖人可學而至也。」後人不達，以謂聖本生知，非學可至，而爲學之道遂失。不求諸己而求諸外，以博聞强記、巧文麗辭爲工，榮華其言，鮮有至於道者。則今之學與顏子所好異矣。文集。下同。〇中村氏曰：「明善誠身是求諸己之學，博文强記是求諸外之學，巧文麗辭、榮華其言，抑又末也。工，工夫也。」熊氏曰：「博學於文，强記其語，巧爲文章，飾以葩藻，夸耀言語間，少有求至於聖人之道者。」今按，「後人不達」，謂不悟聖人可學而至之理也。又按，熊氏「工」字做「能」字解，不可從。張儀封曰：「後世聖學失傳，不知於性情上用功，所以去道愈遠，而以聖人爲不可學。徒知以博文强記、巧文麗辭爲工，而自己之性情日就荒廢，縱欲滅理，安得謂之學乎？讀伊川此論亦可以憬然悟矣。」

○横渠先生問於明道先生曰：定性未能不動，猶累於外物，何如？朱子曰：「『定性』字，説得也詫異。此『性』字，是個『心』字意。」今按，定，安也，主心言，包理在内。定性者，猶云將定性也。熊氏曰：「未能無所感，是尚爲外物所牽，如何？」張儀封曰：「張子以定性爲問，其意蓋以性具於心，天理本常定而不搖，今欲使之定而未能不動者，則以吾心之喜怒哀樂接乎外物無窮之變，猶不能不爲所累，而思有道以拒絶之也。」明道先生曰：所謂定者，動亦定，静亦定，無將迎，無内外。苟以外物爲外，牽己而從之，是以己性爲有内外也。且以性爲隨物於外，則當其在外時，何者爲在内？是有意於絶外誘，而不知性之無内外也。既以内外爲二本，則又烏可遽語定哉？朱子曰：「此書在鄠時作，年甚少。」又曰：「是二十三時作。」又曰：「明道意，言不惡事物，亦不逐事物。今人惡則全絶之，逐則又爲物引將去，惟不拒不流，泛應曲當，則善矣。蓋横渠有意於絶外物而定其内。明道意以爲須是内外合一，『動亦定，静亦定』，則應物之際，自然不累於物。苟只静時能定，則動時恐却被物誘去矣。」又曰：「大抵不可以在内者爲是而在外者爲非，只得隨理順應。」又曰：「當應便應，有許多分數來，便有許多分數應，這裏自定。」又曰：「萬物各有當止之所，知得則此心自不爲物動。」葉平巖曰：「所謂定性者，非一定而不應也。」今按，「動亦定」，達道之行也；「静亦定」，大本之立也。葉注以「敬而無失」解「静亦定」，不可從。熊氏曰：「將，送也。」張儀封曰：「事之既應，不隨物而往，事之未至，不先物而動，則『無將迎』矣。」又按，「無内外」，謂在内而應外，非出外而應也。言心之爲物，「無將迎，無内外」，不可以應外爲非也。葉、張二説俱誤。又按，「苟以外物牽己而從之」，言若以外物在外而心應之，爲心出而隨物於外，則是以己心爲有内外也，而可乎？熊氏曰：「若以性爲隨所應於物而在外，如是則方其逐物在外之時，在内已無此性矣。蓋有意於絶外物之誘，而不知性本無内外之分也。」又按，性本無内外而爲有内外，則是不知性之體段而以爲二本也。既不知性之體段，則烏能定性，豈遽足語定哉？葉注誤。

張儀封從之，不是。「二本」，謂不一也。「内外」，以性言，張儀封以外爲物，誤矣。夫天地之常，以其心普萬物而無心；聖人之常，以其情順萬事而無情。故君子之學，莫若廓然而大公[七]，物來而順應。黄勉齋曰：「是第二段。此書大意不過此七句而已。」葉平巖曰：「常，常理也。天地之心，運用主宰者是也，然而普徧萬物，實未嘗有心焉。聖人之情，應酬發動者是也，然而隨順萬事，亦未嘗容情焉。故君子之學，廓然大公，何嫌於外物？物來順應，何往而不定哉！」張儀封曰：「『廓然而大公』者，寂然不動，其體無私也。『物來而順應』者，感而遂通，其用不滯也。蓋惟大公，則萬物之理静涵於吾心；惟順應，則吾心之理動周乎萬物。内外動静皆一理之本然，而性定矣。」朱子曰：「『君子之學，莫如擴然而大公[八]，物來而順應』，自後許多説話，都只是此二句意。『艮其背，不獲其身；行其庭，不見其人』，此是説『擴然大公』。孟子曰『所惡於智者，爲其鑿也』，此是説『物來而順應』。『第能於怒時遽忘其怒，而觀理之是非』，『遽忘其怒』是應『廓然而大公』，『而觀理之是非』是應『物來而順應』，這須子細去看，方始得。」又曰：「『擴然大公』，只是除却私意，事物之來，順他道理應之。」精里先生曰：「以工夫言。」今按，無心，無私心也。無情，無私情也。廓，大也，空也。易曰：「貞吉，悔亡。憧憧往來，朋從爾思。」苟規規於外誘之除，將見滅於東而生於西也。非惟日之不足，顧其端無窮，不可得而除也。黄勉齋曰：「自『易曰貞吉悔亡』至『而除也』，是三段。此乃引易以結上段之意。」葉平巖曰：「咸卦九四爻辭。」胡雲峰曰：「貞者，正而固也。」蔡虚齋曰：「是一正一反説。」又曰：「正而固者，應事接物一視其理之當然，愛憎取舍一以至公而無私。」齊節初曰：「憧憧，動心之貌。」程子曰：「若往來憧憧然，用其私心以感物，則思之所及者，有能感而動，所不及者，不能感也。是其朋類，則從其思也。」今按，貞是「廓然大公」，吉。悔亡，物來順應。「憧憧往來」，大公之反。「朋從爾思」，順應之反。此以私感，彼以私應，故曰「憧憧往來」。中村氏曰：「規規，拘局意。」又按，苟不廓然大公，事事外誘之除，則非惟日力之不足，且其端緒無窮盡，亦有不可得而除滅者矣。人之情各有所蔽，故不能適道，大率患在於自私而用智。自私則不能以有爲爲應迹，用智則不能以明覺爲自然。今以惡外物之心，而求照無物之地，是反鑑而索照也。黄勉齋曰：「是第四段。只是與前二段意相反。」張儀封曰：「此推原人情之受患，所以不能大公順應之故也。」今按，「不能適道」，謂不能大公順應也。「而」字，葉注作「與」字解，是。自私，專欲利己而不及於人也，以心言；用智，不能行所無事而以私智穿鑿也，以事言。有爲，身之接事物也；明覺，知之照道理也。互文也。朱子曰：「常人之私意與佛之自私，皆一私也，但非是專指佛之自私言耳。」又曰：「此是程子因横渠病處箴之。」又曰：「應迹謂應事物之迹也。」又按，「不能以有爲爲應迹」而爲之，所以不能大公也；「不能以明覺爲自然」而循之，所以不能順應也。中村氏曰：「『反鑑而索照』，出夏侯湛抵疑。」葉知道曰：「『今以惡外物之心，求照無物之地，猶反鑑而索照也』，亦是説絶外物而求定之意。」朱子曰：「然。」又按，反，覆也。「反鑑」，喻惡物。「索照」，喻求定。言心本應物之物，故求其定，絶物不應，何用定之，而猶求其定也。猶鑑本照面之物，故求其明，反之不照，何用明之，而猶欲其明也。平巖、儀封、貝原、中村諸説俱誤。易曰：「艮其背，不獲其身；行其庭，不見其人。」孟氏亦曰：「所惡於智者，爲其鑿也。」與其非外而是内，不若内外之兩忘也。兩忘則澄然無事矣。無事則定，定則明，明則尚何應物之爲累哉！黄勉齋曰：「是第五段。亦引易以結上文。」今按，「易曰」，艮卦彖辭。「孟氏曰」，出離婁下篇。朱子曰：「『不獲其身』、『不見其人』，此説『廓然而大公』；『所惡於智，爲其鑿也』，此説『物來而順應』。」程子曰：「所見者在前，而背乃背之，是所不見也。『行其庭，不見其人』，庭除之間至近也，在背則雖至近不見。」朱子曰：「『艮其背』一句是腦。」又曰：「『不獲其身，行其庭，不見其人』，不見有物，不見有我，只見所當止也。」蔡虚齋曰：「所當止者，理也。唯有理而已，何有於我，何有於人。」張泰嶽曰：「穿鑿乃不循正理，别生意見的意思。」吳因之曰：「事物之理渾渾淪淪，無處可容我私智，今乃妄生意見，如一物渾淪，從而鑿破之也。」熊氏曰：「與其以外爲非，以内爲是，何似無内外之别而忘却耶？内外兩忘，則此心之清，自然無事，無事則自然定，心既定則自然明照，能明照則物來能應，何足累之？」聖人之喜，以物之當喜；聖人之怒，以物之當怒。是聖人之喜怒，不繫於心而繫於物也。是則聖人豈不應於物哉？烏得以從外者爲非，而更求在内者爲是也？今以自私用智之喜怒，而視聖人喜怒之正爲如何哉？黃勉齋曰：「是第六段。」今按，此段言人之喜怒有正、不正，而其正者則能順應也。聖人之喜怒，喜怒之正也；自私、用智之喜怒，喜怒之不正也。張儀封曰：「聖人之心未嘗先有喜也，以物之當喜則喜之，聖人之心未嘗先有怒也，以物之當怒則怒之，是聖人之喜怒不係於心而係於物也。不係於心則心如明鑑之空，是大公也；係於物則物至妍媸自照，是順應也。是則聖人豈厭動求静，以外物爲累，而不應乎物哉？烏得以從外應物者爲非，而更求在内無物者爲是也。」葉平巖曰：「以自私、用智之喜怒，其視聖人之喜怒，一循乎天理之正者，豈不大相戾哉？」夫人之情，易發而難制者，惟怒爲甚。第能於怒時遽忘其怒，而觀理之是非，亦可見外誘之不足惡，而於道亦思過半矣。黃勉齋曰：「是第七段。未嘗無怒，而觀理是非，則未至於聖人，而於道思過半矣。」朱子曰：「『第能於怒時遽忘其怒，而觀理之是非』，一篇著力緊要只在此一句。『遽忘其怒』便是廓然大公，『觀理之是非』便是物來順應。」又曰：「二者所以爲自反而去蔽之方也。」今按，如此則未能得喜怒之正者，亦能得喜怒之正，而可順應也。吳臨川曰：「所思已得十分之五六矣。」張儀封曰：「學者須知得道理分明，凡事不著一毫私意，只是順理而行，故不遂乎事物，亦不惡乎事物，不流不拒，而性所以定也。若逐事物，則衆人之徇欲也。惡事物，則異端之虚寂也。惟擴然大公、物來順應，則無内外動静之殊，乃爲大中至正之道。聖賢之所以爲聖賢者，如此而已矣。學者可不勉哉？」

○伊川先生答朱長文書曰：聖賢之言，不得已也。蓋有是言則是理明，無是言則天下之理有闕焉。如彼耒耜陶冶之器，一不制則生人之道有不足矣。聖賢之言雖欲已，得乎？然其包涵盡天下之理，亦甚約也。葉平巖曰：「耒之首爲耜，耜之柄爲耒。範土曰陶，鑄金曰冶。聖人之言本非得已也。蓋將發明天理，以覺斯民，猶民生日用之具不可闕也。然其言寡而理無不該，亦不以多言爲貴也[九]。」今按，包，包容也，一曰裹也。涵，容也。後之人始執卷，則以文章爲先，平生所爲，動多於聖人。然有之無所補，無之靡所闕，乃無用之贅言也。不止贅而已，既不得其要，則離真失正，反害於道必矣。貝原氏曰：「『平生所爲』，以作爲文章言。」今按，贅，贅疣也。贅言，謂不當有之言，猶人身之有肬贅也。熊氏曰：「言不本於道則失其要，未免流於邪僞，反害於正理矣。」來書所謂欲使後人見其不忘乎善，此乃世人之私心也。夫子「疾没世而名不稱焉」者，疾没身無善可稱云爾，非謂疾無名也。名者可以厲中人，君子所存，非所汲汲。熊氏曰：「夫子嫌終世而名不見稱於人者，是嫌没身無爲善之名可稱道。非是病無聲名之名也。」今按，汲汲，趨求貌，言君子胸中所存不汲汲於名也。

○内積忠信，「所以進德也」；擇言篤志，「所以居業也」。朱子曰：「『積』字説得好，見得積在此而未見於事之意。」又曰：「『内積忠信』是實心，『擇言篤志』是實事。擇言是脩辭，篤志是立誠。」又曰：「進者，日新而不已。」又曰：「居是常常守得，常常做去。」又曰：「德是就心上説，業是就事上説。」又曰：「若口不擇言，逢事便説，只這忠信亦被汩没動盪[一〇]，立不住了。」問：「何故獨説辭？得非只舉一事而言否？」朱子曰：「然也。是言處多，言是那發出來處，人多是將言語做没緊要，容易説出來。若一一要實，這工夫自大〔一二〕。」「知至至之」，致知也。求知所至而後至之，知之在先，故「可與幾」，所謂「始條理者，智之事也〔一三〕」。熊氏曰：「『至』謂至善之地，知其爲至善而至之，致知之功也。」朱子曰：「『知至至之』，以『知至』爲重，而『至之』二字爲輕。」又曰：「『至』是要到那處而未到之辭。」又曰：「未做到那裏，先知得如此，所以説『可與幾』。」又曰：「言此心所知者，心真個到那所知田地，雖行未到而心已到，故其精微幾密一齊在此，故曰『可與幾』。」又曰：「『可與幾』、『可與存義』，是旁人説，如『可與立』、『可與權』之『可與』同。」又曰：「條理，猶言脉絡，指衆音而言也。」今按，「知至至之，可與幾也；知終終之，可與存義也」，乾卦文言語。「始條理者，智之事也；終條理者，聖之事也」，孟子萬章下篇語。「始條理」爲樂之始，衆音無所不備也，借用爲知無不盡之義。蔡虚齋曰：「『智』與『聖』是『知』、『行』之已成名目。」「知終終之」，力行也。既知所終，則力進而終之，守之在後，故「可與存義」，所謂「終條理者，聖之事也」。此學之始終也。易傳。下同。○熊氏曰：「『終』即至善之盡處，知所終，盡力以終之，力行之功也。」朱子曰：「『知終終之』，以『知終』爲輕，而『終之』二字爲重。」又曰：「『知終終之』者，既知到極處，便力行進到極處，此真實見於行事，故天下義理都無走失，故曰『可與存義』。」又曰：「義是那『業』上底道理。」今按，此章明凡人之爲學，有知行前後之序，而當有實心而下實功也。

○君子主敬以直其内，守義以方其外。敬立而内直，義形而外方。義形於外，非在外也。蔡虚齋曰：「『敬』、『義』是工夫字目，『直』、『方』是成效字目。」朱子曰：「敬以直内是持守工夫，義以方外是講學工夫。」又曰：「直是直上直下，胸中無纖毫委曲。方是割截方整之意。」今按，「義」字是義理之義，曰「守」、曰「形」可見。語類謂「心頭斷事底」，恐不可從。敬義既立，其德盛矣，不期大而大矣，「德不孤」也。無所用而不周，無所施而不利，孰爲疑乎？敬、義交養則内直外方，其德自然盛大也。「德不孤」，坤卦文言語。「用」就己身言，「施」就及於物言。饒雙峰曰：「體用全備，无適不宜，其於行事坦然无所疑惑。」又按，張儀封「疑」字就人説，誤。

○動以天爲无妄，動以人欲則妄矣。无妄之義大矣哉！天，天理也。程子曰：「无妄者，至誠也。」又曰：「凡贊之者，欲人知其義之大，玩而識之也。」葉平巖曰：「妄，邪僞也。」又按，明其不可不无妄也。雖無邪心，苟不合正理，則妄也，乃邪心也。既已无妄，不宜有往，往則妄也。故无妄之彖曰：「其匪正有眚，不利有攸往。」朱子曰：「有人自是其心全无邪，而却不合於正理，如賢智者過之，他其心豈曾有邪？却不合正理。佛氏亦豈有邪心者！」又曰：「如鬻拳强諫之類是也。」葉平巖曰：「事至於无妄，則得所止矣，不宜有往，往乃過也。」程子曰：「故有匪正則爲過眚。」

○人蘊蓄〔一三〕，由學而大，蘊，積也，聚也。蓄，積也。言人之蘊蓄其德，由學問而極其大。在多聞前古聖賢之言與行。考迹以觀其用，察言以求其心，識而得之，以蓄成其德。言人之爲學，當觀聖賢之用，求聖賢之心，以識而得之，所以蓄成其德。迹即行也。精里先生曰：「識，當讀音『志』。」

○咸之象曰：「君子以虛受人。」傳曰：中無私主，則無感不通。以量而容之，擇合而受之，非聖人有感必通之道也。程子曰：「君子觀山澤通氣之象，而虛其中以受於人。夫人中虛則能受，實則不能入矣。」蔡虛齋曰：「山上有澤，則是以澤之潤而感乎山，以山之虛而受其感，咸之象也。君子體之，則虛其中，以受人之感焉。夫人之心不虛則先入者爲主，而感應之機窒矣。雖有至者，皆捍而不受矣。」又曰：「或以事感，或以言感。唯其虛中，則人之以言感者，吾有以納其言而酌其是非；人之以事感者，吾有以承其事而裁其當否。」朱子曰：「只是克去己私，便心無私主。若心有私主，只是相契者應，不相契者則不應。如好讀書人，見書便愛；不好讀書人，見書便不愛。」葉平巖曰：「若夫有量則必有限，有合則必有不合也。此非聖人感通之道也。」其九四曰：「貞吉，悔亡，憧憧往來，朋從爾思。」朱子曰：「『往來』固是感應，『憧憧』是一心方欲感他，一心又欲他來應。如正其義，便欲謀其利；明其道，便欲計其功。又如赤子入井之時，此心方怵惕要去救他，又欲他父母道我好，這便是憧憧底病。」又曰：「若『憧憧往來』，不能正固而累於私感，則但其朋類從之，不復能及遠矣。」傳曰：感者人之動也，故咸皆就人身取象。四當心位而不言「咸其心」，感乃心也。感之道無所不通，有所私係則害於感通，所謂悔也。聖人感天下之心，如寒暑雨暘，無不通、無不應者，亦貞而已矣。貞者，虛中無我之謂也。葉平巖曰：「咸卦取象人身，初爲拇，二爲腓，三爲股，五爲脢，上爲輔頰舌。四當心位而不言心者，感者必以心也。」朱子曰：「心無私主，如天地一般，寒則偏天下皆寒，熱則偏天下皆熱，便是有感通。」今按，暘，日出也。熊氏曰：「亦無所私係，得感之正而已。」若往來憧憧然，用其私心以感物，則思之所及者有能感而動，所不及者不能感也。以有係之私心，既主於一隅一事，豈能廓然無所不通乎？熊氏曰：「以有所牽繫之私心，既主於一偏一件事，又安能廓然大公，無所不感通乎？」葉平巖曰：「象取山澤通氣之義，謂虛中以受人之感。爻取四爲感之主，謂虚中以感人也。」

○君子之遇艱阻，必自省於身，有失而致之乎？艱，險也。阻，隔也。時方艱難，不可進之義。張儀封曰：「險阻之遇，人之所不能無者，惟君子一當其來，必反而内省，恐吾身之或有失，有以致之而然也。」今按，熊氏謂失險難之道，不是。有所未善則改之，無歉於心則加勉，乃自脩其德也。葉平巖曰：「此教人以處險難之道，自省其身而有不善，則當速改，不可以怠而廢，苟無愧焉，則益當自勉，不可以阻而廢[一四]。君子反躬之學，雖遇艱阻，亦莫非進德之地。」

○非明則動無所之，非動則明無所用。葉平巖曰：「知行相需，不可偏廢。」朱子曰：「徒行不明，則行无所向，冥行而已；徒明不行，則明无所用，空明而已。」

○習，重習也。時復思繹，浹洽於中，則説也。熊氏曰：「習而又習曰重習。」今按，「時」字，時或之義。馮厚齋作「時時」解，不可從。吴氏曰：「繹，抽絲也，思者如之。」朱子曰：「『浹洽』二字有深意，如浸物於水，水若未入，只是外面濕，内面依然乾，必浸之久，則透裏皆濕。習熟而説，脉絡貫通，程子所謂浹洽是也。」又曰：「説是感於外而發於中，樂則充於中而溢於外。」又按，中，以心言。陳定宇曰：「以知言。」以善及人，而信從者衆，故可樂也。朱子曰：「『信從者衆』，足以驗己之有得，然己既有得，何待人之信從，始爲可樂？須知己之有得，亦欲人之皆得[一五]。然信從者但一二，亦未能愜吾之意，至於信從者衆，豈不可樂[一六]？」今按，「及」字是不用力。雖樂於及人，「不見是而無悶」，乃所謂君子。經說。下同。○陳定宇曰：「『不見是而無悶』，出易乾卦文言。」今按，悶，心鬱也。以善及人，固是君子，然至「不見是而無悶」，其爲君子愈可見矣。故曰「所謂君子」。

○「古之學者爲己」，欲得之於己也。「古之學者爲己，今之學者爲人」，出論語憲問篇。「之」字指道，欲得道於己則爲君子也。「今之學者爲人」，欲見知於人也。欲其名聲之見知於人也。

○伊川先生謂方道輔曰：聖人之道，坦如大路，學者病不得其門耳。得其門，無遠之不到也[一七]。求入其門，不由於經乎？葉平巖曰：「方元寀，字道輔。」今按，所謂道者，日用當行之理，其平坦如大路，言不難知病患也。張儀封曰：「聖人之道寄於六經，學者欲入其門，自當以窮經爲要。」今之治經者亦衆矣，然而買櫝還珠之蔽，人人皆是。經所以載道也，誦其言辭，解其訓詁，而不及道，乃無用之糟粕耳。言窮經之蔽以爲戒。櫝，匱也，所以藏珠者。「買櫝還珠」，出韓非子，引以爲捨有用取無用之喻。是，猶然也。兩「其」字指經。訓，道說文義。詁，今古異言，通之使人知。糟粕，酒滓也。覬足下由經以求道，勉之又勉，異日見卓爾有立於前，然後不知手之舞、足之蹈，不加勉而不能自止矣。手帖。○覬，希望也。足下，儕輩相稱之稱。朱子曰：「卓爾，立貌。」葉平巖曰：「用力既久，所見益爲親切，如有卓然而立於前者，則中心喜樂，自然欲罷不能矣。」

○明道先生曰：「脩辭立其誠」，不可不子細理會。言能脩省言辭，便是要立誠。若只是脩飾言辭爲心，只是爲僞也。朱子曰：「季明是橫渠門人，祖橫渠脩辭之説，以立言傳後爲修辭，是爲居業。明道與説易上修辭不恁地。修辭，只是如『非禮勿言』。」熊氏曰：「脩省言辭以立在己之實德，不可不細求之。」若脩其言辭，正爲立己之誠意，乃是體當自家「敬以直内、義以方外」之實事。誠意，猶實意，與大學所謂不同。言若脩省其言辭，正爲不失己之實意，則乃是爲學之實功也。葉氏説不可從。孔子本就爲學工夫中偶舉脩辭一事，故曰體當敬義實事。體當，「體」，「體道」之「體」；「當」，「當仁」之「當」，猶言理會。道之浩浩，何處下手？惟立誠，纔有可居之處。有可居之處，則可以脩業也。浩是多、大之義。浩浩，言無所不在也。下手，始用工夫也。誠，實心也。朱子云：「居，只管日日恁地做。言己之實心既立，則其業之所就，日以廣大。」「終日乾乾」，大小大事，却只是「忠信所以進德」爲實下手處，「脩辭立其誠」爲實脩業處。遺書。下同。○「終日乾乾」，乾九三爻辭，是體當「天行健」，可謂至大之事矣。然只是有實心而下實功，庶乎可得之。

○伊川先生曰：志道懇切，固是誠意。若迫切不中理，則反爲不誠。蓋實理中自有緩急，不容如是之迫。觀天地之化乃可知。懇，誠也。切，不泛也。誠意，實心也。迫切，急也。張儀封曰：「迫切而不中理，則反爲私心而不誠矣。」中村氏曰：「實理指自然之理。」熊氏曰：「真實之理不容驟到，其間自有緩有急。」葉平巖曰：「如春生、夏長、秋成、冬實，固不容一息之間斷，亦不能一日而遽就也。」

○孟子才高，學之無可依據。言孟子天資超邁，且其爲學之功不可見也，故欲學之，則無依憑處。當學顔子[一八]，入聖人爲近，有用力處。言顔子天資未嘗不超邁，然爲學之功今猶可見也，故當學之。精里先生曰：「『用力處』就學者言，就顔子言不是。」又曰：學者要學得不錯，須是學顔子。錯，誤也。有準的。準，揆平取正之器，借爲法則。的，射質也，借爲趨向。又按，「用力處」及「有準的」指博文約禮之屬。

○明道先生曰：且省外事，但明乎善，惟進誠心，其文章雖不中，不遠矣。所守不約，泛濫無功。且，始然也。省，簡少也。「外事」即下「文章」是也。朱子曰：「外事所可省者即省之，所不可省者亦强省不得。善只是那每事之至理，文章是威儀制度。『所守不約』、『泛濫無功』説得極切。這般處，只管將來玩味，則道理自然都見。」又曰：「善才明，誠心便進。」又曰：「是且理會自己切己處[一九]，明善了，又更須看自家進誠心與未。」又曰：「這般次第，是吕與叔自關中來初見二程時説話，蓋横渠多教人禮文制度之事，他學者只管用心，不近裏，故以此説教之。然只可施之與叔諸人，若與龜山言，便不著地頭了。」又按，約，要也。泛濫，水旁溢也，借爲約之反。功，功效。

○學者識得仁體，實有諸己，只要義理栽培。如求經義，皆栽培之意。朱子曰：「『識得』與『實有』須做兩句看。識得是知之也，實有是得之也。若識得，只是知有此物，却須實有諸己，方是己物也。」精里先生曰：「體，體段，非本體。言識得、實有，而後當博求義理以栽培之也。」今按，葉注做一句，不可從。實有，體驗也。栽，猶殖也。培，壅也，借爲養成之義。

○昔受學於周茂叔，每令尋顏子、仲尼樂處，所樂何事。顏子不改其樂，出論語雍也篇。仲尼樂在其中，出述而篇。「樂處」，以地位言。「所樂何事」，言所以樂者，由乎何事也。

○所見所期不可不遠且大，然行之亦須量力有漸。志大心勞，力小任重，恐終敗事。「所見」以識言，「所期」以志言。遠大，「言學以道爲志，言人以聖爲志」之類是也。「行」字以工夫言。「志大心勞、力小任重」，皆不量力之蔽。

○朋友講習，更莫如「相觀而善」工夫多。熊氏曰：「朋友相處，非獨講辨之功，不如薰陶漸染，得於觀感，自然進益，其工夫尤多也。」今按，「相觀而善之謂摩」，出禮學記。講習以知言，相觀而善以行言。吳臨川曰：「相觀謂甲觀乙，乙觀甲，此有未善，觀彼所善而效之，則此亦善矣。」

○須是大其心使開闊，譬如爲九層之臺，須大做脚方得〔二〇〕。言學問大業也，非心小者所可爲也。層，級也。四方而高曰臺。熊氏曰：「正猶作臺，高及九層，大作基地〔二一〕，則能乘載九層。」

○明道先生曰：自「舜發於畎畝之中」至「孫叔敖舉於海」，若要熟，也須從這裏過。孟子告子下篇曰：「舜發於畎畝之中，傅説舉於版築之間，膠鬲舉於魚鹽之中，管夷吾舉於士，孫叔敖舉於海，百里奚舉於市。」今按，本文偶止孫叔敖，百里奚亦在其中。「發」字，注以「登庸」二字貼之，則謂起發，是。朱子曰：「孫叔敖隱處海濱，楚莊王舉之爲令尹。」陳潛室曰：「熟謂義理與自家相便習，如履吾室中。」貝原氏曰：「『這裏』者，言處困苦而歷世變多也，如此數人之所履歷是也。」

○參也，竟以魯得之。朱子曰：「魯，鈍也。」輔潛庵曰：「鈍謂遲鈍，凡事不能便明了，須用工夫乃透。」李岱雲曰：「『竟』字有意，今人只是贊他魯，非聖人本旨。」

○明道先生以記誦博識爲「玩物喪志」。玩，弄也。物，異物也。志，守道之志也。葉平巖曰：「苟徒務記誦爲博，則書也者，亦外物而已，故曰『玩物喪志』。」朱子曰：「蓋爲其意不是理會道理，只是誇多鬥靡爲能，若明道看史不蹉一字，則意思自别，此正爲己、爲人之分。」

時以經語録作一册。中村氏曰：「『時以經語録爲一册』，此一句或謝氏所自注，而鄭轂説則後人所附（或朱子校正遺書時附之）。胡安國説，朱子輯近思録時又附之也。」鄭轂云：嘗見顯道先生云：「某從洛中學時，録古人善行，别作一册。明道先生見之曰：『是玩物喪志。』蓋言心中不宜容絲髮事。」朱子曰：「謝學士，名良佐，字顯道，上蔡人，與游察院、楊文靖同時受學。」今按，見，猶聞也。「絲髮事」，以不宜有者言。

胡安國云：謝先生初以記問爲學，自負該博，對明道舉史書成篇，不遺一字。明道曰：「賢却記得許多，可謂玩物喪志」。謝聞此語，汗流浹背，面發赤。及看明道讀史，又却逐行看過，不蹉一字。謝甚不服，後來省悟，却將此事做話頭，接引博學之士。遺，失也。蹉，「蹉跌」之「蹉」，越也。話頭，猶言話端也。接引，指導也。

○禮樂只在進反之間，便得性情之正。以上並明道語。○朱子曰：「須當著力向前去做，便是進。須當有個節制，和而不流，便是反。」張儀封曰：「進反之間，其所以節其太過、文其不及者，已得性情之正焉。」

○父子君臣，天下之定理，無所逃於天地之間。安得天分，不有私心，則行一不義，殺一不辜，有所不爲。有分毫私，便不是王者事。「無所逃於天地之間」，言所適而不容廢也。朱子曰：「天分即天理也。」又按，言所謂「行一不義，殺一不辜，有所不爲」者，而即王道也。若夫不然，有分毫私心，則霸道也。不專就人君言。

○論性不論氣，不備；論氣不論性，不明。二之則不是。朱子曰：「孟子之言性善者，前聖所未發也，而此言者，又孟子所未發也。」又曰：「『論氣不論性』，荀子言性惡，揚子言善惡混是也。『論性不論氣』，孟子言性善是也。」陳北溪曰：「只論大本而不及氣禀，則所論有欠闕未備；若只論氣禀而不及大本，便只説得粗底，而道理全然不明。」陳定宇曰：「須是論性兼論氣，不判而二之，方是。」

○論學便要明理，論治便須識體。朱子曰：「是個大體有格局當做處，如作州縣，便合治告訐、除盜賊、勸農桑、抑末作；如朝廷，便須開言路、通下情、消朋黨；如爲大吏，便須求賢才、去贓吏、除暴斂、均力役。這個都是定底格局，合當如此做。」又曰：「只怕人傷了那大體，如大事不曾做得，却以小事爲當，急便害了那大體。」葉平巖曰：「論學而不明理，則徒事乎詞章記誦之末，未爲知學也；論治而不識其體，則徒講乎制度文爲之末，未爲知治也。」

○曾點、漆雕開已見大意，故聖人與之。黄勉齋曰：「大意即是大體，他是見得這大體恁地了，便是有一二節目處未盡得，譬如白盤中一點黑，黑盤中一點白，不是全盤不是。」今按，開見得道之無所不在，故說「吾斯之未能信」。點亦見得道之無所不在，故其言志即其所居之位，樂其日用之常，初無舍己爲人之意，是「見大意」也。夫子於開則說其篤志，於點則歎息而深許之，是「聖人與之」也。皇氏曰：「『吾與點』，言我志與點同也。」又按，吴伯章謂：「有見乎意思之大也。」胡斐才謂：「大意者，日用事物當然之理。」俱誤。

○根本須是先培壅，然後可立趨向也。趨向既正，所造淺深則由勉與不勉也。朱子曰：「先只是從實上培壅一個根脚，却學文做工夫去。」又曰：「涵養持敬，便是栽培。」熊氏曰：「趨向既出於正，所造或淺或深，則在於勉與不能勉，又勉勉而不已，乃能深造也。」今按，根本指心，趨向指志。

○敬義夾持，直上「達天德」自此。朱子曰：「最是他下得『夾持』兩字好。敬主乎中，義防乎外，二者相夾持，要放下霎時也不得，只得直上去，故便『達天德』。」又曰：「表裏夾持，更無東西走作去處，上面只更有個天德。」又曰：「內外夾持，如有人在裏面把住，一人在門外把持，不由他不上去。」又曰：「『直上』者，無許多人欲牽惹也。」精里先生曰：「『持』字句。」程勿齋曰：「至誠無息，與天爲一，是曰天德。」

○懈意一生，便是自棄自暴。熊氏曰：「『懈』字從『心』從『解』，言心有所解弛。懈者，懈怠而不進於善，與暴棄則一也。」今按，懈意生則不能進於善，故與言非禮義者一般。貝原氏謂「因于不嗜義理」，誤。

○不學便老而衰。中村氏曰：「無學者血氣爲主，故非貪得則誖眊。」今按，「衰」字以行言。

○人之學不進，只是不勇。熊氏曰：「人之爲學不能加進，只是志氣之不勇。」今按，勇謂勇猛直前也。

○學者爲氣所勝，習所奪，只可責志。凡爲學者，爲氣質所勝，習俗所奪，不能勇猛直前去者，皆是志之不立也。故當責志，若志一立，則氣習不能奪也。

○內重則可以勝外之輕，得深則可以見誘之小。葉平巖曰：「道義重則外物輕，造理深則嗜欲微。」

〇董仲舒謂：「正其義，不謀其利，明其道，不計其功。」陳天台曰：「仲舒，漢廣川人。」朱子曰：「道是大綱説，義是就一事上説，義是道中之細分别，功是就道中做得功效出來。」今按，利是義中之利，如「臨之以莊則敬，孝慈則忠」之類是也。胡斐才曰：「計者，尋討也，較量也。」中村氏曰：「義本自正，正之，只整正而不使邪曲也。道本自明，明之，只是揭明而不使闇昧也〔二三〕。」

〇孫思邈曰：「膽欲大而心欲小，智欲圓而行欲方。」可以爲法矣。葉平巖曰：「思邈，隋唐間人。」朱子曰：「膽大是『千萬人吾往』處，天下萬物不足以動其心，『貧賤不能移，威武不能屈』，皆是膽大。心小，是畏敬之謂，文王『小心翼翼』，曾子『戰戰兢兢』，臨深履薄是也。」又曰：「須是知得是非，方謂之智，不然便是不智。」薛敬軒曰：「膽大，見義勇爲。」今按，膽，肝之府也。又按，淮南子又有「志欲大」之語，志主趨向，膽主決斷，「志」字本不若「膽」字之切也。故程子捨彼取此也。升庵不知，却謂有病，何也。惕齋從之，誤。熊氏曰：「智圓則通而不滯，行方則正而不流，即此可以爲心身之法。」

〇大抵學不言而自得者，乃自得也。有安排布置者，皆非自得也。不言，默也。自得，自然而得之也。人之爲學，潛心積慮，緩緩養將去，自然透熟而默識心通者，乃真自得也。安排布置，著意强求也。雖有所得，皆非自得也。

〇視聽、思慮、動作，皆天也。人但於其中要識得真與妄爾。朱子曰：「『皆天也』，言視聽、思慮、動作皆是天理，其順發出來，無非當然之理，即所謂真。其妄者，却是反乎天理者也。雖是妄，亦無非天理，只是發得不當地頭，如『善固性也，惡亦不可不謂之性』之意。」葉平巖曰：「皆天理自然而不容已者。」今按，張儀封謂「無非天理之所存」，誤。

○明道先生曰：學只要鞭辟近裏著己而已。朱子曰：「鞭辟是洛中語，一處説作『鞭約』，大抵是要鞭督向裏去。」又曰：「辟如驅辟一般。」許白雲曰：「『辟』音『闢』，開也。鞭開，如前驅攔開人向前，自兩旁視之，則爲近裏。」葉平巖曰：「『鞭辟近裏著己』者，切己之謂也。」林次崖曰：「凡人爲學，多務外不著己，故要鞭辟使近裏著己也。」故「切問而近思」，則「仁在其中矣」。「言忠信，行篤敬，雖蠻貊之邦行矣。言不忠信，行不篤敬，雖州里行乎哉？立則見其參於前也，在輿則見其倚於衡也，夫然後行。」只此是學。胡期僊曰：「切問，咨問皆切身心。近思，思不入玄虛。」今按，切問，問之切也。近思，思之近也。真氏説誤。朱子曰：「從事於此，則心不外馳，而所存自熟，故曰『仁在其中』。」又按，「心不外馳」，謂這心不汎濫走作也。「所存自熟」，謂心之所存自然純熟也。孫潛村曰：「非謂已到熟的地位也，言自可漸進於熟耳。」又按，「忠信」皆貼「言」説，即「言而有信」之「信」，雙峰以事言，非。饒雙峰曰：「凡事詳審不輕發，是篤底意思。戒謹恐懼，惟恐失之，是敬底意思。」又按，此説極確，諸家議之者却非。中村氏曰：「忠就貫在信裏，篤就貫在敬裏。」朱子曰：「蠻，南蠻。貊，北狄。二千五百家爲州。其者，指忠信篤敬而言。參，讀如『毋往參焉』之『參』，言與我相參也。衡，軛也。」蔡虛齋曰：「行舉其遠，見其無處不可行也；不行舉其近，見其無處而可行也。」盧未人曰：「立，謂站立。在輿，謂行道在車上。」皇氏曰：「倚，猶憑依也。」胡期僊曰：「『然後』見行不易意。」林次崖曰：「曰立，曰在輿，亦即兩事以示例耳。自此推之，出入、起居、動静、語默，無不然也。」又曰：「即『此是學』者，『此』指博學篤志至參前倚衡，皆鞭辟近裏著己也。故曰『是學』，言此是正當學問也。」又按，博學篤志是致知之鞭辟近裏著己也，參前倚衡是力行之鞭辟近裏著己也。中村氏曰：「按，程子以『參』、『倚』爲工夫。」質美者明得盡，查滓便渾化，却與天地同體。其次惟莊敬持養，及其至則一也。輔潛庵曰：「質美，謂氣質之純厚清明者。」胡斐才曰：「質美者見得透徹，而於此等工夫一時俱盡得。」朱子曰：「『明得盡』者，一見便都明了，更無查滓。其次惟是莊敬持養，以消去其查滓而已。」又曰：「天地同體處是義理之精英，查滓是私意人欲之未消者，人與天地本一體，只緣查滓未去，所以有間隔，若無查滓，便與天地同體。」胡桐原曰：「天資高則知之即能行之，而私意無所容也。『莊敬持養』者，莊主容，敬主心，内外交致其力，必常常操守以涵養之，然後可以致私意之消釋。」今按，「渾」與「混」通，水雜流也。胡氏「却」字句，恐未是。又按，博學至倚衡工夫，專爲「其次」言之。

○「忠信所以進德」，「脩辭立其誠，所以居業」者，乾道也。「忠信」至「居業」，易乾卦文言文，說見第六章。乾道謂剛健底人爲學方法也，如答顏淵問仁之類。「敬以直内，義以方外」者，坤道也。「敬以」至「方外」，坤卦文言文，說見第七章。坤道謂柔順底人爲學方法也，如答仲弓問仁之類。

○凡人才學，便須知著力處。「著力處」謂功夫，知之則有入道之端。既學，便須知得力處。「得力處」謂功效，知之則有造道之實。

○有人治園圃，役知力甚勞。園，所以樹果也。種菜曰圃。役，使也。先生曰：蠱之象：「君子以振民育德。」程子曰：「山下有風，風遇山而回，則物皆散亂，故爲有事之象。君子觀有事之象，以振濟於民，養育其德也。」吳臨川曰：「振者，作興彼之善，新民之事也。育者，培養己之善，明德之事也。」君子之事，惟有此二者，餘無他焉。二者，爲己、爲人之道也。育德則爲己，振民則爲人，皆當然之理也。

○「博學而篤志，切問而近思」，何以言「仁在其中矣」？學者要思得之。了此，便是徹上徹下之道。了，猶曉也。言見得博篤切近，則「仁在其中」底道理則便可以知。心存理得便是仁，「徹上徹下」只是這個道理，更無兩個塗轍。徹，通也。上是成德地位，下是始學地位。雲峰説未可曉。

○弘而不毅，則難立；毅而不弘，則無以居之。朱子曰：「弘，寬廣也。」胡桐原曰：「寬則容受之多，廣則承載之闊。」翼注曰：「非容人，只是容得道理，與『執德不弘』反看。」朱子曰：「毅，强忍也。」胡桐原曰：「强則執持之堅，忍則負荷之久也。」陳定宇曰：「居之，此是『寬以居之』之『居』。」今按，居，居貯之義。之，指物言。「弘而不毅」則雖身體之，不能耐久，如人之擔重而不能立脚，故曰「難立」。毅而不弘則守之雖堅，執之本少，如車之致遠，而容受之不多，故曰「無以居之」。二句俱從任重道遠來。西銘言弘之道。言弘者，西銘所謂者是也。

○伊川先生曰：古之學者，優柔厭飫，有先後次序。今之學者，却只做一場話説，務高而已。葉平巖曰：「優柔而不迫，厭飫而有餘。」今按，「做一場話説」，無優柔之功也。「務高而已」，無先後次序也。常愛杜元凱語：「若江海之浸，膏澤之潤，涣然冰釋，怡然理順，然後爲得。」晋杜預字元凱，左氏經傳集解序中語也。孔穎達曰：「江海，水之大者，脂之澤者爲膏，言雨之爲潤，若脂膏然，故稱膏澤也。」又曰：「涣然解散如春冰之釋，怡然心悦而衆理皆順，然後爲得其所也。」今按，江海、膏澤二喻，謂義理浹洽於中也。今之學者，往往以游、夏爲小，不足學。然游、夏一言一事，却總是實。後之學者好高，如人游心於千里之外，然自身却只在此。「往往」者，不一之辭。熊氏曰：「游、夏所言、所事，無非是實用功者。」又按，正如人神馳於千里之外而已，身只在此，以喻徒好高，無實地之功。

○脩養之所以引年，國祚之所以祈天永命，常人之至於聖賢，皆工夫到這裏，則有此應。葉平巖曰：「人生壽夭有命，而修養之士保煉精氣，乃可以引年而獨壽。國祚之脩短有數，而聖賢之君力行仁義，乃可以祈天之永命。常人資質，其視夫生知安行者亦遠矣，然學而不已，卒可與聖賢爲一。凡是三者，皆非一旦之功。苟簡超越，幸而得之者，蓋其工夫至到，有此應效耳。所以明學聖人者，當真積力久而得之也。」

○忠恕所以公平。造德則自忠恕，其致則公平。忠恕，推己及人之功，故人能忠恕而熟，則其所待人者，大公至平，仁矣。朱子曰：「『進德則自忠恕』，是從這裏做出來。『其致則公平』，言其極則公平也。」又按，「德」字指仁德，自其得于己者言。致，自其所造之極者言。其實一也。

○仁之道，要之，只消道一「公」字。公只是仁之理，不可將公便喚做仁。公而以人體之，故爲仁。道，方法也。熊氏做道理看，非。消，用也。言爲仁方法，只用一「公」字而足，然「公」只是應事接物之間無私道理，而無惻怛慈愛之意，故便不可喚爲仁。「人」字，「仁者人也」之「人」字，指人身而言，具此生理，自然有惻怛慈愛之意。朱子曰：

「體者乃是以人而體公。」又按，事公矣，又有惻隱之心作骨子，方是仁。語類謂「作『體認』之『體』，亦不妨」，又謂「體此公在人身上以爲之體」，又謂「人體之以公」，俱當屬未定。朱子曰：「仁譬如水泉，私譬如沙石，能壅却泉，公乃所以决去沙石者也。沙石去而水泉出，私去而仁復也。」中村氏曰：「其公而不仁，絞直無情者，是著意爲公故也。仁而不公，姑息偏愛者，是克私未盡故也。二者皆不學之弊，而俱歸私妄矣。」只爲公則物我兼照，故仁，所以能恕，所以能愛。恕則仁之施，愛則仁之用也。物謂人，人能無私欲，則能物我兼照，故能恕能愛，故曰「所以能恕，所以能愛」。施，及也。用，發用也。朱子曰：「恕之所施，施其愛爾，不恕，則雖有愛而不能及人也。」又曰：「『施』、『用』兩字移動全不得，如此處，極當細看。」

○今之爲學者，如登山麓。方其迤邐，莫不闊步，及到峻處便止。須是要剛决果敢以進。麓，山足也。迤邐，連接也。闊，廣也，大也。峻，險也。張儀封曰：「今之學者趨易避難，如人之登山然，於平易則闊步而進，遇險阻則逡巡不前也。欲求其學之成，得乎？」

○人謂要力行，亦只是淺近語。或問：「力行如何是淺近語？」朱子曰：「不明道理，只是硬行。」人既能知，見一切事皆所當爲，不必待著意。若先格物致知，真知事之當然，不容不爲，不待著意强爲，自不容已。知見，猶知得。纔著意，便是有個私心。這一點意氣，能得幾時子？若非真安乎天理之自然，而出乎人力之使然，則徒意氣之所爲，只此一點意氣，亦必不能久，故君子莫急於致知。點，小黑也，故爲少義。中村氏曰：「子，語辭。」

○知之必好之，好之必求之，求之必得之。古人此個學是終身事。知之好之，求之必得之，故古人只這一個學，終身爲之而求之。果能顛沛造次必於是，豈有不得道理？若人之爲學，果能終身求之，豈有不可得之理耶？朱子曰：「造次，急遽苟且之時；顛沛，傾覆流離之際。」周聘侯曰：「急遽對從容時，言事勢迫促不及撿也；苟且對嚴正時，言時地苟且不能撿也。傾覆，死也。流離，亡也。一節緊似一節。」汪武曹曰：「造次顛沛之不違，更難於平居暇日之不違，故又抽出言之。」

○古之學者一，今之學者三，異端不與焉。一曰文章之學，二曰訓詁之學，三曰儒者之學。欲趨道，舍儒者之學不可。異端之學，佛老是也。「文章之學」，詞章之學。「訓詁之學」，記誦之學。「訓詁」解見第十五章。葉平巖曰：「儒者之學，所以求道。」今按，後世又有陽儒陰釋之學，亦不可以趨道也。

○問：作文害道否？曰：害也。凡爲文不專意則不工，若專意則志局於此，又安能與天地同其大也？書曰「玩物喪志」，爲文亦玩物也。謂文章之學也。害，妨也。局，拘也。葉平巖曰：「人所以參天地而並立者，惟此心爲之主耳。苟志有所局，又安能與天地參哉？」又按，書旅獒篇「玩物喪志」解，見第二十七章。呂與叔有詩云：「學如元凱方成癖，文似相如殆類俳。獨立孔門無一事，只輸顏氏得心齋。」此詩甚好[二三]。朱子曰：「名大臨，字與叔。學於橫渠之門，橫渠卒，乃東見二先生而卒業焉。」今按，送劉户曹詩也。葉平巖曰：

「杜元凱嘗自謂有左氏癖，所著訓解凡十餘萬言。司馬相如作子虛、上林等賦，徒衒文詞，務以悦人，故曰『類俳』。俳優，倡戲也。」又按，元凱成癖，謂訓詁之學也。癖，嗜好之病。相如類俳，謂文章之學也。俗謂「負」爲「輸」，言此二子都輸却顔子。獨立孔門，無訓詁文章一事，只得心齋耳。中村氏曰：「『心齋』出莊子，呂氏借用其語。顔子心齋即是敬，朱子所謂『湛然純一之謂齋』者是也。」古之學者，惟務養情性，其他則不學。今爲文者，專務章句，悦人耳目。既務悦人，非俳優而何？熊氏曰：「今之習爲文者，專一務爲絺章繪句，求以悦人之耳目。既是務以悦人耳目，與娼優無異。」曰：古者學爲文否？曰：人見六經，便以謂聖人亦作文，不知聖人亦攄發胸中所藴，自成文耳。所謂「有德者必有言」也。熊氏曰：「人見六經之文，亦言聖人亦事乎文，殊不知聖人非求爲文章，但發出胸中所藴蓄以詔後世，自然而成文，是皆道全德盛，非有意於爲文，而文自不可及耳。」今按，攄，抽居切。博雅：「舒也。」「有德者必有言」，論語憲問篇語。曰：游、夏稱文學，何也？曰：游、夏亦何嘗秉筆學爲詞章也？朱子曰：「文學者，學於詩、書、禮、樂之文，而能言其意者也。」且如「觀乎天文以察時變，觀乎人文以化成天下」，此豈詞章之文也？「觀乎天文」至「化成天下」，賁卦彖傳語。程子曰：「天文，天之理也。」又曰：「天文，謂日月星辰之錯列，寒暑陰陽之代變。觀其運行以察四時之遷改也。」又曰：「人文，人之道也。」又曰：「人文，人理之倫序，觀人文以教化天下。」今按，程子引之，其意謂古人稱「文」者，不止詞章也。故游、夏文學，自是詩、書、禮、樂之文，而非謂詞章之文也。張儀封説誤。精里先生曰：「此章爲專意詞章，不求道者言也。若我邦儒生，若不旁學爲詞章，則未曉文義，錯會語意，不能得聖賢本旨也。先儒或不令弟子作文字者，蓋誤讀此章也。」

○涵養須用敬，進學則在致知。言涵養此心而使純熟，須用敬提撕警覺。若夫進學上達，則在窮至事物之理，推極吾之知識也。

○莫説道將第一等讓與別人，且做第二等。才如此説，便是自棄。雖與「不能居仁由義」者差等不同，其自小一也。言學便以道爲志，言人便以聖爲志。孟子曰：「吾身不能居仁由義，謂之自棄也。」「不能居仁由義」者，自謂必不能行，不肯行也。且做第二等者，非不行也，但不爲第一等事也，然同歸自棄，則學者不可不爲第一等事。故爲學者必當以得道爲志，以爲聖人爲志，是爲第一等事也。葉平巖曰：「性無不善，人所同得，苟安於小成，皆自棄也。」

○問：「必有事焉」，當用敬否？「必有事焉」，孟子公孫丑篇語。朱子曰：「『必有事焉』，有所事也。如『有事於顓臾』之『有事』。」曰：敬是涵養一事，「必有事焉」，須用集義。只知用敬，不知集義，却是都無事也。葉平巖曰：「敬者，存心而已，若不集義，安得謂之『必有事焉』？」朱子曰：「集義猶言積善，蓋欲事皆合於義也。」今按，敬是心上工夫，集義是事上工夫，故只用敬，不集義，則事上曾無工夫，故曰「都無事也」。又問：義莫是中理否？曰：中理在事，義在心。葉平巖曰：「義者，吾心之裁制。中理者，合乎事理之宜也。故有在事、在心之別。」

〇問：敬、義何別？敬與義有何分別。曰：敬只是持己之道，朱子曰：「敬是持守工夫。」義便知有是有非。順理而行，是爲義也。理即是者。若只守一個敬，不知集義，却是都無事也。且如欲爲孝，不成只守著一個孝字。須是知所以爲孝之道，所以侍奉當如何，溫清當如何，然後能盡孝道也。熊氏曰：「且如欲盡爲子之孝，不是只守一孝字便了。」陳雲莊曰：「溫以禦其寒，清以致其凉。」今按，侍奉、溫清即是爲孝之道。又按，「欲爲孝」，心也，敬也。「所以爲孝之道」，事也，義也。言此以發明不可只守敬而不集義之義。

〇學者須是務實，不要近名，方是。輔潛庵曰：「爲吾之未能事親也，故學事親；爲吾之未能事長也，故學事長；爲吾之未能正心誠意也，故學正心而誠意；爲吾之未能齊家治國也，故學齊家而治國：是之謂務實。近名，謂求知於人也。」有意近名，則是僞也。大本已失，更學何事？才有意求名，則是虛僞，非務實也。言大本領已失，不可爲學也。爲名與爲利，清濁雖不同，然其利心則一也。「清」指爲名，「濁」指爲利。爲名本不可謂清，然較爲利尚清，故謂清。

〇「回也，其心三月不違仁」，只是無纖毫私意，有少私意便是不仁。朱子曰：「三月，言其久。仁者，心之德。心不違仁者，無私欲而有其德也。」今按，違，背也。

○「仁者先難而後獲〔二四〕」，難謂事之勞苦，以工夫言。仇滄柱曰：「如主敬行恕、克己復禮，與夫盡心知性、存心養性、進德修業者皆是。」吴蓀右曰：「後之者，無期必之心也。」朱子曰：「獲，謂得也。」今按，以功效言。有爲而作，皆先獲也。古人惟知爲仁而已，今人皆先獲也。

○有求爲聖人之志，然後可與共學；學而善思，然後可與適道；思而有所得，則可與立；立而化之，則可與權。朱子曰：「『可與』者，言其可與共爲此事也。」翼注曰：「意亦不重共爲此事，只重能爲此事耳。」今按，「適」字以知言，「立」字以行言，「得」字以道言。葉平巖曰：「思而有實得，然後可與立，而物欲、異端不能奪之。」又按，化，「大而化之」之「化」。林次崖曰：「凡思而得，勉而中，皆有形迹，是守之，非化也。不思不勉，則無形迹，方是化。」朱子曰：「權，稱錘也，所以稱物而知輕重者也。『可與權』，謂能權輕重，使合義也。」許白雲曰：「或事變之來，前無定制，固當隨時處中，如稱之稱物，必以錘移前却後以取其平，所謂權也。」

○古之學者爲己，其終至於成物；今之學者爲物，其終至於喪己。朱子曰：「是好底爲人，却是真個要爲人，然不曾先去自家身己上做得功夫，非惟是爲那人不得，末後連己也喪了〔二五〕。」

○君子之學必日新。日新者，日進也。朱子曰：「新者，革其舊之謂也。」熊氏曰：「君子之爲學，當日日新，日新云者，日日進而不已也。」不日新者，必日退，未有不進而不退者。若爲之不勇而不日進者，必日退，恰如上坂之車一般，不進必退，無中立之地。惟聖人之道，無所進退，以其所造者極也。「道」字，「夫子之道，忠恕而已矣」之「道」字，以一理渾然而泛應曲當者言。言獨聖人之道無進無退者，以其已造乎極至之地也，譬之猶車已至平地。然未至聖人者可不勉乎？

○明道先生曰：性靜者可以爲學。外書。下同。○貝原氏曰：「性，氣質之性也。」張儀封曰：「靜則不躁，最爲收斂近實，故於受學爲易，欲學者之變化其氣質也。」

○弘而不毅，則無規矩；毅而不弘，則隘陋。金仁山曰：「『無規矩』三字恐止是『無骨肋』三字之意，洛中方言如此。」今按，不能立脚之意。隘，狹也。陋，阸狹也，不能居物之意。

○知性善以忠信爲本，此先立其大者。中村氏曰：「知性善則知萬善具于己，而堯舜可以學矣。以忠信爲本，則百行以誠爲主，便是作聖之基也。故曰『先立其大者』，乃知行之規模也。」

○伊川先生曰：人安重則學堅固。熊氏曰：「躁擾輕浮，則所知者易忘，所守者易隳，故須安重則堅固。」今按，安重以資質言。

○「博學之，審問之，慎思之，明辨之，篤行之」，五者廢其一，非學也。吴草廬曰：「學，謂效之。己無一不效之謂博。問，謂詢之於人。周詳不苟之謂審。思，謂反之於心。慎者，謹重不輕忽也。辨，謂剖決於將行之先。明，則了然而無疑也。行，謂踐履於身，應接於事者。篤，則始終用力不倦怠也。」翼注曰：「辨與思不同。思是搜索義理，辨是又就其所思者剖決是非。」又曰：「五『之』字俱指理言。」倪仲弘曰：「『博學』之『學』，以知而言；『非學也』之『學』，兼知行而言也。」今按，廢，止也。

○張思叔請問，其論或太高，伊川不答。良久曰：「累高必自下。」葉平巖曰：「張繹，字思叔，程子門人也。學必有序〔二六〕，不容躐等，積累而高，必自下始。」

○明道先生曰：人之爲學，忌先立標準。若循循不已，自有所至矣。葉平巖曰：「標，幟。準，的。蓋期望之地也。」朱子曰：「『循循，有次序貌。』又曰：「如『必有事焉而勿正』之話〔二七〕。而今雖道是要學聖人，亦且從下頭做將去。若日日恁地比較，也不得。雖則是曰：『舜何人也？予何人也？』若只管將來比較，不去做工夫，又何益？」

○尹彦明見伊川後，半年方得大學、西銘看。葉平巖曰：「尹焞字彦明，程子門人也。」朱子曰：「不知那半年是在做甚麽，想見只是且教他聽説話。」曾光祖云：「也是初入其門，未知次第，驟將與他看未得。」先生曰：「豈不是如此。」又曰：「蓋且養他氣質，淘潠去了那許多不好底意思。」又曰「：他好把西銘與學者看。他也是要教他知，天地間有個道理恁地開闊。」

○有人説無心。無心，所謂槁木死灰，無一切思慮也。「説無心」，謂説人當無心也。伊川曰：無心便不是，只當云無私心。言説「當無心」則非，當説「當無私心」也。

○謝顯道見伊川，伊川曰：近日事如何？言近日所做工夫如何。對曰：天下何思何慮？「天下何思何慮」，下繫辭第五章語。謝子引之，言天下之事本皆有定理，不假思慮也。故不須做工夫。朱子曰：「言雖萬變之紛紜，而所以應之，各有定理，不假思慮而知也。」蔡虚齋曰：「此『天下』與『君子之於天下也』之『天下』同，皆言天下之事也。」又曰：「慮者，思之深也，總歸之思。」今按，吴臨川「『思』字以未發言，『慮』字以已發言」，不可從。伊川曰：是則是有此理，賢却發得太早在。「賢」指謝子。「發得太早在」，猶言非爾所及，戒其躐等也。伊川直是會鍛錬得人，説了又道：恰好著工夫也。「伊川直是」以下，記者語。會，猶善也。恰好，無過不及之意。葉平巖曰：「鍛錬，冶工之冶金，言其善於成治人也。」朱子曰：「人所患者，不能見得大體。謝氏合下便見得大體處，只是下學工夫却欠。程子道『恰好著工夫』，便是教他著下學底工夫。」

○謝顯道云：昔伯淳教誨，只管著他言語。中村氏曰：「謂執著他所教之説。」伯淳曰：「與賢説話，却似扶醉漢，救得一邊，倒了一邊。」只怕人執著一邊。貝原氏曰：「醉漢，醉人也。」今按，倒，仆也。怕，恐也。執，守也。朱子曰：「上蔡因有發於明道『玩物喪志』之一言，故其所論每每過高，如『浴沂御風』、『何思何慮』之類，皆是墮於一偏。」

○橫渠先生曰：「精義入神」，豫吾内[二八]，求利吾外也。「利用安身」，素利吾外，致養吾内也。易下繫辭第五章曰：「精義入神，以致用也。利用安身，以崇德也。」橫渠釋之，以發明内外相養、知行相資之義也。精義，謂精研義理也。入神，謂入至於微妙處也。豫，謂事未至而先知其理也。利，「順利」之「利」，言事理豫定于内，則施於外者無不順利也。豫内以知言，利外以行言。李敬子問：「『求』字似有病，便有個先獲底心。『精義入神』自然是能利吾外，何待於求？」朱子曰：「然。當云『所以利吾外』也。『利用安身』，利其施用，无適不安也，謂安利吾身之用也。利外，以行言。養内，以知言。」「窮神知化」，乃養盛自至，非思勉之能强。故崇德而外，君子未或致知也。正蒙。下同。

○繫辭又曰：「過此以往，未之或知也。窮神知化，德之盛也。」故又釋之云云。高雲從曰：「蓋内外交相養，皆崇德之事。若夫『窮神知化』，乃德盛自致，君子無容心焉，先難後獲也。」蔡虛齋曰：「德之盛，即自能窮天地之神而知天地之化矣。」又曰：「『窮神知化』，只是説與造化脗合無間。」又曰：「此『德』字實兼内外意。」朱子曰：「所謂『窮神知化』，乃養盛自致，非思勉所及，此則聖人事矣。」又按，謂窮知就自心言，不是。養盛，是知行工夫至熟處。此「致知」與大學不同。

○形而後有氣質之性，善反之則天地之性存焉。葉平巖曰：「氣聚成形，性爲氣質所拘，則有純駁偏正之異，所謂『氣質之性』也。然人能以善道自反，則天地之性復全矣。」朱子曰：「論天地之性，則專指理言；論氣質之性，則以理與氣雜而言之。」又曰：「理在氣中，如一個明珠在水裏。理在清底氣中，如珠在那清底水裏面，透底都明；理在濁底氣中，如珠在濁底水裏面，外面更不見光明處。」又曰：「『反之』者，修爲以復其性。」饒雙峰曰：「涵養、體認、克治、充廣，皆是反之之道。」徐德夫曰：「説個『存』字，以天地之性原不離乎氣質，故就氣質之中能存天地之性也。」故氣質之性，君子有弗性者焉。葉平巖曰：「故氣質之性，君子不以爲性，蓋不徇乎氣質之偏，必欲復其本然之善。」

○德不勝氣，性命於氣；德勝其氣，性命於德。朱子曰：「德性若不勝那氣稟，則性命只由那氣，德性能勝其氣，則性命都是那德，兩者相爲勝負。蓋其稟受之初，便如是矣〔二九〕。然亦非是元地頭不渾全，只是氣稟之偏隔著。」葉賀孫問：「性命如何分別？」朱子曰：「性是以其定者而言，命是以其流行者而言。命便是水恁地流底，性便是將椀盛得來，大椀盛得多，小椀盛得小〔三〇〕，浄潔椀盛得清，污漫椀盛得濁。」沈僩問：「『於氣』、『於德』字，如何地説得來？則當云『性命皆由於氣、由於德』始得。」朱子曰：「横渠文字自如此。」窮理盡性，則性天德，命天理。氣之不可變者，獨死生脩夭而已。朱子曰：「窮理是知，盡性是行。」又曰：「『窮理盡性』，則善反之功也。『性天德』、『命天理』，則無不是元來至善之物矣。」中村氏曰：「二『天』字以本然而言。」黄勉齋曰：「『性』曰『天德』，『命』曰『天理』，亦一而已，非二物也。如此則氣之偏者變而正，柔者變而明矣。其不可變者，死生壽夭，有定數也。」今按，盡性，易本兼人物而言，横渠蓋只就一己而言。

〇莫非天也，陽明勝則德性用，陰濁勝則物欲行。葉平巖曰：「人之氣質不齊，要皆稟于天也。陽明而陰暗，陽清而陰濁。稟陽之多者，明而不暗，故德性用；稟陰之多者，濁而不清，故物欲行。」朱子曰：「只將自家意思體驗，便見得。人心虚静，自然清明，才爲物欲所蔽，便陰陰地黑暗了，此陰濁所以勝也。」「領惡而全好」者，其必由學乎？禮記仲尼燕居言：「游曰：『禮也者，領惡而全好者歟？』」鄭注：「領，猶理治也。」葉平巖曰：「若夫領物欲之惡而不得行，全德性之好而盡其用者，其必由於學乎？所謂『雖愚必明，雖柔必强』者也。」高雲從曰：「陽明陰濁非獨稟受，日用之間莫不皆然。」

〇大其心則能體天下之物，物有未體，則心爲有外。人心無私欲，則大而無所不貫也。「大其心」者，克去私欲而不使間隔也。朱子曰：「體猶體事而無不在，言心理流行，脉絡貫通，無有不到。苟一物有未體，則便有不到處，包括不盡，是心爲有外。」又曰：「只是有私意，便内外扞格，只見得自家身己，凡物皆不與己相關，便是有外之心。」又按，語類「體認」之説，恐不可從。熊氏「體物理」之説亦不可從。世人之心，止於見聞之狹。聖人盡性，不以見聞梏其心，其視天下無一物非我。言世人之心小，故纔及目前之地，而其他則不及也。獨聖人則不然，心極其大而盡其性，故於天下萬物，無不到處。盡性，猶言知性也，以知言。梏，猶拘也。孟子謂盡心則知性知天，以此。天大無外，故有外之心，不足以合天心。朱子曰：「盡心則只是極其大，心極其大，則知性知天，而無有外之心矣。」又曰：「要之，此亦横渠之意然，孟子之意則未必然。」又曰：「孟子之意只是説窮理之至，則心自然極其全體而無餘，非是要大其心，而後知性知天也。」又曰：「性，則心之所具之理，而天又理之所從以出者也。」今按，「盡心」兩字重，「知性知天」四字不重。

○仲尼絶四，自始學至成德，竭兩端之教也。論語子罕篇曰：「子絶四，毋意，毋必，毋固，毋我。」葉平巖曰：「横渠先生解『絶』、『毋』皆爲禁止之意，故以此爲聖人設教之道。謂自始學以至於成德，其所以克治融釋者不外乎此，所謂『竭兩端之教也』。」熊氏曰：「兩端，猶言兩頭也。」今按，集釋説誤。意，有思也；必，有待也；固，不化也；我，有方也。有思，私意始萌也。有待，期待事成也。不化，執滯不化也。有方，己成方體也。四者有一焉，則與天地爲不相似矣。若意、必、固、我之一有，則與天地不相似，故聖人教人禁止之。

○上達反天理，下達徇人欲者歟！吴蓀右曰：「兩『達』字是活字，俱有日新不已之意。」今按，反，覆也。天理，天生條理也。徇，順也。人欲，人心意欲也。言人之日進乎高明，反天理者；日究乎污下者，徇人欲者歟！

○知崇，天也，形而上也。通晝夜而知，其知崇矣。知之崇高如天，故曰「天也」。以應下文「天地位」之「天」字。知，只識道理未及乎行，故曰「形而上也」。「通晝夜而知，其知崇矣」，猶言知崇指通晝夜而知者。劉近山説不是。朱子曰：「通，猶兼也。晝夜即幽明、生死、鬼神之謂。」又按，此段言知。知及之，而不以禮性之，非己有也。朱子曰：「禮是行處。」高雲從曰：「『不以禮性之』，不以禮成性也。」今按，熊氏「性之」屬下句，不可從。又按，此段言行。故知禮成性而道義出，如天地位而易行。朱子曰：「『堯舜性之』，是其性本渾成。學者須是以知、禮做〔三一〕，也到得他成性處。『道義出』，謂這裏流出。」又曰：「陰陽升降便是易。」蔡節齋曰：「有天地之位而後易行，有禮義之門而後道義出。」

○困之進人也，爲德辨，爲感速。朱子曰：「困者，窮而不能自振之義。」又曰：「辨，猶子細。感速，言我之感發速也。」孟子謂「人有德慧術智者，常存乎疢疾」，以此。朱子曰：「德慧者，德之慧。術知者，術之知。疢疾，猶災患也。」林次崖曰：「慧，聰也。其德之聰，有以灼事幾于未然。處事之方，謂之術。智，巧也。其術之巧，有以善事理之當然。」蔡虛齋曰：「存訓在，非心存也。」

○言有教，動有法。晝有爲，宵有得。息有養，瞬有存。人之發言，有聖賢之教，不可妄發也。人之爲事，有聖賢之法，不可妄動也。有爲，有讀書學文之事也。有得，精思義理得之也。葉注不是。葉平巖曰：「氣之出入爲息，目之開闔爲瞬。」朱子曰：「言一息之間亦有養，一瞬之頃亦有存，如『造次顛沛必於是』之意。但説得太緊。」今按，有養有存，存養斯心不使放去也。

○横渠先生作訂頑曰：李退溪曰：「訂，平議也，亦有證正訛舛之義。頑者，不仁之名，不仁之人私欲蔽錮，不知通物我，推惻隱，心頑如石，故謂之頑。蓋横渠此銘反覆推明，吾與天地萬物其理本一之。故狀出仁體，因以破有我之私，廓無我之公，使其頑然如石之心融化洞徹，物我無間，一毫私意無所容於其間，可以見天地爲一家，中國爲一人，痒痾疾痛真切吾身，而仁道得矣。故名之曰訂頑，謂訂其頑而爲人也真。」西山曰：「西銘推事親之心以事天，父母之生我也，四肢百骸無一不全，必能全其身之形，然後爲不忝於父母天地之生我也。五常百善無一不備，必能全其性之理，然後爲不負於天地，故仁人事親如事天，事天如事親，此又西銘之妙指，不可以不知也。」饒雙峰曰：「前一節明人爲天地之子，後一節言人事天地，當如子之事父母。」乾稱父，坤稱母。予茲藐焉，乃混然中處。蔡虛齋曰：「乾，天也，物所資始，有父道焉，故稱父；坤，地也，物所資生，有母道焉，故稱母。」今按，稱，稱名之義。李退溪曰：「『予』字及銘中九『吾』字，固擬人人稱自己之辭。然凡讀是書者，於此十字，勿徒認作橫渠之自我，亦勿作讓與別人之謂我，皆當自任以爲己事看，方得。藐，音眇。藐焉，小貌。」朱子曰：「人稟氣於天，賦形於地，以藐然之身，混合無間，而位乎中，子道也。然不曰『天地』而曰『乾坤』者，天地其形體也，乾坤其性情也。乾者健而無息之謂，萬物之所資以始者也。坤者順而有常之謂，萬物之所資以生者也。是乃天地之所以爲天地，而父母乎萬物者，故指而言之。」又曰：「首三句却似人破義題。」故天地之塞，吾其體；天地之帥，吾其性。朱子曰：「『吾之體』，即天地之氣。『吾之性』，即天地之理。」又曰：「天地塞帥兩句，恰似人做原題，乃一篇緊要處。」又曰：「深察乎此，則父乾母坤，『混然中處』之實可見矣。」陳北溪曰：「『塞』字只是就孟子『浩然之氣，塞乎天地』句，掇一字來說氣，『帥』字只是就孟子『志，氣之帥』，掇一句來說理[三二]。」民吾同胞，物吾與也。朱子曰：「萬物皆天地所生，而人獨得天地之正氣，故人爲最靈。故民吾同胞[三三]，物則亦我之儕輩。孟子所謂『親親而仁民，仁民而愛物』，其等差自然如此，大抵即事親者以明事天。」又曰：「『與』如『與國』、『相與』之類。」又曰：「惟同胞也，故以天下爲一家，中國爲一人，如下文之云。惟吾與也，故凡有形於天地之間者，若動若植，有情無情，莫不有以若其性，遂其宜焉。此儒者之道，所以必至於參天地、贊化育，然後爲功用之全，而非有所强於外也。」又曰：「『吾同胞』止『無告者也』[三四]，乃統論如此。」李退溪曰：「胞，生兒裹也。詩小弁注『獨不處母之胞胎乎』，故謂兄弟爲同胞。」大君者，吾父母宗子；其大臣，宗子之家相也。尊高年，所以長其長；慈孤弱，所以幼其幼。聖其合德，賢其秀也。凡天下疲癃殘疾、惸獨鰥寡，皆吾兄弟之顛連而無告者也。李退溪曰：「大君，指天子言也。」朱子曰：「人皆天地之子，而大君乃其適長子，所謂有君道者也[三五]。故曰大君者乃吾父母之宗子爾，非如所謂『既爲父母，又降而爲子』也。」問：「宗子如何是適長子？」曰：「此正以繼禰之宗爲喻爾。繼禰之宗，兄弟宗之，非父母之適長子而何？」又曰：「聖人與天地合其德，是兄弟之合德乎父母者也。賢者才德過於常人，是兄弟之秀出乎等夷者也。」又曰：「西銘狀仁之體元自昭著，以昧者不見，故假父母、宗子、家相等名以曉譬之，初未嘗謂與乾坤都無干涉，而姑爲是言以形容之也。」熊氏曰：「大臣，宰相也。家相，即長子家之輔。」今按，疲，病也，癃，亦病也，是病之重者。殘，凋傷也。殘疾，是病之輕者。惸，孤也。老而無子曰獨，老而無妻曰鰥，老而無夫曰寡。「顛連」未詳。李退溪謂：「猶顛沛也。」張儀封曰：「高年，天下之長者。」又曰：「天下之人皆吾同胞，而同胞之中又有等殺之不同。」**于時保之，子之翼也；樂且不憂，純乎孝者也。**朱子曰：「『于時保之』以下是做處。」又曰：「畏天以自保者，猶其敬親之至也；樂天而不憂者，猶其愛親之純也。」吳臨川曰：「保者，持守此理而不敢違，賢人也。樂者，從容順理而自然中，聖人也。蓋是理即天地之理，而天地即吾之父母也，持守而不敢違吾父母之理，非子之翼敬者乎？從容而自然順吾父母之理，非孝之極純者乎？」黄勉齋曰：「『于此保之』以下，即言人子盡孝之道，以明人之所以事天之道，所以全吾體，養吾性，愛敬吾兄弟黨與之道，盡於此矣。」李退溪曰：「自『于此保之』以下至『勇於從而順令者伯奇』，皆上句言事天之事，下句以事親之事明之。朱子所謂每一句皆有兩義者然也。」**違曰悖德，害仁曰賊，濟惡者不才，其踐形，惟肖者也。**朱子曰：「不循天理而徇人欲者，不愛其親而愛他人也，故謂之悖德。戕滅天理，自絶本根者，賊殺其親，大逆無道也，故謂之賊。長惡不悛，不可教訓者，世濟其凶，增其惡名也，故謂之不才。若夫盡人之性，而有以充人之形，則與天地相似而不違矣，故謂之肖。」今按，悖，逆也。德，主愛説。有天地之仁，而後人具是形以生，故謂之本根。濟，成也。肖，骨肉相似也。**知化則善述其事，窮神則善繼其志。**朱子曰：「化底是氣，故喚做天地之事。神底是理，故喚做天地之志。」陳氏曰：「窮神以至到言，知化非見聞之知，如『知化育』之

『知』，乃默契之謂耳。」吳臨川曰：「知得天地化育之事，則吾亦能爲天地之事，是述吾父母所爲之事。窮得天地神妙之心，則吾亦能心天地之心，是善繼吾父母所存之志矣。此造聖之終事，踐形惟肖者之盛德，所謂『樂且不憂，純乎孝者也』。」今按，善述其事，善繼其志，則天地之孝子也。**不愧屋漏爲無忝，存心養性爲匪懈。**朱子曰：「屋漏，室西北隅也。」又曰：「存，謂操而不舍。養，謂順而不害。」熊氏曰：「不自欺於室隅人所不見之地，不忝辱於天地，即人子無忝爾所生也。存其心而不失，養其性而不害，不懈怠於事天，即人子事親而夙夜匪懈也。此二者，畏天而求踐夫形者。」**惡旨酒，崇伯子之顧養；育英材，潁封人之錫類。**朱子曰：「旨酒，欲也。」今按，言人之能遏人欲而存天理者，其于天也，如禹之絶旨酒而不飲，能顧父母之養也。顧養，謂不缺父母的奉養也。李退溪曰：「崇，國名。伯，爵也。禹父鯀封於崇，其子謂禹也。」又按，言人之能得天下英才而教育者，其于天也，如潁考叔推己孝以及莊公，使亦爲孝子也。潁谷，鄭地。封人，典封疆小吏，指潁考叔。錫，與也，賜也。類，疇類也。**不弛勞而底豫，舜其功也；無所逃而待烹，申生其恭也。**弛，釋也。勞，勞事也。如「苦其心志，勞其筋骨」之類是也。熊氏就事親言，非。朱子曰：「底，致也。豫，悦樂也。」又曰：「如後漢書言『天意未豫』。」又按，「舜其功」，言人之未遇，動心忍性，不敢懈弛，而天心底豫者，則天之舜也。李退溪曰：「待烹，猶言鼎鑊且不避也。言君子之處患難，能守死不貳如此，則其敬天之心如申生之恭也。」**體其受而歸全者，參乎！勇於從而順令者，伯奇也。**李退溪曰：「言人之於天，能體所受而歸全者，是即爲天之曾參也。」今按，熊氏就父母説，亦非。朱子曰：「子於父母，東西南北唯令之從。若伯奇之履霜中野，則勇於從而順令也。況天之所以命我者，吉凶禍福，非有人欲之私。故事天者能勇於從而順受其正，則亦天之伯奇矣。」又曰：「伯奇，尹吉甫之子。」黄氏曰：「履霜操，伯奇所作也。吉甫聽後妻之言逐之，伯奇編水荷而衣，採楟花而食，清朝履霜，自傷無罪見逐，乃援琴而歌。」**富貴福澤，將厚吾之生也；貧賤憂戚，庸玉汝於成也。**

熊氏曰：「富足貴顯，福禄利澤，所以大奉於我，使吾之爲善也輕。貧薄卑賤，憂苦戚嗟，所以拂亂於我，使吾之爲志也篤。庸玉汝用以琢磨汝，使成人也。」朱子曰：「故君子之事天也，以周公之富而不至於驕，以顔子之貧而不改其樂。」李退溪曰：「女，託天以指我也。」存吾順事，没吾寧也。朱子曰：「仁人之存，則其事天者〔三六〕，不逆其理而已，没則安而無所愧於天也。蓋所謂『朝聞』、『夕死』，『吾得正而斃焉』者。故張子之銘以是終焉。」

明道先生曰：訂頑之言，極醇無雜，秦漢以來學者所未到。又曰：訂頑一篇，意極完備，乃仁之體也。仁者本以天地萬物爲一體。西銘説「民吾同胞物吾與」，故曰「仁之體」。體，體段也。學者其體此意，令有諸己，葉平巖曰：「體認此意實爲我有。」其地位已高。到此地位，自別有見處。熊氏曰：「自有以見夫大本一原之妙。」不可窮高極遠，恐於道無補也。若不然則徒馳高騖遠，遂不見有進道之益。又曰：訂頑立心，熊氏曰：「西銘立心，弘闊而無私。」便達得天德。已到天德地位，所以秦漢以下學者未能到也。又曰：游酢葉平巖曰：「游酢字定夫，程子門人也。」得西銘讀之，即涣然不逆於心，熊氏曰：「此心了然，無所疑滯。」曰：此中庸之理也。真西山曰：「中庸綱領在性、道、教三言，而終篇之義無非教人以全天命之性。西銘綱領亦只在其體、其性之二言，而終篇反覆推明，亦欲人不失乾父坤母之所賦予者，爲天地克肖之子而已，故游先生以爲即中庸之理也。」能求於言語之外者也。熊氏曰：「是不特有悟於西銘之中，而能遠推於西銘之外也。」今按，言語，謂文字。楊中立問曰：葉平巖曰：「楊時字中立，程子門人也。」熊氏曰：「即龜山也。」西銘言體而不及用。貝原氏曰：「體者，仁也。用者，義也。」恐其流遂至於兼愛，何如？熊氏曰：「恐末流之趨，必至兼愛而無別。」伊川先生曰：橫渠立言誠有過者，乃在正蒙。熊氏曰：「橫渠言語有失之過者〔三七〕，是在正蒙一書。」西銘之書，推理以存義，擴前聖所未發，熊氏曰：「西銘一篇，推其自然之理，而存其截然之義，是發前聖之所未言。」與孟子性善養氣之論同功，豈墨氏之比哉？西銘明理一而分殊，墨氏則二本而無分。老幼及人，理一也。愛無差等，本二也。○葉平巖曰：「西銘以天地爲父母，萬物爲一體，是明理之一〔三八〕。然而貴賤、親疏、上下，各有品節之宜，是分殊也。墨氏惑於兼愛〔三九〕，則泛然並施而無差等，施之父母者猶施之路人，是親疏無分，並立而爲二本也。」今按，老幼及人，謂自老吾老，幼吾幼推之，至於疲癃殘疾，無所不愛也。分殊之蔽，私勝而失仁；無分之罪，兼愛而無義。葉平巖曰：「徒知分之殊，不知理之一，則其失也〔四〇〕，爲己之私勝，而失其公愛之理。徒知理之一而不知分之殊，則其過也，兼愛之情勝，而失其施愛之宜。」分立而推理一，以止私勝之流，仁之方也。葉平巖曰：「此爲仁之方，西銘是也。」無別而迷兼愛，以至於無父之極，義之賊也。葉平巖曰：「此害義之賊，墨翟是也〔四一〕。」子比而同之，過矣。且彼欲使人推而行之，本爲用也。反謂不及，不亦異乎？朱子曰：「比，次也。」葉平巖曰：「西銘本言理一，欲人推大公之用，因龜山有兼愛之疑，故程子又明其分之殊。蓋莫非自然之理也。」今按，彼，指橫渠。

又作砭愚曰：李退溪曰：「人之愚病莫甚於長傲遂非，橫渠之銘，極言其失於毫釐之間而痛改之，正如針治其病而去之，故曰『砭愚』。砭，以石刺病也。」戲言出於思也，戲動作於謀也。發於聲，見乎四支，謂非己心，不明也。欲人無己疑，不能也。謂戲言、戲動之不可爲。戲，謔也。出思作謀，皆有心爲之也。四支，兩手兩足。葉平巖曰：「戲言發於聲，戲動見乎四支，謂非本於吾心，是惑也。本於吾心而欲人之不我疑，不可得也。」又按，「人無己疑」，人亦以爲不出于心也。過言非心也，過動非誠也。失於聲，繆迷其四體，謂己當然，自誣也。欲他人己從，誣人也。謂過言、過動之不可不改。過，失也。非心、非誠，非實心爲之也。謬，誤也。迷，亂也。四體，即四支。誣，以有爲無也。熊氏曰：「失於聲音而爲言之過，繆迷其四體而爲動之過，吝於改過，遂以爲己之當然，自誣罔其心也。既憚改而自誣，又欲它人之順從乎己，是誣罔它人也。」又按，「他人己從」，他人亦以爲當然也。或者謂出於心者，歸咎爲己戲；失於思者，自誣爲己誠。不知戒其出汝者，歸咎其不出汝者。長傲且遂非，不智孰甚焉？葉平巖曰：「戲謔出於心思，乃故爲也。不知所當戒，徒歸咎以爲戲，則長傲而慢愈滋矣。過誤不出於心思，乃偶失耳，不知歸咎於偶失，反自誣以爲實，然則遂非而不改矣。」中村氏曰：「『不知』以下十四字爲一句。出於心，故曰『出汝』。失於思，故曰『不出汝』。」今按，性理群書下「歸」字上有「反」字，不是。傲，慢也。戲言、戲動，傲慢於人之事，故曰「長傲」。

橫渠學堂雙牖，右書訂頑，左書砭愚。伊川曰「是起争端」，改訂頑曰西銘，砭愚曰東銘。熊氏曰：「橫渠學堂有兩窗，右邊窗書曰訂頑，左邊書曰砭愚。」李退溪曰：「二言皆頗隱奥，將致學者辨詰紛然之弊，故程子以爲啓争端，改之爲東銘、西銘。」今按，此説可從。貝原氏謂「觸犯人心」，恐不可從。又按，其語雖隱奥，然學者會得其義於二銘之旨，思過半矣。故朱子於此書復用之歟？

○將脩己，必先厚重以自持。厚重，不飛揚浮躁之謂，以德器言，兼生質之義，務學之效。自持，謂持己。厚重知學，德乃進而不固矣。不固，不固陋也。忠信進德，惟尚友而急賢。尚，尊也。急，疾也。言忠信進德之本，又當以勝己者輔之，故惟尚友而急賢也。欲勝己者親，無如改過之不吝。横渠文集。下同。○或吝於改過，則賢者亦未必樂告以善道，故欲勝己者吾親，莫善于有過則速改也。

○横渠先生謂范巽之曰：名育。横渠門人。吾輩不及古人，病源何在？病源，指所以不及古人之故。巽之請問。先生曰：此非難悟，設此語者，蓋欲學者存意之不忘。黄勉齋曰：「只是常存不及古人意。」朱子曰：「設此語者，只不要放倒此意爾。」庶游心浸熟，有一日脱然如大寐之得醒耳。脱，物自解也，猶言豁然。

○未知立心，惡思多之致疑；既知所立，惡講治之不精。講治之思，莫非術内，雖勤而何厭？朱子曰：「『未知立心』，則或善或惡，故胡亂思量，惹得許多疑起。『既知所立』，則是此心已立於善而無惡，便又惡講治之不精，又却用思。講治之思，莫非在我這道理之内。如此，則『雖勤而何厭』。」所以急於可欲者，求立吾心於不疑之地，然後若決江河以利吾往。遜此志，務時敏，厥脩乃來。言所急立心於可欲之善者，要立吾心於無所疑惑之地也。既無所疑惑，則其往沛然不可遏矣。蔡九峰曰：「遜，謙抑也。時敏者，無時而不敏也。遜其志如有所不能，敏於學如有所不及，虚以受人，勤以勵己，則其所修如泉如達，源源乎其來矣。」故雖仲尼之才之美，然且敏以求之。今持不逮之資，而欲徐徐以聽其自適，非所聞也。熊氏曰：「今以吾不及之資禀，而且緩緩以聽其自至於道，此非我所敢聞也。」今按，「不逮」就古人言。

○明善爲本。固執之乃立，擴充之則大，易視之則小。在人能弘之而已。四個「之」字，及「立」、「大」、「小」、「弘」四字，並指道。葉注「立」字、「大」字，做德看，誤。言用力而擴充之則道大，輕視之而不用力則道不大，人當擴充以弘之也。

○今且只將「尊德性而道問學」爲心，「君子尊德性而道問學」，出中庸第二十七章。朱子曰：「尊者，恭敬奉持之意。德性者，吾所受於天之正理。道，由也。」今按，「尊德性」以行言，「道問學」以知言。日自求於問學者有所背否，於德性有所懈否。此義亦是博文約禮，下學上達。「博文」貼道文學[四二]，「約禮」貼「尊德性」。「下學上達」兼二事言。言能如此則知行並進，下學而上達矣。精里先生曰：「葉注『約禮』配『上達』，非。」以此警策一年，安得不長？警策，警戒策勵之義。每日須求多少爲益。知所亡，改得少不善，此德性上之益。朱子曰：「亡，無也。謂己之所未有。」今按，以行言。讀書求義理，編書須理會有所歸著，勿徒寫過，又多識前言往行，此問學上益也。葉平巖曰：「讀書者，必窮其義理，不徒事章句訓詁之末。編書者，必求其旨歸，不徒務博洽紀録之功。」勿使有俄頃閑度[四三]，逐日似此三年，庶幾有進。熊氏曰：「不使頃刻閑過而不用力，日日如是，則三年自然有進。」

○爲天地立心，爲生民立道，爲去聖繼絶學，爲萬世開太平。葉平巖曰：「天地以生生爲心，聖人參贊化育，使萬物各正其性命，此『爲天地立心』也。建明義理，扶植綱常，此『爲生民立道』也。『繼絶學』，謂纘述道統。『開太平』，如有王者起，必來取法，利澤垂於萬世。」今按，言學者當以此立志也。

○載所以使學者先學禮者，只爲學禮，則便除去了世俗一副當習熟纏繞。一副當，俗語，蓋猶「一切」。惕齋説似不可從。譬之延蔓之物，解纏繞即上去。中村氏曰：「上，上聲，猶昂也。謂樹木爲藤纏所曲撓者，除去藤纏則枝幹昂起也。」苟能除去了一副當世習，便自然脱灑也。脱，解也。灑，滌也。猶有係者之解，有污者之滌之謂。惕齋説亦不可從。又學禮則可以守得定。葉平巖曰：「學禮則可以消除習俗之累，又有所據依而自守。」

○須放心寬快公平以求之，乃可見道。精里先生曰：「放，頓放下之放，俗語也。」今按，寬，裕也。快，爽快也。公平，無私意也。「之」字指道，葉注指德性，未是。況德性自廣大。況人之德性本自廣大，而心能包容之，則狹小而可乎？易曰：「窮神知化，德之盛也。」豈淺心可得？橫渠易説。

○人多以老成則不肯下問，故終身不知。又爲人以道義先覺處之，不可復謂有所不知，故亦不肯下問。謂不肯下問有二端也。從不肯問，遂生百端，欺妄人我，寧終身不知。橫渠論語説。○言人恥下問則生弊多端，内則欺己，外則欺人，遂安乎終身不知也。

○多聞不足以盡天下之故。苟以多聞而待天下之變，則道足以酬其所嘗知。若劫之不測，則遂窮矣。横渠孟子説。下同。○葉平巖曰：「故，所以然也。酬，應也。心通乎道，則能盡夫事理之所以然，故應變而不窮。不通乎道而徒事乎記問，則見聞有限而事變無涯，卒然臨之以所未嘗知，則窮矣。」

○爲學大益，在自求變化氣質。不爾，皆爲人之弊，卒無所發明，不得見聖人之奥。人之爲學能求變化氣質，則是爲己之學也，然後讀書有所發明而漸見聖人之奥妙。若夫不然，則求名求利，皆爲人之學，而不能發明聖言而直窮底藴也。

○文要密察，朱子曰：「文，文章也。密，詳細也。察，明辨也。」今按，「文章」謂理之燦然者，「詳細」謂纖微必悉也，「明辨」謂無幽不燭也。心要洪放。語録。下同。○洪放，不狹滯也。

○不知疑者，只是不便實作。既實作，則須有疑。中村氏曰：「上反覆説實作者必有疑。」必有不行處，是疑也。「疑」字特以行説，不必兼知看。

○心大則百物皆通，心小則百物皆病。百物，朱子有兩説。一以道理言，張儀封從之；一以處置言，葉注從之。雖本是一理，以處置言，是張子本旨。心大，不蔽於私、不囿於欲之謂，心小則反之。

○人雖有功，不及於學，心亦不宜忘。心苟不忘，則雖接人事，即是實行，莫非道也。心若忘之，則終身由之，只是俗事。張儀封曰：「功不及者，無暇學也。然能念念不忘，則雖接應人事，即是實行。蓋日用間隨處皆道，心在即道在也。若心有不在，則終身所由總係俗事，與道日遠。故爲學之功猶可徐圖，而爲學之心則不可刻離也。」葉平巖曰：「『實行』與『俗事』非二事，特以所存者不同耳。」

○合内外，平物我，「合内外」者，知表裏一致也。「平物我」者，知物我一體也。「平」字下得妙，有差等在。中村氏曰：「『合内外』與中庸本旨不同。」此見道之大端。大端是先做的工夫，熊氏説誤。

○既學而先有以功業爲意者，於學便相害。既學猶言才學，非學成之謂。功業，葉注兼立言，張儀封從之，似誤。既有意，必穿鑿創意，作起事端也。謂於學相害之故也。創，始造也。張儀封曰：「爲學而先以功業爲志，則必躁急而穿鑿意見，輕率而造作事端，大有害於道矣。」德未成而先以功業爲事，是代大匠斲，希不傷手也。「代大匠斲者，希有不傷手矣」，出老子。張儀封曰：「大匠，木工也。斲，削木也。蓋學莫要於立德，德成而後措之爲功業，若未成而先事乎功業，鮮不至於決裂者，是猶代大匠斲木而欲不傷其手也，得乎？」

○竊嘗病孔、孟既没，諸儒囂然，不知反約窮源，勇於苟作，持不逮之資，而急知後世。明者一覽，如見肺肝然，多見其不知量也。貝原氏曰：「囂，喧也。苟作，乃上章以功業爲志也。」今按，反約，謂脩己也。窮源，謂求道也。「明者」以下，言毫無益心身也。胡期僊曰：「『見肺肝』，看破其心緒也。」朱子曰：「多，與衹同，適也。不知量，謂不自知其分量也。」方且創艾其弊，默養吾誠，顧所患日力不足，而未果他爲也。貝原氏曰：「創艾，懲也。」葉平巖曰：「默養吾誠，則反約窮源之事也。」中村氏曰：「他爲，亦承上事説。」今按，張儀封説恐誤。「默」字與「囂」字相應。他，猶其也。

○學未至而好語變者，必知終有患。蓋變不可輕議，若驟然語變，則知操術已不正。變指權，疾速曰驟。葉平巖曰：「自非見理明、制義精者，不足以與此。苟學未至而輕於語變，則知其學術之源已不正，終必流於邪譎。」

○凡事蔽蓋不見底，只是不求益。蔽、蓋，皆掩也。見，露也。底，器臀後，非語辭，借謂專事蔽覆，不令人知也。有人不肯言其道義所得所至，不得見底，又非「於吾言無所不説」。下專就學術言。「所得所至」，葉注以知行分説，可從。「無所不説」，謂默識心通也。與顏子無所不説，故不疑問異。故曰「又非於吾言無所不説」。

○耳目役於外，攬外事者，其實是自墮。役，使也。外，身外也。攬，手取也。外事，不關己事也。中村氏曰：「隨，許規切，毀也，壞也。」不肯自治，只言短長，不能反躬者也。「言短長」，論説人短長也。張儀封曰：「蓋心不兩用，未有逐於外而不荒於内者。學者之患大率皆然，可不謹哉。」

○學者大不宜志小氣輕。志小則易足，易足則無由進；氣輕則以未知爲已知，未學爲已學。熊氏曰：「人之爲學，大是不宜志之狹小、氣之輕盈。志小則易於自足，故怠惰而無深功。氣輕則易於自大，故未知而云已知，未學而云已學，故虚誕而無實得[四四]。」

【校勘記】

[一] 學以至乎聖人之道也　「乎」字，葉采近思録集解無。
[二] 故能生出人物　「人」，朱子語類卷三十作「萬」。
[三] 謂其天理渾然　「然」，葉采近思録集解作「全」。
[四] 而所具之理　「理」，葉采近思録集解作「性」。
[五] 喜怒哀懼愛惡欲　「懼」，葉采近思録集解作「樂」。
[六] 學之道也　「之」下，葉采近思録集解有「之」字。
[七] 莫若廓然而大公　「廓」，葉采近思録集解作「擴」。

〔八〕莫如擴然而大公　「如」，朱子語類卷九十五作「若」。

〔九〕亦不以多言爲貴也　「不」，葉采近思録集解作「非」。

〔一〇〕逢事便說只這忠信亦被汩没動盪　「逢」上，朱子語類卷九十五有「只管」二字；「只這」，朱子語類卷九十五作「則」。

〔一一〕這工夫自大　「自」下，朱子語類卷六十九有「是」字。

〔一二〕智之事也　「智」，葉采近思録集解作「知」。

〔一三〕人蘊蓄　「人」下，葉采近思録集解有「之」字。

〔一四〕不可以阻而廢　「阻」，葉采近思録集解作「沮」。

〔一五〕亦欲人之皆得　「人」上，朱子語類卷二十有「他」字。

〔一六〕至於信從者衆豈不可樂　「信從」，朱子語類卷二十作「信之從之」；「豈」上，朱子語類卷二十有「則」字。

〔一七〕無遠之不到也　「不」下，葉采近思録集解有「可」字。

〔一八〕當學顏子　「當」上，葉采近思録集解有「學者」二字。

〔一九〕是且理會自己切己處　「己」，朱子語類卷九十五作「家」。

〔二〇〕須大做脚方得　「方」，葉采近思録集解作「須」。

[二一]大作基地 「地」，熊剛大性理群書句解作「址」。
[二二]只是揭明而不使闇昧也 「昧」，中村惕齋近思録鈔説作「昧」。
[二三]此詩甚好 「此詩甚好」，葉采近思録集解無。
[二四]仁者先難而後獲 「而」字，葉采近思録集解無。
[二五]末後連己也喪了 「連」，朱子語類卷四十四作「和」。
[二六]學必有序 「有」下，葉采近思録集解有「其」字。
[二七]如必有事焉而勿正之話 「話」，朱子語類卷九十五作「謂」。
[二八]豫吾内 「豫」上，葉采近思録集解有「事」字。
[二九]便如是矣 「是」，朱子語類卷九十八作「此」。
[三〇]小椀盛得小 「小」，朱子語類卷九十八作「少」。
[三一]學者須是以知禮做 「者」下，朱子語類卷七十四有「學之」二字。
[三二]帥字只是就孟子志氣之帥掇一句來説理 「氣之帥」下，北溪字義有「句」字；「句」，北溪字義作「字」。
[三三]故民吾同胞 「吾」字，朱子語類卷九十八無。
[三四]吾同胞止無告者也 「吾」上，朱子語類卷九十八有「民」字。

〔三五〕所謂有君道者也　「謂」下，晦庵先生朱文公文集卷七十一有「宗子」二字。

〔三六〕仁人之存則其事天者　「之」下，晦庵先生朱文公文集卷五十二有「身」字；「者」，晦庵先生朱文公文集卷五十二作「也」。

〔三七〕横渠言語有失之過者　「語」，熊剛大性理群書句解作「論」。

〔三八〕萬物爲一體是明理之一　「萬物爲一體是明理之一」，葉采近思録集解作「萬物爲同體是理一也」。

〔三九〕墨氏惑於兼愛　「墨」上，葉采近思録集解有「若」字。

〔四〇〕則其失也　「失」，葉采近思録集解作「蔽」。

〔四一〕墨翟是也　「翟」，葉采近思録集解作「氏」。

〔四二〕博文貼道文學　「文」，據文意，似當作「問」。

〔四三〕勿使有俄頃閑度　「閑」原作「間」，據葉采近思録集解改。

〔四四〕故未知而云已知未學而云已學故虚誕而無實得　三「而」字，熊剛大性理群書句解均作「則」。

東亞《近思録》文獻叢書

《近思録(吕氏家塾讀本) 文場資用分門近思録 分類經進近思録集解》 (宋)朱熹、吕祖謙、葉采、(明)周公恕 等 撰

《性理群書句解後集》

(宋)朱熹、吕祖謙、蔡模 等 撰

《近思録解義》 (清)張紹价 撰

《近思録備考 近思録訓蒙輯疏》

[日]貝原篤信、安褧 撰

《近思録説略》 [日]澤田希 撰

《近思録集説 近思録欄外書》

[日]古賀樸、佐藤一齋 等 撰

《近思録釋疑 近思續録 海東七子近思録》

[朝鮮]金長生、宋秉璿、朴泰輔 等 撰

《星湖先生近思録疾書 近思録釋義 續近思録》

[朝鮮]李瀷、朴履坤、李漢膺 撰

圖書在版編目(CIP)數據

近思録備考 /（日）貝原篤信輯 ； 程水龍主編 ； 鄭春汛校點. 近思録訓蒙輯疏 /（日）安褧著 ； 程水龍主編 ； 鄭春汛校點. -- 上海 ： 上海古籍出版社，2024. 12. --（東亞《近思録》文獻叢書）. -- ISBN 978-7-5732-1465-2

Ⅰ. B244.75

中國國家版本館 CIP 數據核字第 20246WW971 號

題簽：史楨英

近思録備考 **近思録訓蒙輯疏**

（日本）貝原篤信 輯 （日本）安 褧 著

鄭春汛 校點 鄭春汛 校點

出版發行 上海古籍出版社

地　　址 上海市閔行區號景路 159 弄 1-5 號 A 座 5F

郵政編碼 201101

網　　址 www.guji.com.cn

E-mail guji1@guji.com.cn

印　　刷 江陰市機關印刷服務有限公司

開　　本 890×1240 1/32

印　　張 14.375

插　　頁 6

字　　數 276,000

版　　次 2024 年 12 月第 1 版 2024 年 12 月第 1 次印刷

印　　數 1—1,300

書　　號 ISBN 978-7-5732-1465-2/B·1438

定　　價 68.00 元